내 일을 바꾸는 업무 자동화

파이썬 클릭 한 번으로 지겨운 업무 클리어
내 일을 바꾸는 업무 자동화

초판 1쇄 2020년 6월 12일
    3쇄 2022년 3월 10일

지은이 이태화
발행인 최홍석

발행처 (주)프리렉
출판신고 2000년 3월 7일 제 13-634호
주소 경기도 부천시 길주로 77번길 19 세진프라자 201호
전화 032-326-7282(代) **팩스** 032-326-5866
URL www.freelec.co.kr

편 집 강신원, 서선영
표지 디자인 황인옥
본문 디자인 박경옥

ISBN 978-89-6540-274-9

파이썬 클릭 한 번으로
지겨운 업무 클리어

이태화 지음

내 일을 바꾸는
업무 자동화

프리렉

2018년 5월 좋은 기회로 《일 잘하는 평사원의 업무 자동화》를 출간하고 2년이 지났습니다. 많은 분이 도서를 아껴주고 사랑해 준 덕분에, 개정판을 작업할 수 있게 되었습니다.

많은 분이 지금까지도 '업무 자동화'에 관심을 두고 있습니다. 저 또한 아직도 업무 자동화에 관심이 많아 관련 강의도 보완하며, 제 업무 역시 많은 부분을 자동화하고 있습니다.

사실 개인의 업무가 모두 다르기 때문에 업무와 딱 맞는 솔루션을 찾기 어렵습니다. 따라서 솔루션과 프로그래밍이 융합된 업무 자동화 시장이 커지는 것 같습니다.

책 출간 이후로 여러 기회가 있어 기업과 단체, 학생들에게까지 강의하게 되었고 이 과정에서 추가하고 싶은 내용이 많이 생겨났습니다. 그래서 이번 개정판에는 기존 내용 검수 및 오류 수정뿐만 아니라 새로운 내용을 많이 추가했습니다.

사실 추가된 내용의 대부분은 제 업무를 자동화하면서 개발했던 내용을 쉬운 예제로 작성한 내용입니다. 제 업무의 효율이 높아진 만큼, 독자들의 업무 효율도 높아지리라 생각하면서 즐겁게 작업했습니다.

새로운 내용을 담으면서, 지난 원고를 다시 검토하니 아쉬운 부분도 많이 있었습니다만, 개정판 작업으로 이 아쉬운 부분들을 보완할 수 있어서 감사했습니다.

마지막으로 개정판 작업을 도와준 분들과 프리렉 담당자분들께 감사드립니다.

2020년 5월

지은이 **이태화**

이태화

평생 프로그래밍을 하고 싶은 개발자입니다.
현재는 LAH 대표이사로 예술인들을 위한 솔루션을
개발하고 있고, 한양대학교와 안양대학교 겸임교수로
파이썬, 업무 자동화, 빅데이터를 주제로
입문자 강의를 진행하고 있습니다.

목차

Part 1에서 파이썬의 모든 문법을 자세히 다루지는 않습니다. 프로그래밍 자체보다는 업무를 자동화하는 도구로써 필요한 부분에 초점을 맞췄습니다.

* 본문에서 이러한 아이콘으로 표시된 내용은 특별히 '주의'해야 할 내용입니다.

기초 작업을 자동화하면 업무가 더 수월해집니다. Part 2에서 배운 대로 파일, 엑셀, 이메일 업무를 자동화하면 지겹고 단순한 일에 쏟는 시간을 단축할 수 있습니다.

* 본문에서 이 아이콘으로 표시한 부분은 '참고'할 수 있는 내용입니다.

Chapter 8~10에서는 인터넷에서 내용을 검색하는 것뿐만 아니라 검색한 내용을 엑셀 파일로 정리하고 이메일로 발송하는 작업까지 함께 다룹니다.

* 본문에서 이 아이콘으로 표시한 부분은 '참고'할 수 있는 내용입니다.

Part 3
컴퓨터가 스스로 일하게 하기

Part 4에서는 IDE(Integrated Development Environment, 통합 개발 환경)를 사용하는 방법을 배웁니다. 프로그램을 작성할 때는 단순한 텍스트 편집기보다 다양한 기능이 있는 IDE를 사용하면 편리합니다.

* 본문에서 이 아이콘으로 표시된 내용은 'Tip'입니다.

PART 1
프로그래밍 언어에 대한 이해

Part 1에서는 업무 자동화 프로그램을 만들기에 앞서,
프로그램을 만드는 행위인 프로그래밍이 어떤 과정인지 간단히
살펴보고 이 책에서 다룰 파이썬을 알아봅니다. 파이썬이라는
프로그래밍 언어가 가지는 특징부터 시작하여 설치, 문법 등
파이썬으로 업무 자동화 프로그램을 만들기 전까지 필요한
기본 지식에 대해 살펴봅니다.

CHAPTER
01 파이썬이란?

이번 장에서는 먼저 프로그래밍이 어떤 의미를 갖는지 살펴보고, 이 책에서 프로그래밍하는 데 사용할 파이썬이라는 언어가 지닌 특징을 살펴보겠습니다. 그리고 파이썬을 설치하고 간단한 명령어를 알아보면서 본격적으로 파이썬을 다룰 준비를 합니다.

1.1 프로그래밍이란?

프로그래밍이란 말 그대로 **프로그램**을 만드는 행위를 말합니다. 바꿔 말하면 컴퓨터가 실행할 수 있는 프로그램을 만드는 행위라고 할 수 있습니다.

그렇다면 프로그래밍을 하는 데 필요한 것은 무엇일까요? 컴퓨터가 실행할 수 있어야 하니, 당연히 컴퓨터가 이해할 수 있는 '무언가'로 프로그램을 만들어야 합니다. 이 '무언가'를 프로그래밍 언어라고 합니다. 이러한 프로그래밍 언어를 사용하여 프로그램을 만드는 과정이 굉장히 복잡하다고 생각할 수 있지만, 사실은 간단합니다.

프로그램은 '무엇(데이터)을 어떻게(동작) 해 줘!', '내가 이렇게(동작) 할 때 어떻게(동작) 해 줘!'로 표현된 문장의 집합이라고 볼 수 있습니다.

메모장으로 예를 들면 '사용자가 입력한 문자를 화면에 보여 줘!', '사용자가 입력한 문자를 [저장] 버튼을 누를 때 파일로 저장해 줘!'와 같이 데이터에 대한 동작을 수행하는 기능도 있고, '[열기] 버튼을 누르면 파일을 찾는 창을 띄워 줘!'와 같이 사용자의 동작에 따라 프로그램이 실행되는 기능도 있습니다. 실제로 이런 기능을 구현한 코드를 확인해 보면 컴퓨터의 언어로 표현되었을 뿐 크게 다르지 않습니다.

프로그래밍을 하려면 컴퓨터가 이해할 수 있는 **프로그래밍 언어**로 작성해야 합니다. 프로그래밍 언어는 굉장히 다양합니다. C 언어, Java, C++, Python, Perl, C# 등 굉장히 많은데 이 책에서는 **Python(파이썬)**을 다루고 있습니다. 당연히 앞서 나열한 모든 언어로 업무 자동화 프로그램을 만들 수 있지만 파이썬을 선택한 가장 큰 이유는 쉽기 때문입니다. 자세한 이유는 1.2 '파이썬의 특징' 절에서 다루겠습니다.

예를 들어 엑셀을 사용하는 다음과 같은 일련의 작업을 자동으로 수행하도록 프로그래밍하는 것은 굉장히 쉽습니다.

1. 결제정보.xlsx 파일 열어 줘.
2. 첫 번째 시트에서 한 줄씩 데이터를 가져와 줘.
3. 두 번째 열에 '결제 완료'라고 쓰여있으면 그 줄 데이터는 결제완료.xlsx 파일에 저장해 줘.
4. 두 번째 열에 '결제 중'이라고 쓰여있으면 그 줄 데이터는 결제중.xlsx 파일에 저장해 줘.

실제로 앞으로 자동화 프로그램을 개발해 보면 알 수 있지만, 프로그래밍이란 앞선 표현과 크게 다르지 않습니다.

파이썬이 쉬운 언어이기 때문에 이를 통한 프로그래밍이 쉽다고 재차 강조했지만 어쨌든 '언어'이기 때문에 그렇게 쉽지만은 않습니다. 사람이 새로운 언어를 배울 때도 반복 학습이 중요하듯, 예제 코드를 눈으로만 이해하지 않고 직접 작성하고 실행해 보며 변경해 보는 시간이 매우 중요합니다. 또한, 이 책에서는 파이썬의 모든 요소를 설명하지 않고 업무 자동화에 필요한 부분만 뽑아서 담았으니 꼭 직접 따라 하면서 익숙해지길 바랍니다.

1.2 파이썬의 특징

파이썬의 가장 큰 특징은 **스크립트 언어**라는 점입니다.

스크립트 언어는 프로그램을 실행할 때 한 줄씩 해석하여 실행하는 언어입니다. 예를 들어, C 언어처럼 스크립트 언어가 아닌 언어로 프로그램을 만들 때는 개발자가 코드 작성을 마친 후에 프로그램이 실행될 수 있도록 각 운영체제(Windows, MacOS 등)에 맞도록 별도의 작업을 해 주어야 합니다. 하지만 스크립트 언어인 파이썬으로 프로그램을 만들 때는 코드를 작성한 후에 코드를 실행하면 파이썬이 한 줄씩 코드를 해석하여 실행합니다.

파이썬이 스크립트 언어이기 때문에 얻을 수 있는 장점은 두 가지입니다. 첫째로 프로그램이 실행되기 위해 필요한 별도의 작업(컴파일이라고 부릅니다)을 알 필요가 없습니다. 이 작업은 프로그램을 실행하고자 하는 환경에 따라 어려울 수도 쉬울 수도 있으나, 일단 프로그램에 오류가 있을 때 이를 해결하기가 굉장히 어렵습니다. 둘째는 첫 장점의 연장선으로, 파이썬이 설치된 환경이라면 어디서든 동작이 가능합니다. 파이썬은 앞서 설명한 것처럼 코드를 실행할 때 파이썬이 한 줄씩 해석하여 실행하기 때문에, 파이썬만 설치되어 있다면 어떠한 환경에서도 실행할 수 있습니다.

앞선 설명대로라면 스크립트 언어가 아닌 언어는 왜 쓰는지 의구심이 들 수 있습니다. 그러나 파이썬은 코드 실행 시 하나하나 해석하여 실행하기 때문에 다른 언어에 비해 느리다는 스크립트 언어가 지닌 단점이 있습니다. 사실 느리다는 것은 컴퓨터 기준이고 사람 입장에서는 충분히 빠른 속도입니다. 특히, 자동화 프로그램을 만드는 우리는 언어가 빠른지 느린지까지 고려할 필요는 없습니다.

앞서 파이썬의 장단점에 대해 설명했는데, 사실 가장 큰 장점은 배우기 쉽다는 것입니다. 다른 언어로 프로그래밍하려면 A부터 Z까지 전반적인 지식을 알아야 하는 경우가 많지만, 파이썬으로는 A, B, C만 알아도 프로그래밍을 할 수 있습니다. 물론 A, B, C만으로 모든 프로그래밍을 할 수 있는 것은 아니지만, 적어도 이 책에서 다룰 프로그램에는 충분합니다.

자, 이제 왜 파이썬을 써야 하는지 살펴보았으니 파이썬을 설치해 보도록 하겠습니다.

1.3 파이썬 설치하기

파이썬을 설치하려면 파이썬 공식 홈페이지에 접속해야 합니다.

> 파이썬 공식 홈페이지 주소 : https://**www.python.org**

윈도우(Windows)에서 설치하기

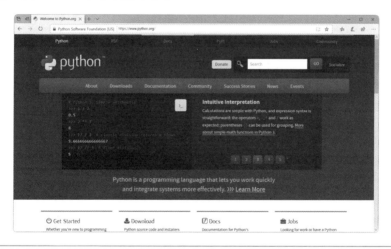

그림 1-1 윈도우에서 설치 : 파이썬 공식 홈페이지 첫 화면

그림 1-1은 파이썬 공식 홈페이지 화면으로, 파이썬 설치 프로그램을 내려받고자 [Downloads]에 마우스 포인터를 올려놓습니다.

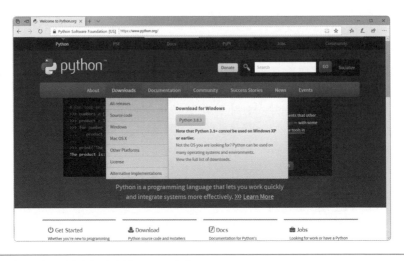

그림 1-2 윈도우에서 설치 : 파이썬 [Downloads] 링크

윈도우 환경에서 파이썬 홈페이지에 접속했기 때문에, 'Download for Windows' 라는 문구와 함께 Python 3.8.x를 받을 수 있는 링크가 있습니다. 이 책에서는 Python 3.8을 사용하기 때문에 [Python 3.8.x] 버튼을 클릭하여 설치 프로그램을 내려받습니다.

내려받은 설치 프로그램을 실행하면 **그림 1-3**과 같이 프로그램이 실행됩니다.

그림 1-3 윈도우에서 설치 : 설치 프로그램 실행

파이썬을 설치하기 전에 주의해야 할 점이 있습니다. 환경 변수 **PATH**에 파이썬
이 설치된 경로를 추가해 주어야 한다는 점입니다. 이는 컴퓨터가 파이썬을 실
행할 수 있도록 파이썬이 설치된 위치를 알려준다는 의미입니다.

환경 변수 PATH 설정은 파이썬을 설치할 때 자동으로 설정되도록 지정할 수
있습니다.

그림 1-4 윈도우에서 설치 : 설치 프로그램에서 환경변수 PATH 설정을 체크

그림 1-4와 같이 설치 화면에서 제일 아래쪽에 있는 [Add Python 3.8 to
PATH]를 체크한 후에 [Install Now] 버튼을 클릭하여 설치하면 자동으로 환
경 변수 PATH에 파이썬 경로가 추가됩니다.

이렇게 파이썬 설치를 완료했습니다. 이제, 파이썬을 실행하여 환경 변수
PATH에 파이썬 경로가 정상적으로 추가되었는지 확인해 보겠습니다. 파이썬
을 실행하기 위해 먼저 명령 프롬프트(cmd)를 실행합니다.

윈도우에서 명령 프롬프트 실행하기

[윈도우] 키를 눌러 [시작] 메뉴를 띄운 후에 *cmd*를 입력하면 명령 프롬프트가 검색되어 [시작] 메뉴에 표시됩니다. 이렇게 표시된 명령 프롬프트를 클릭하여 실행하면 됩니다.

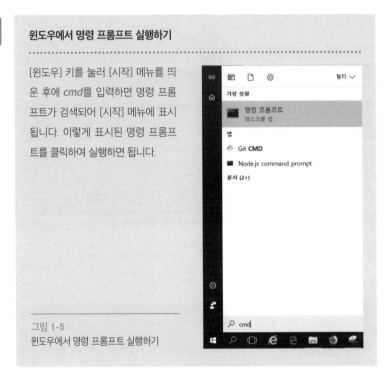

그림 1-5
윈도우에서 명령 프롬프트 실행하기

명령 프롬프트를 실행한 후 *python*을 입력하고 [Enter] 키를 누르면 파이썬이 실행됩니다.

```
명령 프롬프트 - python
Microsoft Windows [Version 10.0.18363.836]
(c) 2019 Microsoft Corporation. All rights reserved.

C:\Users\20180130>python
Python 3.8.3 (tags/v3.8.3:6f8c832, May 13 2020, 22:20:19) [MSC v.1925 32 bit (Intel)] on win32
Type "help", "copyright", "credits" or "license" for more information.
>>>
```

그림 1-6 윈도우에서 파이썬 실행하기

그림 1-6은 명령 프롬프트에서 파이썬을 실행한 화면으로, Python 3.8.3이 정상적으로 실행되어 파이썬 코드를 입력할 수 있는 >>> 가 표시된 것을 알 수 있습니다.

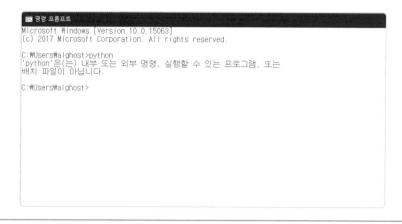

그림 1-7 윈도우에서 환경 변수 PATH의 설정이 안 되었을 때 발생하는 오류

만약 PATH 설정이 정상적으로 되지 않은 경우 **그림 1-7**과 같은 오류가 발생합니다. 이 경우는 대개 파이썬 설치가 완료되기 전에 명령 프롬프트를 실행하여 PATH가 적용되지 않았을 때 발생하고, 설치 완료 후 명령 프롬프트를 재실행하면 해결됩니다.

만약 재실행으로도 해결되지 않을 때에는 다음 [윈도우 10에서 환경 변수 PATH에 파이썬 설치 경로 설정]을 참고하여 수동으로 추가하여 해결할 수 있습니다.

[윈도우 10에서 환경 변수 PATH에 파이썬 설치 경로 설정]
[윈도우] 키를 눌러 [시작] 메뉴를 띄운 후에 **환경**을 입력하면 환경 변수를 수정할 수 있는 메뉴가 [시작] 메뉴에 표시됩니다. 표시된 메뉴 중에 [시스템 환경 변수 편집]을 클릭합니다.

그림 1-8 [시작] 메뉴에서 *환경*을 검색한 후, 환경 변수 편집을 클릭

[시스템 속성] 창이 뜨면 제일 아래쪽에 [환경 변수] 버튼을 클릭합니다.

그림 1-9 [시스템 속성] 창에 있는 [환경 변수] 클릭

[환경 변수] 창에서 [시스템 변수] 필드에 있는 [Path] 항목을 선택한 후 [편집] 버튼을 클릭합니다.

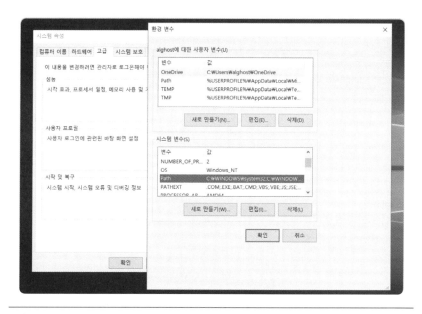

그림 1-10 환경 변수 PATH를 수정하기 위해 [Path] 항목을 선택한 후 [편집] 버튼을 클릭

[환경 변수 편집] 창에서 [새로 만들기] 버튼을 눌러 다음의 두 경로를 추가합니다. 사용자명은 사용하고 있는 컴퓨터의 사용자명을 입력해야 합니다. 이들 경로는 설치 시 자동으로 지정되는 경로로, 만약 Custom 설치로 경로를 변경한 독자는 해당 경로로 추가해야 합니다.

C:\Users\사용자명\AppData\Local\Programs\Python\
Python38\Scripts\
C:\Users\사용자명\AppData\Local\Programs\Python\
Python38

그림 1-11
환경 변수 PATH 편집 창

그림 1-12
환경 변수 PATH에 파이썬
경로를 추가한 후 편집 창

환경 변수 설정이 끝났습니다. [확인] 버튼을 클릭해서 모든 창을 닫고 난 후에 다시 명령 프롬프트를 실행하여 파이썬을 실행하면 정상적으로 실행되는 것을 확인할 수 있습니다.

맥(MacOS)에서 설치하기

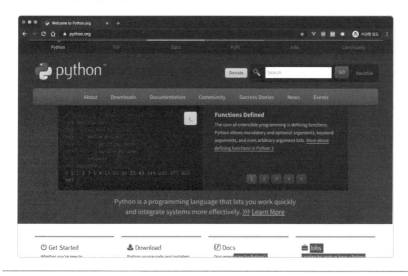

그림 1-13 맥에서 설치 : 파이썬 공식 홈페이지 첫 화면

그림 1-13은 파이썬 공식 홈페이지 화면으로, 파이썬 설치 프로그램을 내려받고자 [Downloads]에 마우스 포인터를 올려놓습니다.

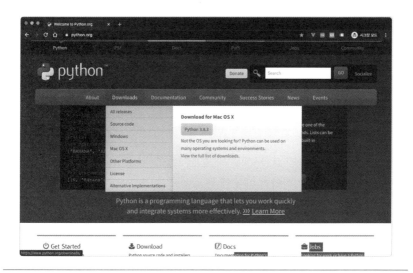

그림 1-14 맥에서 설치 : 파이썬 [Downloads] 링크

맥에서 파이썬 홈페이지에 접속했기 때문에, 'Download for Mac OS X'라는 문구와 함께 Python 3.8.x 버전과 Python 3.8 버전을 내려받을 수 있는 링크를 확인할 수 있습니다. 이 책에서는 Python 3.8을 사용하기 때문에 [Python 3.8.x] 버튼을 클릭하여 설치 프로그램을 내려받습니다.

내려받은 설치 프로그램을 실행하면 다음 그림과 같이 프로그램이 실행됩니다.

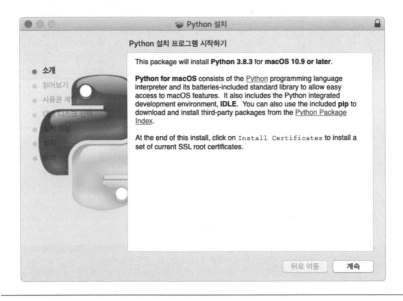

그림 1-15 맥에서 설치 : 설치 프로그램 실행

맥에서는 설치 프로그램의 안내에 따라 진행하면 파이썬 설치가 완료됩니다. 윈도우에서는 환경 변수 PATH를 설정해야 하지만, 맥 환경에서는 자동으로 환경 변수 PATH를 설정하기 때문에 별도의 작업이 필요없습니다.

정상적으로 설치가 완료되었는지 확인하기 위해 파이썬을 실행해 보도록 하겠습니다. 파이썬을 실행하기 위해 터미널을 실행합니다.

맥에서 터미널 실행하기

터미널은 윈도우의 명령 프롬프트와 유사한 프로그램으로 이 책에서는 파이썬 실행을 위해 활용됩니다. 이 프로그램은 전체 앱 보기 버튼(F4)를 누른 후에 *터미널* 혹은 *Terminal*을 검색하면 전체 앱 보기 화면에 표시됩니다.

그림 1-16 맥에서 전체 앱 보기 버튼을 눌렀을 때 화면

그림 1-17 맥에서 전체 앱 보기 후 터미널 검색

그림 1-17과 같이 터미널을 검색한 후, 터미널을 클릭하거나 [Enter] 키를 누르면 프로그램이 실행됩니다.

터미널이 실행되었다면 *python3*을 입력하고 [Enter] 키를 누르면 파이썬이
실행됩니다.

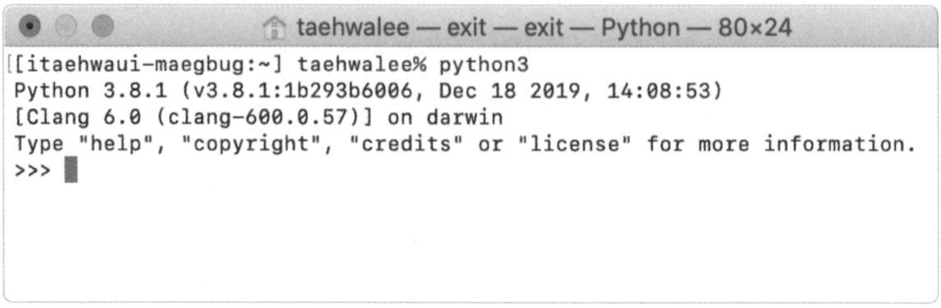

```
● ● ●                ⋔ taehwalee — exit — exit — Python — 80×24
[[itaehwaui-maegbug:~] taehwalee% python3
Python 3.8.1 (v3.8.1:1b293b6006, Dec 18 2019, 14:08:53)
[Clang 6.0 (clang-600.0.57)] on darwin
Type "help", "copyright", "credits" or "license" for more information.
>>> █
```

그림 1-18 맥에서 python3 실행

맥에서는 윈도우와 달리 'python'이 아닌 'python3'로 실행합니다. 맥의 경우
기본적으로 Python이 설치되어 있어서, 기존에 있는 Python과 충돌을 막기
위해 python3로 설치되기 때문입니다. 따라서 맥을 사용하는 독자는 파이썬
을 실행할 때, python3로 실행해야 합니다.

🄳 파이썬 시작하기

파이썬을 시작하려면 파이썬이 정상적으로 설치되었는지 확인할 때와 같은 방
법으로, 윈도우는 명령 프롬프트에서 파이썬을 실행하고 맥에서는 터미널에서
파이썬을 실행합니다. 윈도우와 맥은 파이썬을 실행하는 환경이 다르고 실행
하는 프로그램이 다르기 때문에, 명령어를 입력할 수 있는 화면이 조금 다릅니
다. 예를 들어 윈도우는 "C:₩Users₩alghost>"로 표기되는 반면에 맥에서는
"alghost:~ Alghost$"와 같이 표기됩니다(여기서 alghost는 필자의 사용자명
입니다. 독자의 PC에서는 각자의 사용자명이 표시됩니다). 물론 사용 중인 컴
퓨터의 설정이나 버전에 따라서 다르게 표기될 수 있지만 명령어를 입력하는
데는 차이가 없기 때문에 이 책에서는 '$'로 줄여서 표기하도록 하겠습니다.

이 책에서는 윈도우의 경우를 예로 들면 "C:₩Users₩사용자명>" 또는 "C:₩ Users₩사용자명₩Desktop>" 등, 입력할 커서 위치 앞의 내용을 줄여서 '$'로 만 표기합니다. 즉, 명령 프롬프트나 터미널에서 python을 실행한다고 가정하면 "$ python"으로 표기합니다.

또한, 맥에서는 'python3'로 실행해야 하지만 이 책에서는 'python'으로 표기하도록 하겠습니다. 맥에서 실습을 진행하는 독자들은 'python3'로 실행하기 바랍니다.

이제 프롬프트 혹은 터미널로 파이썬을 실행해 봅시다.

```
$ python
Python 3.8.1 (v3.8.1:2c5fed86e0, Oct  3 2017, 00:32:08)
[GCC 4.2.1 (Apple Inc. build 5666) (dot 3)] on darwin
Type "help", "copyright", "credits" or "license" for more information.
>>>
```

파이썬을 실행하면 파이썬에 대한 정보가 출력되는데, 출력되는 정보는 사용 중인 운영체제와 파이썬 버전 등에 따라 다를 수 있습니다. 하지만 파이썬 코드를 작성하는 데는 차이가 없으니 이 책과 다르게 출력되더라도 문제가 없습니다.

이제 파이썬 코드를 실행할 수 있는 환경이 되었습니다. 프로그래밍의 시작인 Hello world를 출력해 보겠습니다.

$는 명령 프롬프트 혹은 터미널에서 명령어를 입력하기 위한 상태를 의미하고 >>>는 파이썬이 실행되어 파이썬 코드를 입력할 수 있는 상태를 의미합니다. 즉, >>> 이후에 입력한 명령어는 파이썬을 실행한 후 입력한 내용입니다.

```
>>> print("Hello world!")
Hello world!
>>>
```

이처럼 명령 프롬프트 혹은 터미널에서 python을 실행한 후에 한 줄씩 원하는 코드를 작성하여 실행 결과를 확인할 수 있습니다. 하지만 이렇게 프로그래밍을 하는 경우는 드뭅니다. 왜냐하면 프로그램은 한 줄의 코드로만 이루어지지 않은 경우가 많고, 개발 과정에서 자주 수정될 수 있기 때문입니다. 즉, 프로그래밍을 할 때에는 편집기를 이용하여 파이썬 코드를 작성한 후 '**파일명.py**'라는 파이썬 파일로 저장하고, 해당 파일을 실행합니다. 코드를 작성하여 바탕화면 폴더에 'example1.py'로 저장한 후 실행하는 방법은 다음과 같습니다.

먼저 편집기를 사용하여 다음과 같은 내용을 작성하고 example1.py라는 이름으로 바탕 화면 폴더에 저장합니다. 이때, 편집기는 뒤에 소개하는 편집기를 사용해도 좋고, 일단 간단히 메모장을 이용해서 진행해도 좋습니다.

> 다음 코드에서 맨 앞의 숫자 1, 2, 3 등은 행 번호를 표시하기 위한 것이며, 실제로 입력하는 코드는 아닙니다. 앞으로도 이렇게 행 번호가 달린 코드를 보고 따라할 때는 행 번호는 빼고 입력해야 합니다.

```
01  print('Hello world! 1')
02  print('Hello world! 2')
03  print('Hello world! 3')
```

이제 앞서 저장한 파이썬 파일을 명령 프롬프트나 터미널에서 다음과 같이 실행합니다.

```
$ cd Desktop
$ python example1.py
Hello world! 1
Hello world! 2
Hello world! 3
```

파이썬 종료하기

앞서 명령 프롬프트에서 파이썬을 실행하여 >>>가 표시된 상태라면, 우선 파이썬을 종료하고 나서 파이썬 파일을 실행해야 합니다.

파이썬을 종료하는 방법은 명령 프롬프트에서 [Ctrl] + [Z] 키를 누르거나 exit( ) 명령어를 입력하면 됩니다.

*cd Desktop*의 의미는 바탕 화면에 파이썬 파일을 저장했으므로 이렇게 파일이 있는 위치, 즉 바탕 화면으로 이동하기 위한 명령입니다. 이 명령은 잠시 뒤에 살펴보기로 하고, *python example1.py*가 미리 작성한 파이썬 코드를 실행하는 방법입니다.

```
$ python 파일명.py
```

이렇게 실행하면 입력한 파일에 작성된 코드를 맨 윗줄부터 차례로 실행하게 됩니다. 앞으로 모든 예제 코드는 이처럼 원하는 위치에 '**파일명.py**'로 저장한 후에 명령 프롬프트 혹은 터미널에서 실행하기를 바랍니다.

설명한 실행 방법대로 파이썬 프로그램을 실행하려면 명령 프롬프트 및 터미널에서 원하는 파일이 있는 위치를 알아야 합니다. 이때 필요한 명령어들은 다음과 같습니다.

표 1-1 명령 프롬프트 및 터미널 명령어 모음

맥 (MacOS)	윈도우 (Windows)	기능	예
ls	dir	현재 폴더에 존재하는 파일과 폴더를 출력한다.	C:₩Users₩사용자명> dir 2017-03-06 오후 01:42 <DIR> . 2017-03-06 오후 01:42 <DIR> .. 2017-04-13 오후 07:29 <DIR> Contacts 2017-05-01 오전 10:10 <DIR> Desktop
pwd	echo %cd%	현재 폴더의 위치를 출력한다.	C:₩Users₩사용자명> echo %cd% C:₩Users₩사용자명
cd [경로]	cd [경로]	지정한 경로로 이동한다. ('..'은 상위 폴더를 의미한다.)	C:₩Users₩사용자명> cd Desktop C:₩Users₩사용자명₩Desktop>
			C:₩Users₩사용자명> cd .. C:₩Users>

앞서 언급했었지만, 여기서 '사용자명'은 독자가 사용하고 있는 컴퓨터의 사용자명을 입력해야 합니다.

'cd'의 경우 뒤에 절대 경로와 상대 경로 둘 다 사용할 수가 있습니다. 절대 경로는 최상위 폴더부터 표현된 경로이고 상대 경로는 현재 경로로부터 상대적인 경로를 의미합니다. 다음은 절대 경로로 바탕 화면에 있는 [python]이라는 폴더로 이동한 후에 상대 경로로 바탕 화면에 있는 [python2]라는 폴더로 이동하는 예제입니다. 여기서는 경로를 모두 표현하기 위해 명령 프롬프트의 표현 방식을 사용하였습니다.

```
C:₩Users₩사용자명> cd C:₩Users₩사용자명₩Desktop₩python
C:₩Users₩사용자명₩Desktop₩python> cd ..
C:₩Users₩사용자명₩Desktop> dir
…(중략)…
2017-03-06  오후 01:42  <DIR>  .
2017-03-06  오후 01:42  <DIR>  ..
2017-04-13  오후 07:29  <DIR>  python
2017-05-01  오전 10:10  <DIR>  python2
…(중략)…
C:₩Users₩사용자명₩Desktop> cd python2
C:₩Users₩사용자명₩Desktop₩python2>
```

앞선 예처럼 'ls/dir' 명령어를 실행하여 현재 경로에 있는 폴더와 파일을 확인하고 'cd' 명령어로 경로를 찾아갈 수 있습니다. 그 이후에 저장된 파이썬 파일을 명시하여 실행할 수 있습니다. 이 과정이 복잡하게 느껴질 수 있지만 추후 다른 예제에서도 반복적으로 다루고 있으니 자주 따라 하길 바랍니다.

마지막으로 파이썬 코드를 작성하기 위한 편집기가 필요한데, 다음 목록의 사이트를 참고하여 선호하는 편집기를 사용하면 됩니다. 물론, 편집기는 이 목록 외에도 많기 때문에 다른 편집기를 사용해도 상관없습니다.

표 1-2 파이썬 편집기

편집기 이름	주소
SublimeText 2 혹은 SublimeText 3	https://www.sublimetext.com
Atom	https://atom.io
PyCharm	http://www.jetbrains.com/pycharm
Visual Studio Code	https://code.visualstudio.com

지금까지 파이썬을 실행하기 위한 환경을 구축하였으니 이어지는 장에서는 프로그래밍에서 가장 기초가 되는 변수와 자료형을 살펴보도록 하겠습니다.

변수와 자료형

이번 장에서는 앞서 설명했던 파이썬 파일을 만들어 실행하는 방식이 아닌, 명령 프롬프트나 터미널 환경에서 python을 실행한 뒤에, 직접 코드를 작성하고 실행하는 방식을 사용하겠습니다. 이는 자료형의 경우 실행 결과를 바로 한 줄씩 확인해야 더 쉽게 이해할 수 있기 때문입니다. 따라서 다음과 같은 환경에서 연습하길 바랍니다.

```
$ python
Python 3.8.1 (v3.8.1:2c5fed86e0, Oct  3 2017, 00:32:08)
[GCC 4.2.1 (Apple Inc. build 5666) (dot 3)] on darwin
Type "help", "copyright", "credits" or "license" for more information.
>>>
```

2.1 변수와 자료형이란?

앞에서 프로그래밍에 대해 설명하면서 프로그램이란 '무엇(데이터)을 어떻게 (동작) 해 줘!'로 표현된 문장의 집합이라고 설명했습니다.

변수는 여기서 무엇을 담는 공간 혹은 영역입니다. 여기서 '무엇'은 데이터이고, '공간' 혹은 '영역'은 메모리를 말합니다. 즉, 프로그램에서 어떠한 데이터를 다루고 싶다면 꼭 변수를 사용해야 합니다.

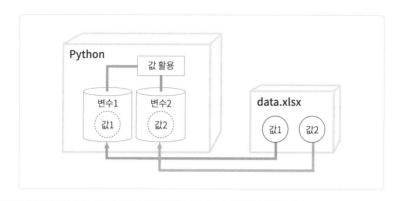

그림 2-1 엑셀 파일의 값을 파이썬으로 가져올 때 변수를 사용함

예를 들어, 엑셀에 있는 수많은 숫자 데이터를 프로그램으로 가져와서 비교하고 연산하여 다시 저장하는 기능을 수행한다고 가정해 봅시다. 그렇다면 우선 엑셀의 숫자 데이터를 프로그램의 변수에 담은 후, 이 변수를 사용하여 비교하고 연산한 후에, 해당 변수의 데이터를 엑셀로 보내 저장해야 합니다.

사람이 다루는 데이터는 다양한 형태지만 파이썬의 변수는 몇 개의 유형으로 형태가 미리 정해져 있습니다. 파이썬의 변수 유형들은 수많은 형태의 데이터를 합리적으로 다루기 위해 정의되었기 때문에, 이 책에서 소개하는 변수 유형만 알아도 업무 자동화에 쓰이는 데이터를 전부 표현할 수 있습니다. 이러한 변수 유형을 다른 말로 **자료형**이라고도 합니다.

예를 들어 숫자 자료형은 모든 숫자를 표현할 수 있고, 문자열 자료형은 모든 문자열을 표현할 수 있습니다. 만약 엑셀의 데이터와 같이 여러 숫자와 문자열을 함께 가진 데이터를 활용하고 싶을 때는 딕셔너리 자료형 혹은 리스트 자료형 등을 사용하여 표현할 수 있습니다.

변수는 기본적으로 이름을 갖습니다. 데이터를 변수에 넣거나 변수에 담겨 있는 데이터를 사용할 때, 변수의 이름을 사용합니다.

```
$ python
Python 3.8.1 (v3.8.1:2c5fed86e0, Oct  3 2017, 00:32:08)
[GCC 4.2.1 (Apple Inc. build 5666) (dot 3)] on darwin
Type "help", "copyright", "credits" or "license" for more information.
>>> age = 17
>>> print(age)
17
```

여기 예에서는 'age'라는 이름의 변수에 '17'이라는 데이터를 넣었습니다. 이 때 age 변수는 숫자를 나타내는 숫자형 변수가 됩니다. 그 후 age라는 변수를 사용하여 데이터를 출력할 때, 17이 출력되는 것을 확인할 수 있습니다. 만약 age 변수에 다른 유형(자료형)의 데이터를 넣으면 그 순간 다른 유형의 변수가 됩니다. 예를 들어 age 변수에 '17'을 넣었을 때는 숫자형 변수지만 'data'라는 문자열을 넣으면 유형이 바뀌어 문자열 자료형 변수가 됩니다.

변수는 앞서 설명한 것처럼 데이터를 담는 역할을 수행합니다. 하지만 이것 외에도 유형(자료형)에 따라 연산자와 함수(기능)가 함께 제공되는데, 이를 유형별로 나눠 알아보겠습니다.

2.2 숫자 자료형

숫자 자료형은 말 그대로 숫자를 다루는 유형입니다. 숫자는 정수, 0, 실수 등을 의미하며 그 외에도 16진수나 8진수도 다룰 수 있지만 이 책에서는 다루지 않습니다. 다음 예에서 data는 매 순간 숫자 자료형 변수입니다.

```
>>> data = 17
>>> data = -7
>>> data = 1.7
>>> data = -5.1
>>> data = 0
```

[연산자]

변수 유형에 따라 같은 연산자임에도 다른 동작을 수행합니다. 숫자 자료형이
지원하는 연산자를 정리하면 다음과 같습니다.

표 2-1 숫자 자료형을 지원하는 연산자

연산자	설명	예
x + y	x와 y를 더한다.	data = 1 + 2 data = data + 4
x - y	x에서 y를 뺀다.	data = 2 - 1 data = data - 7
x * y	x와 y를 곱한다.	data = 2 * 2 data = data * 3
x / y	x를 y로 나눈다.	data = 10 / 2 data = data / 2
x % y	x를 y로 나눈 나머지를 구한다.	data = 10 % 3 data = data % 2
x // y	x를 y로 나눈 몫을 구한다.	data = 10 // 2 data = data // 6
x ** y	x의 y제곱을 구한다.	data = 2 ** 3 data = data ** 2

다음은 이들 연산자에 대한 간략한 예들입니다.

덧셈 연산자 : +

```
>>> data = 1 + 2
>>> print(data)
3
>>> data = data + 10
>>> print(data)
13
```

뺄셈 연산자 : -

```
>>> data = 11-10
>>> print(data)
1
>>> data = data - 4
>>> print(data)
-3
```

곱셈 연산자 : *

```
>>> data = 2 * 2
>>> print(data)
4
>>> data = data * 3
>>> print(data)
12
```

나눗셈 연산자 : /

```
>>> data = 10 /3
>>> print(data)
3.3333333333333335
>>> data = data /2
>>> print(data)
1.6666666666666667
```

나눈 나머지를 구하는 연산자 : %

```
>>> data = 10 % 3
>>> print(data)
1
>>> data = data % 10
>>> print(data)
1
```

나눈 몫을 구하는 연산자 : //

```
>>> data = 10 // 3
>>> print(data)
3
>>> data = data // 2
>>> print(data)
1
```

제곱 연산자 : **

```
>>> data = 2 ** 3
>>> print(data)
8
>>> data = data ** 2
>>> print(data)
64
```

연산자 중에 주의해야 할 점은 음수에 // 연산자를 사용하는 경우인데, 다음 예에서 실행 결과를 보면 문제를 알 수 있습니다.

```
>>> data = -7 // 2
>>> print(data)
-4
```

음수에 // 연산자를 수행하면 소수점을 버려 -3이 되어야 할 것 같지만 결괏값은 -4입니다. 이는 // 연산자가 소수점을 버리는 것이 아니라 나눈 결괏값보다 작은 정수 중에 가장 큰 수를 반환하기 때문입니다.

2.3 문자열 자료형

문자열 자료형은 역시 말 그대로 문자열을 다루는 자료형입니다. 파이썬은 문자열을 자유자재로 다룰 수 있도록 많은 방법을 제공하고 있습니다. 우선 일부 연산자를 지원하고 슬라이싱, 인덱싱, 그리고 여러 기능(함수)을 제공합니다.

파이썬에서는 4가지 방법으로 문자열을 표현할 수 있습니다.

```
>>> data = 'Hello world!'
>>> data = "Hello world!"
>>> data = '''Hello world!'''
>>> data = """Helloworld!"""
```

앞선 예처럼 작은따옴표(')로 감싸는 방법, 큰따옴표(")로 감싸는 방법, 작은
따옴표(') 3개로 감싸는 방법, 마지막으로 큰따옴표(") 3개로 감싸는 방법이
있습니다. 방법이 복잡하게 4가지나 있는 이유는 문자열 자체에 따옴표를 포함
시킬 때 사용하기 위해서입니다. 예를 들어 문자열 자체에 작은따옴표(')를 추
가하고 싶은 경우에는 큰따옴표(")를 사용해서 문자열을 감쌉니다. 만약 이를
무시하고 실행하면 당연히 오류가 발생합니다.

```
>>> data = 'It's python'
File "<stdin>", line 1
    data = 'It's python'
                ^
SyntaxError: invalid syntax
```

앞선 예에서 파이썬은 'It'까지만 문자열로 인식하고 그다음에 나온 s는 의미를
알 수 없다는 오류가 발생합니다. 이럴 때 큰따옴표를 사용하면 원하는 대로
문자열이 들어가는 것을 확인할 수 있습니다.

```
>>> data = "It's python"
>>> print(data)
It's python
```

마찬가지로 문자열 자체에 큰따옴표(")를 추가하고 싶은 경우에는 작은따옴표(')를 사용합니다.

```
>>> data = 'You said "Hello world!"'
>>> print(data)
You said "Hello world!"
```

하지만 이 방법으로는 작은따옴표(')와 큰따옴표(")를 모두 쓰고 싶을 때 표현할 방법이 없습니다. 이때 사용하는 값(코드)이 **이스케이프 코드**라는 문자입니다. 이 코드는 개행 문자, 탭 문자와 같이 문자 안에 표현하기 어려운 문자를 정의해 놓은 값입니다.

표 2-2 이스케이프 코드

이스케이프 코드	의미	이스케이프 코드	의미
₩t	탭 문자	₩"	큰따옴표(")
₩n	개행 문자	₩₩	문자 ₩
₩'	작은따옴표(')		

이스케이프 코드는 훨씬 다양하지만 표에 정리한 자주 쓰이는 5개 코드만 알아도 충분합니다. 이스케이프 코드를 사용하여 작은따옴표(')와 큰따옴표(")가 들어간 문자열을 만들 수 있습니다.

```
>>> data = 'You said: "It₩'s python"'
>>> print(data)
You said: "It's python"
```

또한, 다른 이스케이프 코드를 사용하여 여러 줄로 이루어진 문자열도 만들 수
있습니다.

```
>>> data = 'Hello world 1\nHello world 2\nHello world 3'
>>> print(data)
Hello world 1
Hello world 2
Hello world 3
```

개행 문자를 나타내는 '\n'를 사용하여 여러 줄의 문자열을 만들었는데 약간
의 단점이 있습니다. 이 예는 짧은 문자열이라 상대적으로 덜한 편이지만 가독
성이 떨어집니다. 즉, 문자열이 길어진다면 이 문자열을 print 함수로 출력해 보
기 전까진 어떤 문자열인지 읽기가 어렵습니다. 가독성을 높이기 위해 [Enter]
키를 사용하여 코드를 여러 줄에 걸쳐 입력하려 하면, 파이썬은 프로그램 코
드를 다 작성한 것으로 알고 이를 실행하려고 합니다.

```
>>> data = 'First line
File "<stdin>", line 1
    data = 'First line
                      ^
SyntaxError: EOL while scanning string literal
```

이러한 문제를 해결하고 공백 문자들을 편하게 사용하기 위하여 작은따옴표
(') 3개와 큰따옴표(") 3개를 사용합니다.

```
>>> data = '''First line
... Second line
... Third line'''
>>> print(data)
First line
Second line
Third line
```

앞선 예처럼 작은따옴표나 큰따옴표를 3개 사용하여 시작할 경우 [Enter] 키
를 치더라도 아직 문자열 입력이 끝나지 않았다는 것을 알고, 계속해서 입력을
받습니다. 또한 ''' ''' 안에서의 개행은 '₩n'과 동일하게 실제 개행을 의미합
니다. 이는 [Tab] 키, [Space] 바 등과 같은 모든 공백 문자에 해당합니다. 즉,
''' ''' 안에서 입력한 개행, [Tab] 키, [Space] 바 등의 공백 문자는 문자 그대
로 해당 문자열에 들어가게 됩니다. 이는 문자열 작성 시 편리함을 주고, 가독
성을 높여 코드 내에 긴 문자열을 작성할 때 문제점을 찾기 쉽게 하여 편리한
수정이 가능합니다.

[연산자]
문자열 자료형은 숫자 자료형과 달리 일부 연산자만을 지원합니다.

표 2-3 문자열 자료형을 지원하는 연산자

연산자	설명	예
x + y	문자열 x와 문자열 y를 잇는 연산자다. 이때 x와 y는 문자열이어야 한다.	data = 'Hello' + ' World!' data = data + '!!!'
x * y	문자열 x를 숫자 y번 반복하는 연산자다. 이때 x는 문자열, y는 숫자여야 한다.	data = '-' * 10 data = data * 2

다음은 이들 연산자에 대한 간략한 예들입니다.

덧셈 연산자 : +

덧셈 연산자는 **표 2-3**에서 설명한 것처럼 문자열 간의 덧셈 외에는 지원하지 않습니다.

```
>>> data = 'Hello' + ' World!'
>>> print(data)
Hello World!
>>> data = data + '!!!'
>>> print(data)
Hello World!!!!
>>> data = data + 10
Traceback (most recent call last):
  File "<stdin>", line 1, in <module>
TypeError: must be str, not int
```

곱셈 연산자 : *

곱셈 연산자는 **표 2-3**에서 설명한 것처럼 문자열과 숫자 간의 곱셈 외에는 지원하지 않습니다.

```
>>> data = '-' * 10
>>> print(data)
----------
>>> data = data * 2
>>> print(data)
--------------------
>>> data = data * 'temp string'
Traceback (most recent call last):
  File "<stdin>", line 1, in <module>
TypeError: can't multiply sequence by non-int of type 'str'
```

[인덱싱]

인덱싱은 문자열에서 문자 하나하나를 개별적으로 가리키는 방법을 의미합니다. 파이썬에서 문자열의 모든 문자는 0번부터 시작하는 순번(인덱스)을 가지고 있습니다. 예를 들어 'You can do it'이라는 문자열을 보면 다음과 같은 인덱스를 가지고 있습니다.

문자	Y	o	u		c	a	n		d	o		i	t
인덱스	0	1	2	3	4	5	6	7	8	9	10	11	12

이 인덱스의 값에 접근할 때는 다음과 같은 형식을 취합니다.

변수명[인덱스]

이때, 만약 문자열 길이를 넘어서는 인덱스에 접근할 때에는 오류가 발생하므로 주의해야 합니다.

```
>>> data = 'You can do it'
>>> print(data[0])
Y
>>> print(data[4])
c
>>> print(data[12])
t
>>> print(data[13])
Traceback (most recent call last):
  File "<stdin>", line 1, in <module>
IndexError: string index out of range
```

앞선 예처럼 문자가 가진 인덱스를 이용하여 문자 하나하나에 접근하는 방법을 인덱싱이라고 합니다. 인덱싱을 사용할 때 다음에 표기된 음수로도 인덱싱이 가능합니다.

문자	Y	o	u		c	a	n		d	o		i	t
인덱스	-13	-12	-11	-10	-9	-8	-7	-6	-5	-4	-3	-2	-1

'Y'의 인덱스가 0인 것으로 간주해서 음수로 인덱싱을 할 경우, 문자열의 마지막 문자부터 순차적으로 인덱스를 갖습니다. 이때도 기존 인덱싱과 마찬가지로 문자열 길이를 넘어서는 인덱스에 접근할 때에는 오류가 발생합니다.

```
>>> data = 'You can do it'
>>> print(data[-1])
t
>>> print(data[-8])
a
>>> print(data[-13])
Y
>>> print(data[-14])
Traceback (most recent call last):
  File "<stdin>", line 1, in <module>
IndexError: string index out of range
```

[슬라이싱]

슬라이싱은 말 그대로 문자열의 일부를 잘라낸다는 뜻입니다. 앞서 다룬 인덱스를 활용하여 문자열의 일부를 가져오는 방법입니다. 앞서 배운 인덱싱과 문자열 연산자의 덧셈 연산자를 활용하면 문자열의 일부를 가져올 수 있습니다. 다음 예는 앞서 배운 내용으로 'You can do it'에서 'can'을 가져오는 코드입니다.

```
>>> data = 'You can do it'
>>> sub_data = data[4] + data[5] + data[6]
>>> print(sub_data)
can
```

이는 문자 하나하나를 인덱싱으로 가져와서 각 문자를 더한 것입니다. 이 방법은 일단 사용이 불편한 데다가 가져오려는 문자열이 길 경우 'data[4] + data[5] ... data[100]'과 같이 불필요하게 코드가 길어질 수 있습니다. 따라서 파이썬에서는 다음과 같은 형식을 취해서 문자열을 잘라낼 수 있는 슬라이싱을 제공합니다.

> 변수명[시작_인덱스 : 끝_인덱스]

이 슬라이싱은 **'시작_인덱스'** 이상, **'끝_인덱스'** 미만의 문자열을 잘라서 반환합니다.

참고로 이 책에서는 '시작 인덱스', '끝 인덱스'와 같은 용어를 코드 형식에 사용할 때는 띄어쓰기에 공백을 사용하지 않고, 밑줄(_)을 사용했습니다. 이는 실제 코드에서의 띄어쓰기와 구분하여 하나의 값임을 나타내기 위함입니다.

```
>>> data = 'You can do it'
>>> print(data[4:7])
can
>>> print(data[0:3])
You
>>> print(data[0:7])
You can
>>> print(data[0:13])
You can do it
```

추가로, 슬라이싱을 할 때 첫 시작부터 슬라이싱을 하거나 끝까지 슬라이싱을 하고자 할 때는 인덱스를 생략할 수 있습니다.

```
>>> data = 'You can do it'
>>> print(data[8:])
do it
>>> print(data[:7])
You can
>>> print(data[:])
You can do it
```

[슬라이싱의 활용]

앞서 살펴봤듯이 슬라이싱은 문자열의 일부를 잘라낼 때 사용합니다. 따라서 여러 데이터가 한 문자열에 표현된 곳이면 어디에서나 사용할 수 있습니다. 예를 들어 '20200502' 와 같은 문자열도 사실은 년, 월, 일 데이터가 합쳐진 문자열입니다.

다음은 슬라이싱으로 자주 활용되는 문자열 형태의 예입니다.

날짜 : '20200502'

날짜 문자열에서 년, 월, 일을 구분하여 저장할 때 사용합니다.

```
>>> data = '20200502'
>>> year = data[:4]
>>> month = data[4:6]
>>> day = data[6:]
>>> print(year)
2020
>>> print(month)
05
>>> print(day)
02
```

날짜 및 시간 : '2020-05-02 12:30:50.09380817'

날짜 및 시간에서 초 문자열의 소수점을 없앨 때 사용합니다.

```
>>> data = '2020-05-02 12:30:50.09380817'
>>> date_time = data[:-9]
>>> print(date_time)
2020-05-02 12:30:50
```

파일명 : 'alghost_20200502.xlsx'

파일명에서 확장자와 파일명을 구분하여 저장할 때 사용합니다.

```
>>> data = 'alghost_20200502.xlsx'
>>> file_name = data[:-5]
>>> file_type = data[-4:]
>>> print(file_name)
alghost_20200502
>>> print(file_type)
xlsx
```

[내장 함수]

내장 함수에서 '내장'은 말 그대로 사전에 내장되었다는 의미로 파이썬이 '기본
적으로 가지고 있다'는 말이고, 함수는 '기능을 수행한다'는 말입니다. 여기서
함수는 사용자가 직접 생성할 수도 있고, 이처럼 파이썬에 사전에 포함된 경우
도 있습니다. 직접 생성하는 함수는 이후에 살펴보기로 하고, 여기서는 사전에
파이썬에 포함된 내장 함수에 대해 살펴보도록 하겠습니다. 많은 내장 함수 중
우선, 문자열 자료형의 내장 함수는 문자열 자료형을 가진 변수에 내장된 기능
을 의미합니다. 각각의 내장 함수는 이름을 가지고 있고, 이름을 통해 해당 함
수가 제공하는 기능을 사용할 수 있습니다.

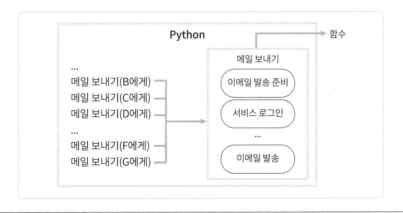

그림 **2-2** 함수의 예시 : 메일 보내기 함수를 만들어서 사용

변수의 내장 함수를 사용할 때에는 다음과 같은 형식을 취합니다.

> 변수명.함수명(전달값, 전달값, ...)

괄호 안에는 해당 함수를 사용할 때 필요한 값을 입력하게 되는데 이는 함수마다 다릅니다. 예를 들어 문자열에 포함된 특정 문자의 수를 세고, 그 수를 반환하는 함수인 count 함수의 경우 특정 문자의 수를 세야 하기 때문에, 세고자하는 문자를 입력해야 합니다.

다음은 문자열 자료형에서 기본적으로 제공하는 내장 함수를 정리한 표입니다.

표 2-4 문자열 자료형의 내장 함수

함수	설명	예
count	특정 문자의 수를 반환한다.	data = 'You can do it' o_count = data.count('o')
find	특정 문자의 위치를 반환한다. 문자가 없을 경우 -1을 반환한다. 찾는 문자가 여러 개 존재할 경우 가장 낮은 인덱스를 반환한다.	data = 'You can do it' c_index = data.find('c')
index	특정 문자의 위치를 반환한다. 문자가 없을 경우 오류가 발생한다. 찾는 문자가 여러 개 존재할 경우 가장 낮은 인덱스를 반환한다.	data = 'You can do it' c_index = data.index('c')
join	특정 문자를 입력한 문자열 사이에 추가한 후 결과를 반환한다.	comma = ',' csv_data = comma.join('You')
upper	문자를 대문자로 변환하여 반환한다.	data = 'You can do it' upper_data = data.upper( )
lower	문자를 소문자로 변환하여 반환한다.	data = 'You can do it' lower_data = data.lower( )

함수	설명	예
replace	특정 문자를 다른 문자로 변경하여 반환한다.	data = 'You can do it' repl_data = data.replace('You', 'I')
split	문자를 특정 문자로 쪼개서 반환한다.	data = 'You can do it' splitted = data.split(' ')
strip	문자 양 끝의 공백 문자를 제거하여 반환한다.	data = ' You can do it ' data = data.strip( )
isdigit	문자가 숫자로만 이루어져 있는지 확인하여 참/거짓을 반환한다.	data = '123' if data.isdigit( ): print(data)

표에 정리한 내용으로는 이해하기 어려울 수 있으므로 이들 함수에 대해 더욱 자세히 알아보겠습니다.

count 함수

count 함수는 특정 문자의 수를 반환하는 기능을 가지고 있습니다. 여기서 세고자 하는 문자는 하나의 문자뿐만 아니라 문자열도 가능합니다.

```
>>> data = 'You can do it'
>>> o_count = data.count('o')
>>> print(o_count)
2
>>> blank_count = data.count(' ')
>>> print(blank_count)
3
>>> print(data.count('You'))
1
```

find 함수

find 함수는 문자의 위치를 찾는 함수 중 하나입니다. count 함수와 마찬가지로 특정 문자의 위치뿐만 아니라 문자열의 위치도 찾을 수 있습니다. 찾으려는 문자가 여러 군데 있을 경우 인덱스가 가장 작은 위치, 즉 문자열의 앞부분에 가장 가까운 문자 위치를 반환합니다. 만약 찾으려는 문자가 없을 경우에는 -1을 반환합니다.

```
>>> data = 'You can do it'
>>> do_index = data.find('do')
>>> print(do_index)
8
>>> z_index = data.find('z')
>>> print(z_index)
-1
```

앞에서 두 번째로 가까운 문자 위치를 반환하려면 어떻게 할까요?

find 함수에는 찾고자 하는 문자열 외에도 검색 시작 인덱스와 끝 인덱스를 지정할 수가 있습니다. 즉, 첫 번째 문자의 위치를 먼저 찾고 그 위치보다 뒤에서 한 번 더 찾으면 됩니다. 다음 예와 같이 찾고자 하는 문자열 뒤에 시작 위치를 전달할 수 있는데, 이 위치를 '첫 번째 찾았던 위치 + 1'부터 찾도록 하여 두 번째로 가까운 문자를 찾을 수 있습니다.

```
>>> data = 'You can do it'
>>> first_o_index = data.find('o')
>>> sec_o_index = data.find('o', first_o_index+1)
>>> print(sec_o_index)
9
```

index 함수

index 함수는 find 함수와 마찬가지로 문자의 위치를 찾는 함수 중 하나입니다. 기본적인 동작은 find 함수와 동일하지만 찾고자 하는 문자가 없는 경우의 동작이 다릅니다. index 함수는 찾고자 하는 문자가 없으면 오류가 발생합니다.

```
>>> data = 'You can do it'
>>> do_index = data.index('do')
>>> print(do_index)
8
>>> z_index = data.index('z')
Traceback (most recent call last):
  File "<stdin>", line 1, in <module>
ValueError: substring not found
```

join 함수

join 함수는 이 함수를 사용하는 문자열 자료형 변수의 값을 함수의 전달값으로 받은 변숫값의 사이에 추가합니다. 예를 들어 ',' 문자를 가진 변수로 join 함수를 사용하고, 이때 'abc'를 전달한다면 'a,b,c'가 만들어집니다. 사실 join 함수는 다음에 나올 리스트 자료형 및 튜플 자료형과 자주 사용하는 내장 함수지만 다음 예와 같이 문자열을 전달값으로도 사용할 수 있습니다.

```
>>> sep_key = ','
>>> data = sep_key.join('abcdefg')
>>> print(data)
a,b,c,d,e,f,g
```

리스트 자료형과 함께 활용한다면 어떻게 되나요?

리스트 자료형은 데이터의 모음을 다루는 자료형으로, 이 데이터 사이에 해당 문자를 넣어 줍니다. 다음 예를 보면 ['name', 'age', 'address', 'phone'] 4개의 데이터를 가진 리스트가 있고, join 함수를 사용하여 데이터 사이에 ','를 추가하였습니다.

```
>>> sep_key = ','
>>> data = sep_key.join(['name','age','address','phone'])
>>> print(data)
name,age,address,phone
```

upper 함수

upper 함수는 문자열에 포함된 알파벳을 모두 대문자로 변경하는 함수입니다.

```
>>> data = 'You can do it'
>>> upper_data = data.upper( )
>>> print(upper_data)
YOU CAN DO IT
```

lower 함수

lower 함수는 문자열에 포함된 알파벳을 모두 소문자로 변경하는 함수입니다.

```
>>> data = 'You can do it'
>>> lower_data = data.lower( )
>>> print(lower_data)
you can do it
```

replace 함수

replace 함수는 일부 문자열을 다른 문자열로 치환한 결과를 반환합니다. 만약 변경하려는 문자열이 변수에 없으면 아무런 문자도 치환되지 않은 채로 원본 문자열이 반환됩니다.

```
>>> data = 'You can do it'
>>> replaced = data.replace('You', 'I')
>>> print(replaced)
I can do it
>>> replaced = data.replace('zzz', 'abc')
>>> print(replaced)
You can do it
```

replace 함수는 일부 문자열을 다른 문자열로 치환할 때도 사용하지만, 특정 문자를 찾아 제거할 때도 사용할 수 있습니다. replace 함수를 통해 제거하고자 하는 문자열을 빈 문자열('')로 치환하면 이 문자열은 제거됩니다.

```
>>> data = 'You ca,,n, do,, it,'
>>> removed = data.replace(',', '')
>>> print(removed)
You can do it
```

split 함수

split 함수는 문자열을 특정 문자열로 쪼개는 함수입니다. 즉, 문자열을 특정 문자열로 나눠 문자열의 모음으로 만드는 함수인데, 이 함수의 결과는 다음에 다룰 리스트 자료형입니다. 다음은 'You can do it'을 ' '를 구분자로 사용하여 쪼개고, 쪼개진 문자열을 출력하는 예인데, 리스트 자료형에 대한 내용은 다음에 자세히 다루겠습니다.

```
>>> data = 'You can do it'
>>> splitted = data.split(' ')
>>> print(splitted)
['You', 'can', 'do', 'it']
>>> print(splitted[0])
You
>>> print(splitted[1])
can
```

strip 함수

strip 함수는 문자열의 앞뒤 공백을 제거하는 함수입니다. 공백은 개행 문자
('₩n'), 탭 문자('₩t') 그리고 스페이스 문자(' ')를 의미합니다.

```
>>> data = '    You can do it    '
>>> print(data)
    You can do it
>>> data = data.strip( )
>>> print(data)
You can do it
```

strip 함수는 언제 필요할까요?

프로그램을 만드는 사람이 문자열 앞뒤에 공백을 불필요하게 넣을 일은 아마도 거
의 없을 텐데, 이 함수가 필요한 이유는 대부분의 '데이터'를 외부에서 가져오기 때문
입니다. 자동화를 하면서 웹으로부터 데이터를 가져오거나 엑셀로부터 데이터를 가
져올 텐데, 외부의 데이터에 공백이 포함되어 있을 수 있기 때문입니다. 특히, 웹으로
부터 데이터를 가져올 때에는 공백이 있는 경우가 많기 때문에 이 함수를 사용하는
습관을 가지는 것이 좋습니다.

isdigit 함수

isdigit 함수는 문자열이 숫자로만 이뤄져 있는지 여부를 반환하는 함수입니다. 예를 들어 문자열 자료형 변수에 'abcd'가 들어있는 경우 거짓을 반환하고, '1234'가 들어있는 경우 참을 반환합니다. 이 함수는 추후 4.3 '내장 함수'절에서 배우는 int 함수와 함께 사용되는데, 이는 해당 부분에서 다시 살펴보도록 하겠습니다.

```
>>> data = 'Freelec'
>>> data.isdigit( )
False
>>> data = '1234'
>>> data.isdigit( )
True
```

[문자열 포매팅하기]

문자열 자료형 변수는 앞서 설명한 대로 작은따옴표와 큰따옴표를 사용하여 만들 수 있습니다. 또한 문자열 자료형 변수를 다른 변수와 함께 만들고 싶을 때는 덧셈, 곱셈 연산자를 사용하여 만들 수밖에 없습니다. 만약 a, b, c 변수 사이에 ','를 넣은 문자열을 만들고 싶다면 현재 배운 내용으로는 a + ',' + b + ',' + c 로 작성할 수밖에 없습니다.

하지만 파이썬에서는 연산자를 통해 문자열 자료형 변수를 만드는 방법뿐만 아니라 **포매팅**이라는 방법도 제공합니다. 포매팅이란 특정 코드를 활용하여 변수가 포함된 문자열을 쉽게 만드는 방법입니다. 파이썬에서 제공하는 포매팅은 여러 가지가 있지만, 그 중 파이썬 3.6버전 이상에서 지원하는 **f-string** 포매팅을 살펴보겠습니다. 다음 예를 통해 확인해 보겠습니다.

```
>>> name = 'alghost'
>>> res = f'My name is {name}'
>>> print(res)
My name is alghost
```

name 문자열 자료형 변수를 사용하여 res 문자열 자료형 변수를 만들고 싶을 때, 따옴표를 시작하기 전에 f를 쓰고 문자열 안에서 {}를 활용하여 변수를 표현할 수 있습니다. 이때 사용한 {} 안에는 변수의 자료형과 관계없이 사용할 수 있습니다. 다음 예는 여러 변수를 사용하는 예입니다.

```
>>> name = 'alghost'
>>> age = 30
>>> res = f'My name is {name}, and I am {age}'
>>> print(res)
My name is alghost, and I am 30
```

이처럼 f-string 포매팅을 사용하여 문자열을 만들면 변수의 자료형을 고려하지 않고 변수명을 문자열에 쉽게 포함할 수 있습니다.

2.4 리스트 자료형

데이터에는 숫자, 문자열도 있지만 1, 2, 3, 4, 5, 6, 7, 8, 9, 10과 같이 여러 숫자로 이루어진 데이터도 있습니다. 즉, 여러 데이터를 가진 데이터가 있고, 파이썬은 이러한 데이터를 처리할 수 있는 자료형을 제공합니다. 이 책에서 다루는 자료형 중, **데이터의 모음**을 나타내는 자료형은 리스트, 튜플, 딕셔너리 자료형이 있습니다. 이 중에 **리스트 자료형**은 모든 데이터가 순번을 가지고 하나의 변수로 활용될 수 있는 자료형입니다.

예를 들어 강의를 듣는 모든 수강생의 이름을 변수에 담고 싶을 때, 각 이름들을 'student1, student2, ..., student100'처럼 만들지 않고, 다음과 같이 students 변수 안에 모든 수강생의 이름을 담을 수 있습니다.

변수명 = [값1, 값2, 값3, 값4, ...]

리스트 변수는 이와 같이 [ ]로 감싸져 있고, 각 값은 쉼표(,)로 구분됩니다. 또한 리스트 변수에 들어가는 값은 꼭 같은 자료형이 아니어도 됩니다. 즉, 다음과 같이 다른 자료형의 데이터도 포함될 수 있습니다.

['문자열_데이터1', 100, '문자열_데이터2']

리스트 변수는 다음과 같이 만들 수 있습니다.

```
>>> data1 = []
>>> data2 = [10, 11, 12]
>>> data3 = ['Awesome', 100, 10]
>>> data4 = [1, 2, ['data', 'data2']]
>>> data5 = ['You', 'can', 'do', 'it']
```

data1은 아무런 데이터도 가지지 않지만 리스트 변수입니다. 즉, 뒤에서 설명할 리스트의 인덱싱, 슬라이싱, 내장 함수 등을 사용할 수 있습니다. data2 리스트 변수는 숫자로만, data5 리스트 변수는 문자열로만 이루어져 있고 data3 리스트 변수는 문자열과 숫자를 모두 포함하고 있습니다. 또한, data4 리스트 변수는 숫자와 또 다른 리스트를 포함하고 있습니다. 이처럼 리스트 변수에는 여러 자료형을 함께 사용할 수도 있습니다.

[연산자]

리스트 자료형도 문자열 자료형과 마찬가지로 일부 연산자만을 지원합니다.

표 2-5 리스트 자료형을 지원하는 연산자

연산자	설명	예
x + y	리스트 x와 리스트 y를 잇는 연산자다. 이때 x와 y는 리스트 자료형이어야 한다.	data = ['data1'] + ['data2'] data = data + ['data3', 'data4']
x * y	리스트 x를 숫자 y번 반복하는 연산자다. 이때 x는 리스트, y는 숫자형이어야 한다.	data = ['data1'] * 10 data = data * 2

다음은 이들 연산자에 대한 간략한 예들입니다.

덧셈 연산자 : +

덧셈 연산자는 **표 2-5**에서 설명한 것처럼 리스트 간의 덧셈 외에는 지원하지 않습니다.

```
>>> data = ['data1'] + ['data2']
>>> print(data)
['data1', 'data2']
>>> data = data + ['data3', 'data4']
>>> print(data)
['data1', 'data2', 'data3', 'data4']
>>> data = data + 'data5'
Traceback (most recent call last):
  File "<stdin>", line 1, in <module>
TypeError: can only concatenate list (not "str") to list
```

곱셈 연산자 : *

곱셈 연산자는 **표 2-5**에서 설명한 것처럼 문자열과 숫자 간의 곱셈 외에는 지원하지 않습니다.

```
>>> data = ['data1'] * 2
>>> print(data)
['data1', 'data1']
>>> data = data * 2
>>> print(data)
['data1', 'data1', 'data1', 'data1']
>>> data = data * 'temp string'
Traceback (most recent call last):
  File "<stdin>", line 1, in <module>
TypeError: can't multiply sequence by non-int of type 'str'
```

[인덱싱]

인덱싱은 리스트에서 값 하나하나를 개별적으로 가리키는 방법을 의미합니다. 리스트 자료형도 문자열 자료형과 마찬가지로 각 값에 0번부터 시작하는 순번 (인덱스)을 가지고 있습니다. 예를 들어 ['You', 'can', 'do', 'it']이라는 리스트를 보면 다음과 같은 인덱스를 가지고 있습니다.

값	You	can	do	it
인덱스	0	1	2	3

이 인덱스의 값에 접근할 때는 다음과 같은 형식을 취합니다.

변수명[인덱스]

만약 리스트 길이를 넘어서는 인덱스에 접근할 때에는 오류가 발생하므로 주의해야 합니다.

```
>>> data = ['You', 'can', 'do', 'it']
>>> print(data[0])
You
>>> data[1] = 'cannot'
>>> print(data[1])
cannot
>>> print(data[3])
it
>>> print(data[4])
Traceback (most recent call last):
  File "<stdin>", line 1, in <module>
IndexError: list index out of range
```

앞선 예처럼 data[0], data[3]과 같이 각 값이 갖는 인덱스로 원하는 값에 접근할 수 있습니다. 리스트의 인덱스도 문자열과 마찬가지로 음수로 인덱싱이 가능합니다.

값	You	can	do	it
인덱스	-4	-3	-2	-1

이때도 문자열과 마찬가지로 리스트 마지막 값의 인덱스가 -1이고 역순으로 인덱싱을 하게 됩니다. 다른 인덱싱과 마찬가지로 리스트의 크기를 벗어나는 인덱스에 접근할 때에는 오류가 발생합니다.

```
>>> data = ['You', 'can', 'do', 'it']
>>> print(data[-1])
it
>>> print(data[-3])
can
>>> print(data[-4])
You
>>> print(data[-5])
Traceback (most recent call last):
  File "<stdin>", line 1, in <module>
IndexError: list index out of range
```

리스트의 값에 접근하는 방법은 인덱싱을 사용하면 되는데, 값을 추가하거나 삭제하는 방법이 필요합니다. 값의 추가나 삭제는 리스트의 내장 함수로 가능하지만 삭제는 인덱싱을 통해서도 가능합니다. 다음은 인덱싱으로 리스트의 값을 삭제하는 코드입니다.

```
>>> data = ['You', 'can', 'do', 'it']
>>> print(data)
['You', 'can', 'do', 'it']
>>> del(data[1])
>>> print(data)
['You', 'do', 'it']
```

['You', 'can', 'do', 'it']으로 이루어진 리스트 변수 data에서 data[1]인 'can'을 삭제하는 코드로, 삭제 이후에 리스트 변수 data를 출력하면 'can'이 삭제된 것을 확인할 수 있습니다.

[슬라이싱]

리스트의 슬라이싱도 문자열의 슬라이싱과 유사합니다. 문자열에서는 문자를 잘라냈다면 리스트에서는 리스트에 속한 값의 일부를 잘라냅니다. 예를 들어 ['data1', 'data2', 'data3', ..., 'data100']으로 이루어진 리스트로부터 ['data3', 'data'4, ..., 'data50']과 같은 일부 리스트 내용을 슬라이싱을 사용하여 가져올 수 있습니다.

리스트는 문자열과 달리
인덱싱과 덧셈 연산자를 가지고 일부 리스트를 만들 수 없습니다!

문자열의 인덱싱 결과는 문자열이기 때문에 일부 문자열을 만들 수 있었지만, 리스트의 인덱싱 결과는 리스트가 아니라 리스트의 해당 인덱스에 있는 값 자체를 의미합니다. 다음 예를 보면 ['can'] + ['do']를 수행하여 ['can', 'do']가 되길 기대할 수 있지만 실제로는 data[1]의 결괏값이 리스트 ['can']이 아닌 값 'can'이기 때문에 단순 문자열 덧셈이 됩니다.

```
>>> data = ['You', 'can', 'do', 'it']
>>> sub_data = data[1] + data[2]
>>> print(sub_data)
cando
```

리스트의 슬라이싱도 문자열과 마찬가지로 다음과 같은 형식을 취합니다.

> 변수명[시작_인덱스 : 끝_인덱스]

이 슬라이싱은 '시작_인덱스' 이상, '끝_인덱스' 미만의 리스트를 반환합니다.

```
>>> data = ['You', 'can', 'do', 'it']
>>> print(data[0:2])
['You', 'can']
>>> print(data[1:4])
['can', 'do', 'it']
>>> print(data[2:3])
['do']
>>> print(data[0:4])
['You', 'can', 'do', 'it']
```

앞서 배운 문자열 슬라이싱과 마찬가지로, 슬라이싱을 할 때 첫 시작부터 슬라이싱을 하거나 끝까지 슬라이싱을 하고자 할 때는 인덱스를 생략할 수 있습니다.

```
>>> data = ['You', 'can', 'do', 'it']
>>> print(data[2:])
['do', 'it']
>>> print(data[:2])
['You', 'can']
>>> print(data[:])
['you', 'can', 'do', 'it']
```

인덱싱으로 리스트의 값을 삭제한 것과 마찬가지로 슬라이싱으로 리스트의 값을 삭제할 수 있습니다.

```
>>> data = ['You', 'can', 'do', 'it']
>>> print(data)
['You', 'can', 'do,' 'it']
>>> del(data[1:3])
>>> print(data)
['You', 'it']
```

[내장 함수]

다음은 리스트 자료형에서 기본적으로 제공하는 내장 함수를 정리한 표입니다.

표 2-6 리스트 자료형의 내장 함수

함수	설명	예
append	값을 리스트 맨 뒤에 추가한다.	data = ['You', 'can', 'do', 'it'] data.append('!!!')
sort	리스트를 a-z 순으로 정렬한다.	data = ['You', 'can', 'do', 'it'] data.sort( )
reverse	리스트의 순서를 뒤집는다.	data = ['You', 'can', 'do', 'it'] data.reverse( )
index	특정 값의 위치를 반환한다. 값이 없을 경우 오류가 발생한다. 찾는 값이 여러 개 존재할 경우 가장 낮은 인덱스를 반환한다.	data = ['You', 'can', 'do', 'it'] do_index = data.index('do')
insert	원하는 위치에 값을 추가한다.	data = ['You', 'can', 'do', 'it'] data.insert(2, 'not')
remove	특정 값을 삭제한다. 찾는 값이 여러 개 존재할 경우 가장 낮은 인덱스의 값을 삭제한다.	data = ['You', 'can', 'do', 'it'] data.remove('can')
count	특정 값의 개수를 반환한다.	data = ['You', 'can', 'do', 'it'] do_count = data.count('do')

표에 정리한 내용으로는 이해하기 어려울 수 있으므로 이들 함수에 대해 더욱 자세히 알아보겠습니다.

append 함수

append 함수는 리스트 맨 마지막에 값을 추가하는 함수입니다. 리스트는 모든 자료형을 가질 수 있기 때문에 append 함수의 전달값은 어떠한 자료형이더라도 상관없습니다.

```
>>> data = []
>>> data.append('String data')
>>> print(data)
['String data']
>>> data.append(1024)
>>> print(data)
['String data', 1024]
>>> data.append(['list data'])
>>> print(data)
['String data', 1024, ['list data']]
```

data = [ ]로 비어 있는 리스트 변수를 만들고 append 함수로 데이터를 추가하는 예입니다. 처음엔 문자열 데이터인 'String data'를 추가하고, 숫자형 데이터인 1024를 추가합니다. 마지막으로 리스트를 추가하여 결국에는 data 변수가 문자열, 숫자형, 리스트 자료형을 가지게 됩니다.

sort 함수

sort 함수는 리스트를 a-z 순으로 정렬하는 함수입니다.

```
>>> data = ['a', 'c', 'b', 'g', 'f']
>>> print(data)
['a', 'c', 'b', 'g', 'f']
>>> data.sort( )
>>> print(data)
['a', 'b', 'c', 'f', 'g']
>>> data = [1, 2, 6, 5, 3, 4]
>>> print(data)
[1, 2, 6, 5, 3, 4]
>>> data.sort( )
>>> print(data)
[1, 2, 3, 4, 5, 6]
```

리스트에 각각 정렬되지 않은 문자열 자료형 값과 숫자 자료형 값이 입력되어 있으며, 이를 정렬하는 코드를 보여주는 예입니다.

하지만 이후에 업무 자동화에서 다루는 문자열은 단순한 'a', 'b', 'c'가 아닙니다.

```
>>> data = ['dev', 'sales', 'lab']
>>> print(data)
['dev', 'sales', 'lab']
>>> data.sort( )
>>> print(data)
['dev', 'lab', 'sales']
>>> data2 = ['aab', 'aaa', 'aa']
>>> data2.sort( )
>>> print(data2)
['aa', 'aaa', 'aab']
```

앞선 예에서 data 변수는 'dev', 'sales', 'lab'을 가진 리스트 변수인데, 이렇게 서로 길이가 다른 문자를 비교할 때는 길이를 비교하는 것이 아니라 첫 번째 문자부터 비교합니다. 즉, 'd', 's', 'l'을 비교하여 정렬하고, 만약에 첫 번째 문자가 동일하여 비교할 수 없는 경우는 두 번째, 세 번째, ..., N 번째 문자를 비교합니다. 이는 data2 변수의 정렬을 보면 알 수 있습니다. 첫 번째 문자가 전부 'a'이기 때문에 두 번째 문자로 비교했고, 두 번째 문자도 전부 'a'이기 때문에 세 번째 문자를 비교했습니다. 세 번째 문자가 없는 'aa'가 가장 앞으로 왔고 'aaa', 'aab' 순으로 정렬되었습니다.

reverse 함수

reverse 함수는 리스트의 값을 역순으로 변경합니다.

```
>>> data = ['You', 'can', 'do', 'it']
>>> print(data)
['You', 'can', 'do', 'it']
>>> data.reverse( )
>>> print(data)
['it', 'do', 'can', 'You']
```

앞선 예는 'You', 'can', 'do', 'it'을 가진 리스트를 뒤집는 코드로, 현재 순서의
역순으로 뒤집힙니다. 문자 자체를 한 글자씩 역순으로 정렬하는 함수가 아니
라는 점을 유의해야 합니다.

역순으로 정렬하고 싶다면 어떻게 해야 할까요?

두 가지 방법이 있습니다. sort 함수를 사용한 후에 reverse 함수를 사용하는 방법과
sort 함수를 사용할 때 역순으로 정렬하고 싶다는 전달값을 넣으면 됩니다.

```
>>> data = ['aab', 'aaa', 'aac']
>>> data.sort( )
>>> data.reverse( )
>>> print(data)
['aac', 'aab', 'aaa']
>>> data2 = ['aab', 'aaa', 'aac']
>>> data2.sort(reverse=True)
>>> print(data2)
['aac', 'aab', 'aaa']
```

index 함수

index 함수는 문자열의 index 함수와 완전히 동일하게 동작합니다. 문자열의
index 함수는 문자의 위치를 반환했다면, 리스트의 index 함수는 리스트에 있는
값의 위치를 반환합니다. 만약 값이 없다면 오류가 발생하는 점도 동일합니다.

```
>>> data = ['You', 'can', 'do', 'it']
>>> do_index = data.index('do')
>>> print(do_index)
2
>>> z_index = data.index('z')
Traceback (most recent call last):
  File "<stdin>", line 1, in <module>
ValueError: 'z' is not in list
```

insert 함수

insert 함수는 리스트 내 원하는 위치에 값을 추가하는 함수입니다.

```
>>> data = ['You', 'can', 'do', 'it']
>>> data.insert(2, 'not')
>>> print(data)
['You', 'can', 'not', 'do', 'it']
```

앞선 예에서 알 수 있듯이 insert(원하는_위치, 값) 형식으로 사용할 수 있고,
이때 원하는_위치는 값이 가질 인덱스값을 의미합니다. 예에서는 원하는_위치
값에 '2', 값에 'not' 문자열을 추가하였기 때문에 ['You', 'can', 'not', 'do', 'it']
이 된 것을 확인할 수 있습니다. 만약 원하는_위치 값이 리스트의 값 개수보다
큰 경우에는 append 함수와 동일하게 마지막에 추가됩니다.

```
>>> data = ['You', 'can', 'do', 'it']
>>> data.insert(100, '!!!')
>>> print(data)
['You', 'can', 'do', 'it', '!!!']
```

remove 함수

remove 함수는 리스트 변수에서 특정 값을 삭제하는 함수입니다. 앞서 인덱싱, 슬라이싱에서 리스트의 값을 삭제할 때는 값이 있는 위치를 이용하여 값을 삭제하였는데, remove 함수는 값의 위치가 아닌 값으로 삭제를 하는 함수입니다. 따라서 삭제하려는 값이 없을 경우 오류가 발생하고, 값이 여러 개라면 인덱스가 가장 작은 값을 삭제합니다.

```
>>> data = ['You', 'can', 'not', 'do', 'it']
>>> data.remove('not')
>>> print(data)
['You', 'can', 'do', 'it']
>>> data2 = ['data1', 'a', 'data2', 'a', 'data3']
>>> data2.remove('a')
>>> print(data2)
['data1', 'data2', 'a', 'data3']
>>> data2.remove('data4')
Traceback (most recent call last):
  File "<stdin>", line 1, in <module>
ValueError: list.remove(x): x not in list
```

data2 리스트 변수는 두 개의 'a' 값을 가지고 있고, 'a' 값을 삭제했을 때 인덱스가 가장 작은 data2[1]의 값이 삭제되었습니다. 또한, data2 리스트 변수에 없는 'data4' 값을 지우려고 시도하니 오류가 발생하는 것도 확인할 수 있습니다.

count 함수

count 함수는 문자열의 count 함수와 완전히 동일하게 동작합니다. 문자열의 count 함수는 전달값으로 입력한 문자의 개수를 반환하는데, 리스트의 count 함수는 전달값으로 입력한 값의 개수를 반환합니다.

```
>>> data = ['You', 'can', 'do', 'it', 100, ['list data']]
>>> cnt = data.count('You')
>>> print(cnt)
1
>>> cnt = data.count(['list data'])
>>> print(cnt)
1
>>> cnt = data.count('not')
>>> print(cnt)
0
```

2.5 튜플 자료형

튜플 자료형은 리스트 자료형과 동일하게 데이터의 모음을 나타내는 자료형으로 모든 자료형의 값을 모아서 하나의 변수에 담을 수 있습니다.

> 변수명 = (값1, 값2, 값3, 값4, ...)

튜플 변수는 이와 같이 ( )로 감싸져 있고, 각 값은 쉼표(,)로 구분됩니다. 주의해야 할 점은 값이 1개일 경우 변수명 = (값1,)과 같이 값 뒤에 ','를 표기해야 합니다. 그 외에 모든 특징은 리스트 자료형과 동일하지만 한 가지 차이가 있습니다. 바로, 튜플 변수는 수정이 불가능하다는 점입니다. 변수명에 ( )를 사용하여 튜플 변수를 처음 만들 때를 제외하고는 값을 추가, 변경, 삭제할 수 없습니다. 즉, 값을 읽을 수만 있습니다.

튜플 자료형에서 왜 값이 1개일 때는 ','를 표기해야 하나요?

튜플 변수는 ( )를 사용하여 값을 나열하는데, (1)이라고 표기하면 파이썬은 이를 숫자 1이라고 인식하게 됩니다. 따라서 튜플 자료형 변수가 아닌 숫자 자료형 변수가 됩니다. 다음 예를 통해 확인해 볼 수 있습니다.

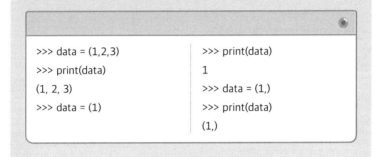

```
>>> data = (1,2,3)          >>> print(data)
>>> print(data)             1
(1, 2, 3)                   >>> data = (1,)
>>> data = (1)              >>> print(data)
                            (1,)
```

[연산자]

튜플 자료형의 연산자는 리스트 자료형과 동일하게 동작합니다.

표 2-7 튜플 자료형을 지원하는 연산자

연산자	설명	예
x + y	튜플 x와 튜플 y를 잇는 연산자다. 이때 x와 y는 튜플 자료형이어야 한다.	data = ('data1',) + ('data2',) data = data + ('data3', 'data4')
x * y	튜플 x를 숫자 y번 반복하는 연산자다. 이때 x는 튜플, y는 숫자형이어야 한다.	data = ('data1',) * 10 data = data * 2

다음은 이들 연산자에 대한 간략한 예들입니다.

덧셈 연산자 : +

덧셈 연산자는 **표 2-7**에서 설명한 것처럼 튜플 간의 덧셈 외에는 지원하지 않습니다.

```
>>> data = ('data1',) + ('data2',)
>>> print(data)
(data1, data2)
>>> data = data + ('data3', 'data4')
>>> print(data)
('data1', 'data2', 'data3', 'data4')
>>> data = data + ['data5']
Traceback (most recent call last):
  File "<stdin>", line 1, in <module>
TypeError: can only concatenate tuple (not "list") to tuple
```

곱셈 연산자 : *

곱셈 연산자는 **표 2-7**에서 설명한 것처럼 튜플과 숫자 간의 곱셈 외에는 지원하지 않습니다.

```
>>> data = ('data1',) * 2
>>> print(data)
('data1', 'data1')
>>> data = data * 2
>>> print(data)
('data1', 'data1', 'data1', 'data1')
>>> data = data * 'temp string'
Traceback (most recent call last):
  File "<stdin>", line 1, in <module>
TypeError: can't multiply sequence by non-int of type 'str'
```

[인덱싱]

튜플의 인덱싱은 리스트의 인덱싱과 완전히 동일합니다. 예를 들어 ('You', 'can', 'do', 'it')이라는 튜플을 보면 다음과 같은 인덱스를 가지고 있습니다.

값	You	can	do	it
인덱스	0	1	2	3

리스트의 인덱싱과 다른 점은 수정이 불가능하기 때문에, 해당 인덱스의 값을 변경할 수 없다는 점입니다. 그 외, 튜플도 리스트와 마찬가지로 튜플의 길이를 넘어서는 인덱스에 접근할 때에는 오류가 발생하므로 주의해야 합니다.

```
>>> data = ('You', 'can', 'do', 'it')
>>> print(data[0])
You
>>> print(data[1])
can
>>> print(data[3])
it
>>> print(data[4])
Traceback (most recent call last):
  File "<stdin>", line 1, in <module>
IndexError: tuple index out of range
>>> data[1] = 'cannot'
Traceback (most recent call last):
  File "<stdin>", line 1, in <module>
TypeError: 'tuple' object does not support item assignment
```

앞선 예에서 마지막에 data[1]에 새로운 문자열 값을 넣을 때 수정이 불가능한 것을 제외하고, 리스트와 동일하게 동작하는 것을 확인할 수 있습니다.

리스트 자료형과 마찬가지로 음수로 인덱싱이 가능합니다.

값	You	can	do	it
인덱스	-4	-3	-2	-1

이때도 리스트 자료형과 마찬가지로 튜플의 마지막 값 인덱스가 -1입니다.

```
>>> data = ('You', 'can', 'do', 'it')
>>> print(data[-1])
it
>>> print(data[-3])
can
>>> print(data[-4])
You
>>> print(data[-5])
Traceback (most recent call last):
  File "<stdin>", line 1, in <module>
IndexError: tuple index out of range
```

리스트 자료형과 달리 튜플 자료형은 수정이 불가능하기 때문에 del 함수를
사용하여 값을 삭제할 수 없습니다.

만약 튜플 자료형 변수를 수정하고 싶으면 어떻게 하나요?

튜플 자료형 변수를 수정하고 싶다면, 이를 리스트 자료형 변수로 변경해서 사용할
수밖에 없습니다. 파이썬의 내장 함수 중에 튜플을 리스트로 변경하는 함수가 있으
므로 쉽게 수정할 수 있습니다.

```
>>> data = (10, 20, 30)
>>> l_data = list(data)
>>> print(l_data)
[10, 20, 30]
>>> l_data[1] = 40
>>> del(l_data[2])
>>> print(l_data)
[10, 40]
```

[슬라이싱]

튜플의 슬라이싱은 리스트의 슬라이싱과 완전히 동일합니다.

```
>>> data = ('You', 'can', 'do', 'it')
>>> print(data[0:2])
('You', 'can')
>>> print(data[1:4])
('can', 'do', 'it')
>>> print(data[2:3])
('do',)
>>> print(data[0:4])
('You', 'can', 'do', 'it')
```

튜플의 슬라이싱도 리스트의 슬라이싱과 마찬가지로 첫 시작과 끝은 생략할 수 있습니다.

```
>>> data = ('You', 'can', 'do', 'it')
>>> print(data[2:])
('do', 'it')
>>> print(data[:2])
('You', 'can')
>>> print(data[:])
('You', 'can', 'do', 'it')
```

[내장 함수]

튜플 자료형은 추가, 변경, 삭제가 불가능하므로 튜플 자료형의 내장 함수는 리스트의 내장 함수 중에 내용을 변경하는 함수는 제외하고 지원합니다.

표 2-8 튜플 자료형의 내장 함수

함수	설명	예
index	특정 값의 위치를 반환한다. 값이 없을 경우 오류가 발생한다. 찾는 값이 여러 개 존재할 경우 가장 낮은 인덱스를 반환한다.	data = ('You', 'can', 'do', 'it') do_index = data.index('do')
count	특정 값의 개수를 반환한다.	data = ['You', 'can', 'do', 'it'] do_count = data.count('do')

이어서 이들 함수에 대해 더욱 자세히 알아보겠습니다.

index 함수

리스트 자료형의 내장 함수인 index 함수와 동일하게 동작합니다.

```
>>> data = ('You', 'can', 'do', 'it')
>>> do_index = data.index('do')
>>> print(do_index)
2
>>> z_index = data.index('z')
Traceback (most recent call last):
  File "<stdin>", line 1, in <module>
ValueError: tuple.index(x): x not in tuple
```

count 함수

리스트 자료형의 내장 함수인 count 함수와 동일하게 동작합니다.

```
>>> data = ('You', 'can', 'do', 'it', 100, ['list data'])
>>> cnt = data.count('You')
>>> print(cnt)
1
>>> cnt = data.count(['list data'])
>>> print(cnt)
1
>>> cnt = data.count('not')
>>> print(cnt)
0
```

2.6 딕셔너리 자료형

딕셔너리 자료형은 서로 대응 관계를 가진 데이터로 이루어진 자료형입니다. 대응 관계는 **키(key)**와 **값(value)**으로 표현되기 때문에 사람의 인지방식과 유사하다고 볼 수 있습니다. 예를 들어 사람은 '신장 : 180cm', '나이 : 30', '직업 : 프로그래머' 등과 같이 키와 키에 해당하는 값을 자연스럽게 연결지어 생각합니다. 바로 딕셔너리 자료형이 이러한 형태의 데이터를 다룰 수 있는 자료형입니다. 만약, 변수에 학생 정보로 '이름', '나이', '이메일 주소'를 담고 싶으면 학생 정보 변수를 만들고 '이름' 키에 학생 이름을, '나이' 키에 학생 나이를, '이메일 주소' 키에 학생의 이메일 주소를 담을 수 있습니다.

변수명 = { 'key1' : 'value1', 'key2' : 'value2', 'key3' : 'value3' }

딕셔너리 변수는 { }로 감싸져 있고 키와 값의 대응 관계는 콜론(:)으로 구분되며, 각 키/값 사이는 콤마(,)로 구분됩니다. 또한, 딕셔너리 변수는 리스트나 튜플처럼 순서를 가진 데이터가 아니라 오로지 키로만 접근할 수 있습니다. 순서가 없기 때문에 출력할 때 순서가 변경되기도 하지만 데이터가 변경되거나 문제가 생긴 것은 아닙니다.

앞서 설명한 학생 정보를 실제 딕셔너리 변수로 만든다면 다음 예와 같습니다.

```
>>> student = {'name' : 'alghost', 'age' : 30, 'email' : 'alghost.lee@gmail.com'}
>>> print(student)
{'name' : 'alghost', 'age' : 30, 'email' : 'alghost.lee@gmail.com'}
```

[인덱싱]

딕셔너리 자료형은 키로 인덱싱을 하여 접근합니다. 리스트와 튜플은 순서가 있는 데이터이기 때문에 인덱싱을 할 때 '몇 번째'에 있는 데이터로 접근하였는데 딕셔너리는 '특정 키'에 있는 데이터로 접근합니다.

```
>>> student = {'name' : 'alghost', 'age' : 30, 'email' : 'alghost.lee@gmail.com'}
>>> print(student)
{'name' : 'alghost', 'age' : 30, 'email' : 'alghost.lee@gmail.com'}
>>> print(student['name'])
alghost
>>> student['age'] = 26
>>> print(student['age'])
26
>>> print(student['nokey'])
Traceback (most recent call last):
  File "<stdin>", line 1, in <module>
KeyError: 'nokey'
```

앞서 리스트와 튜플 자료형에서는 [ ] 사이에 몇 번째인지를 나타내기 위해 숫자를 사용하여 인덱싱했다면, 딕셔너리 자료형에서는 여기 예처럼 [ ] 사이에 무슨 키인지를 나타내기 위한 문자열을 사용하여 인덱싱을 합니다.

딕셔너리 자료형은 키를 통해 인덱싱을 해서 새로운 데이터를 추가하거나 삭제할 수 있습니다. 딕셔너리 자료형은 존재하지 않는 키의 데이터를 가져올 때 오류가 발생하지만, 존재하지 않는 키에 값을 추가하는 것은 가능합니다. 즉, 새로운 키에 데이터를 추가하고자 할 때는 새로운 키에 값을 지정하여 추가하기만 하면 됩니다. 다음은 빈 딕셔너리 변수에 값을 추가하는 예입니다.

```
>>> student = {}
>>> student['name'] = 'alghost'
>>> student['age'] = 30
>>> print(student)
{'name' : 'alghost', 'age' : 30}
```

이처럼 딕셔너리 변수에 새로운 키/값을 추가할 때는 원하는 키에 값을 추가하면 됩니다. 또한, 특정 내용을 삭제하고 싶은 경우에는 리스트 자료형에서 사용했던 del 함수를 사용합니다.

```
>>> student = {'name' : 'alghost', 'age' : 30, 'email' : 'alghost.lee@gmail.com'}
>>> del(student['name'])
>>> print(student)
{'age' : 30, 'email' : 'alghost.lee@gmail.com'}
```

[내장 함수]

다음은 딕셔너리 자료형에서 기본적으로 제공하는 내장 함수를 정리한 표입니다.

표 2-9 딕셔너리 자료형의 내장 함수

함수	설명	예
keys	딕셔너리의 모든 키를 반환한다.	data = {'key1' : 'val1', 'key2' : 'val2'} keys = data.keys( )
values	딕셔너리의 모든 값을 반환한다.	data = {'key1' : 'val1', 'key2' : 'val2'} values = data.values( )
items	딕셔너리의 모든 키/값을 리스트로 반환한다. 이때 키/값은 튜플 형태다.	data = {'key1' : 'val1', 'key2' : 'val2'} items = data.items( )
get	딕셔너리의 특정 키의 값을 가져온다. 키의 값이 없을 경우 기본값 지정이 가능하다.	data = {'key1' : 'val1', 'key2' : 'val2'} value1 = data.get('key1') value2 = data.get('key3', 0)

이어서 이들 함수에 대해 더욱 자세히 알아보겠습니다.

keys 함수

keys 함수는 딕셔너리가 가진 모든 키를 dict_keys 객체로 반환합니다. 이 함수는 다음 장에서 배울 반복문과 같이 자주 사용합니다. dict_keys 객체는 반복문, 제어문과 함께 사용할 때 리스트와 유사하게 사용할 수 있는데, 이는 추후 반복문에서 살펴보도록 하겠습니다.

```
>>> student = {'name' : 'alghost', 'age' : 30, 'email' : 'alghost.lee@gmail.com'}
>>> keys = student.keys( )
>>> print(keys)
dict_keys(['name', 'age', 'email'])
```

student 변수에는 'name', 'age', 'email' 키에 각각의 값이 들어 있기 때문에
keys 함수가 반환한 값은 dict_keys(['name', 'age', 'email'])인 것을 확인할
수 있습니다.

객체가 무엇인가요?

객체는 추후 배울 클래스에서 클래스 변수를 의미합니다. 간단히 설명하면 클래스
는 변수와 함수를 가진 새롭게 정의된 자료형과 유사한데, dict_keys 혹은 dict_values
라는 자료형을 새롭게 정의해서 사용하는 것입니다. 이렇게 새롭게 정의된 클래스
를 사용할 때, 클래스 변수를 생성하여 사용하는데 이를 객체라고 부릅니다.

values 함수

values 함수는 딕셔너리가 가진 모든 값을 dict_values 객체로 반환합니다.

```
>>> student = {'name' : 'alghost', 'age' : 30, 'email' : 'alghost.lee@gmail.com'}
>>> values = student.values( )
>>> print(values)
dict_values(['alghost, 30, 'alghost.lee@gmail.com'])
```

student 변수에는 'name', 'age', 'email' 키가 있고, 각각의 키에는 'alghost',
30, 'alghost.lee@gmail.com'이라는 값이 들어 있어, values 함수가 반환한
값은 dict_values(['alghost', 30, 'alghost.lee@gmail.com'])인 것을 확인할
수 있습니다.

items 함수

items 함수는 키와 값을 튜플 형태로 표현하여 이를 dict_items 객체로 반환합니다.

```
>>> student = {'name' : 'alghost', 'age' : 30, 'email' : 'alghost.lee@gmail.com'}
>>> items = student.items( )
>>> print(items)
dict_items([('name', 'alghost'), ('age', 30), ('email', 'alghost.lee@gmail.com')])
```

student 변수에는 'name', 'age', 'email' 키가 있고, 각각의 키에는 'alghost', 30, 'alghost.lee@gmail.com'이라는 값이 들어 있어, items 함수가 반환한 값은 dict_items([('name', 'alghost'), ('age', 30), ('email', 'alghost.lee@gmail.com')])인 것을 확인할 수 있습니다.

get 함수

get 함수는 특정 키의 값을 반환합니다. 딕셔너리에서 값을 가져올 때 인덱싱을 통해 가져올 수 있는데, get 함수를 쓰는 이유는 키에 대해 값이 없을 때 기본값을 지정할 수 있기 때문입니다.

get 함수는 다음과 같은 형식을 취합니다.

get(키, 기본값)

다음 예를 보면 get 함수를 사용하여 없는 키의 값을 가져올 경우, 지정한 기본값이 반환되는 것을 확인할 수 있습니다.

```
>>> student = {'name' : 'alghost', 'age' : 30, 'email' : 'alghost.lee@gmail.com'}
>>> name = student.get('name', 'no data')
>>> print(name)
alghost
>>> weight = student.get('weight', 'no data')
>>> print(weight)
no data
```

student 딕셔너리 변수에는 'name', 'age', 'email' 키가 있고, 여기에 get('name', 'no data')를 수행했을 때는 결괏값으로 'name' 키가 가지고 있는 'alghost' 값이 반환되었습니다. 하지만 존재하지 않는 키인 'weight' 키를 가지고 get 함수를 수행했을 때는 결과로 기본값으로 지정한 'no data' 값이 반환되었습니다.

지금까지 변수와 이 책에서 사용할 자료형에 대해 살펴보았습니다. 즉, '무엇(데이터)을 어떻게(동작) 해 줘!'에서 '무엇'을 다루는 데 필요한 변수와 자료형을 다뤘습니다. 이제 '어떻게'를 표현하는 방법인 제어문을 살펴보도록 하겠습니다.

CHAPTER 03 제어문

앞서 프로그래밍에 대해 설명하면서 프로그램이란 '무엇(데이터)을 어떻게(동작) 해 줘!'로 표현된 문장의 집합이라고 설명했는데, 제어문은 여기서 '어떻게'를 표현하는 구문입니다. 제어문에는 조건문과 반복문이 있으며, 두 제어문은 코드의 실행 과정을 제어합니다.

예를 들어, 조건문의 경우 엑셀 첫 번째 시트의 'A1' 셀 값을 가져와서 이 셀의 값이 'success'일 때 A, B, C 코드를 실행하고, 'success'가 아닐 때는 D, E, F 코드를 실행하는 등의 주어진 조건에 맞춰 실행할 코드를 결정합니다. 반복문의 경우에는 원하는 코드를 반복합니다.

제어문부터는 '1.4 파이썬 시작하기' 절에서 설명한 것처럼 편집기를 가지고 코드를 파일로 작성한 후에 명령 프롬프트/터미널에서 실행하도록 하겠습니다.

3.1 조건문: if 문

if 문은 조건이 포함된 구문으로, 어떤 조건을 만족할 때 원하는 코드를 실행하기 위해 사용합니다.

다음 그림은 조건문에 따라 실행되는 코드가 어떻게 변경되는지 알 수 있는 순서도입니다.

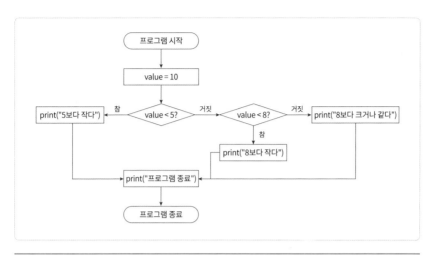

그림 3-1 조건문을 이해하기 위한 순서도

value 변수의 값이 5보다 작은 경우, 5이상이면서 8보다 작은 경우, 그리고 8
보다 크거나 같은 경우에 서로 다른 코드가 실행되는 것을 확인할 수 있습니다.

먼저 if 문의 형식이 어떤지 살펴보겠습니다.

```
if 조건 :
    코드 1
    코드 2
elif 조건 :
    코드 1
    코드 2
else :
    코드 1
    코드 2
```

if 다음에는 조건이 나오고 그 뒤에 콜론(:)이 있습니다. 여기서 조건은 결과가 참/거짓으로 나타나는 표현식입니다. 그리고 if 절 아래 코드 1, 코드 2가 들여쓰기가 되어 있습니다. 이는 if 다음에 나오는 조건이 참일 경우 들여쓰기가 된 코드 블록을 실행하라는 의미가 됩니다. 즉, 어떤 조건을 만족할 때 실행하고 싶은 코드가 있다면 들여쓰기를 해서 코드를 작성하면 됩니다. 또한, 파이썬에서는 콜론(:)이 나오면 그 구문에 속한 코드가 최소 1줄 이상 나와야 합니다. 즉, 들여쓰기가 된 코드가 1줄 이상 나와야 합니다.

elif 문은 if 절의 조건이 거짓일 때 이 조건과는 다른 조건에 따라 실행하고 싶은 코드가 있을 때 사용합니다. 즉, if 절의 조건이 참이면 elif 절의 조건은 검사조차 하지 않습니다. 마지막으로 **else 문**은 if 조건문 형식에 나열된 조건 중에 만족하는 조건이 하나도 없을 때, 나머지 경우에 대해 코드를 실행하고 싶을 때 사용합니다.

들여쓰기는 어떠한 공백도 가능합니다. [Space] 바 4칸, 8칸 혹은 [Tab] 키 등 모두 가능하지만, 코드의 시작에서 끝까지 같은 들여쓰기를 사용해야 합니다. 만약 [Tab] 키를 사용했다면 코드의 모든 들여쓰기는 [Tab] 키만 사용해야 합니다. 이때 여러 가지를 섞어서 사용한다면 들여쓰기가 맞지 않는다는 오류가 발생합니다.

대부분의 도구(프로그램)는 [Space] 바 4칸을 권장하고 이를 자동으로 맞춰주지만, 코드를 다른 곳에서 복사해 오거나, 직접 개발한 코드가 아닐 때는 들여쓰기가 같지 않아 문제가 발생할 수 있으므로 꼭 일치하도록 주의해야 합니다.

 예제 파일 : C:₩python₩examples₩03₩3.1-1.py

```
01 if True:
02   print("less than 10")
03     print("okay")
```

```
$ cd C:\python\examples\03
$ python 3.1-1.py
  File "3.1-1.py", line 3
    print("okay")
    ^
IndentationError: unexpected indent
```

앞선 예제는 if 절의 조건으로 참을 뜻하는 True를 넣어 그 안의 코드가 무조건 실행
되게 하였습니다. 잘못된 들여쓰기를 한 경우 오류를 알아보기 위한 예제이고, 3번
째 줄 코드의 들여쓰기가 잘못되었다는 오류가 발생합니다. 2번째 줄은 [Space] 바
2칸, 3번째 줄은 [Space] 바 4칸으로 되어 있어 오류가 발생한 경우입니다. 사실, 이
경우에는 눈에 잘 보이는 편이기 때문에 괜찮지만 [Space] 바 4칸과 [Tab] 키가 혼용
되면 육안으로는 같아 보이기 때문에 찾기가 어려울 수 있습니다.

다음 예제를 통해 if 문에 대해 자세히 살펴보겠습니다.

예제 파일 내려받기

이 책에서 사용한 예제 파일은 프리렉 홈페이지 자료실에서 내려받을 수 있습니다.

www.freelec.co.kr → 자료실

내려받은 예제 파일은 C:\python\ 폴더에 압축을 풀어 사용하기 바랍니다.

📁 **예제 파일** : C:₩python₩examples₩03₩3.1-2.py

```
01 num = 10
02
03 if num < 10:
04     print("less than 10")
05 elif num > 10:
06     print("more than 10")
07 else:
08     print("same")
09
10 if num < 10:
11     print("less than 10")
12 if num < 15:
13     print("less than 15")
14 if num < 20:
15     print("less than 20")
```

```
$ cd C:₩python₩examples₩03
$ python 3.1-2.py
same
less than 15
less than 20
```

먼저 1번 줄을 보면 num 변수에 10이라는 값을 넣었습니다.

```
03 if num < 10:
04     print("less than 10")
05 elif num > 10:
06     print("more than 10")
07 else:
08     print("same")
```

3번 줄에 있는 조건 'num < 10'은 'num이 10보다 작다'입니다. 현재 num 변수에는 10이 저장되어 있기 때문에 거짓이 되어 들여쓰기한 4번 줄의 print 함수는 실행되지 않습니다. 5번 줄에 있는 조건인 'num > 10'은 'num이 10

보다 크다'인데, 현재 num 변수에 10이 저장되어 있기 때문에 역시 거짓이
되어 6번 줄의 print 함수도 실행되지 않습니다. 결국 마지막 else 절을 통해
'same'이 출력됩니다. 만약 num 변수에 11이 저장되어 있었다면 else 절은 실
행하지 않았을 겁니다. 즉, if ~ elif ~ else 문은 먼저 나온 조건을 만족하게 되
면 그 뒤에 조건은 실행하지 않습니다.

```
10  if num < 10:
11      print("less than 10")
12  if num < 15:
13      print("less than 15")
14  if num < 20:
15      print("less than 20")
```

하지만 10, 12, 14번 줄과 같이 if ~ elif ~ else가 아닌 if 절의 나열이라면 앞
조건의 참/거짓에 관계없이 조건을 실행합니다. 따라서 num 변수에 10이 저
장되어 있기 때문에 12번 줄 조건과 14번 줄 조건을 만족하여 'less than
15'와 'less than 20'을 출력하게 됩니다.

간략하게 if ~ elif ~ else 문을 알아보았으니, 이제 if, elif 절 뒤에 따라오는 조
건에 대해 알아보겠습니다.

[자료형별 참/거짓]
파이썬에 있는 모든 자료형은 참과 거짓을 나타낼 수 있습니다.

이 말은, if 문에 쓰이는 조건에 다음과 같이 참/거짓을 표현하는 것처럼 사용
할 수 있다는 뜻입니다.

    if num < 10:

또한, 다음과 같이 변수명을 그대로 if 문의 조건에 사용할 수 있다는 의미입
니다.

```
if num:
```

자료형별로 참과 거짓이 의미하는 내용을 다음 **표 3-1**에 정리하였습니다.

표 3-1 변수 자료형별 참/거짓

자료형	참	거짓
숫자	0이 아닌 수	0
문자열 자료형	빈 문자열이 아닌 문자열	빈 문자열
리스트	빈 리스트가 아닌 리스트	빈 리스트
튜플	빈 튜플이 아닌 튜플	빈 튜플
딕셔너리	빈 딕셔너리가 아닌 딕셔너리	빈 딕셔너리

표 3-1에 나온 변수 자료형별로 갖는 참/거짓을 어떻게 활용할 수 있는지 예제를 통해 알아보겠습니다.

📁 **예제 파일** : C:₩python₩examples₩03₩3.1-3.py

```
01 data = 0
02
03 if data:
04     print(data)
05 else:
06     print("no data is available")
07
08 data = ['student', 'teacher']
09
10 if data:
11     print(data)
12 else:
13     print("no data is available")
```

```
$ cd C:\python\examples\03
$ python 3.1-3.py
no data is available
['student', 'teacher']
```

먼저 1번 줄을 보면 data 변수에 0 값을 넣습니다. data 변수는 0 값을 가지고
있어 **표 3-1**을 보면 거짓입니다. 이 때문에 3번 줄의 조건에서 거짓이 되어 5번
줄인 else 절로 가서 실행하게 됩니다. 따라서 'no data is available'을 출력하
게 됩니다.

계속해서 8번 줄을 보면 data 변수에 2개의 값을 가진 리스트를 넣습니다.

```
08 data = ['student', 'teacher']
09
10 if data:
11     print(data)
12 else:
13     print("no data is available")
```

data 변수에 비어 있지 않은 리스트가 들어 있기 때문에 10번 줄의 조건이 참
이 되어 11번 줄 코드가 실행됩니다. 따라서 ['student', 'teacher']가 출력됩니
다. 여기서는 모든 자료형에 대해 예제로 다루지는 않았지만, 여러분이 직접 자
료형을 변경해 가며 값을 확인해 보기 바랍니다.

[연산자]

if 조건문의 조건에 사용할 수 있는 연산자에 대해 알아보겠습니다. 꼭 조건에
서만 사용할 수 있는 것은 아니지만 연산자의 결과가 참/거짓을 반환하기 때문
에 조건에서 많이 사용됩니다.

표 3-2 조건에 사용되는 연산자

연산자	설명
x < y	x가 y보다 작다.
x > y	x가 y보다 크다.
x == y	x와 y가 같다.
x != y	x와 y가 다르다.
x <= y	x가 y보다 작거나 같다.
x >= y	x가 y보다 크거나 같다.
not x	x에 대해 부정이다. x가 참인 경우 거짓이, 거짓인 경우 참이 된다.
x in 리스트	리스트에 x가 있다.
x in 튜플	튜플에 x가 있다.
x in 문자열	문자열에 x가 있다.
x not in 리스트	리스트에 x가 없다.
x not in 튜플	튜플에 x가 없다.
x not in 문자열	문자열에 x가 없다.

연산자에는 '<', '>'와 같은 친숙한 비교 연산자도 있지만 'in'과 같은 새로운 연산자도 있습니다. 이들 연산자는 예제를 통해서 알아보도록 하겠습니다. 다음은 사용자 정보를 딕셔너리 변수로 가지고 있고, 이메일이 정상적인지 확인하여 출력하며, 20세 미만이면 teenager 리스트 변수에 이름을 추가하는 예제 코드입니다.

📁 **예제 파일** : C:\python\examples\03\3.1-4.py

```
01 user = {'name' : 'alghost', 'email' : 'alghost.lee@gmail.com', 'age' :
   19}
02
03 if 'email' in user:
04     if '@' not in user['email']:
05         print('Wrong email')
06     else:
```

```
07          print('Email: ' + user['email'])
08 else:
09     print('No email')
10
11 teenager = []
12 if 'age' in user:
13     if user['age'] < 20:
14         if user['name'] not in teenager:
15             print('Name: ' + user['name'])
16             teenager.append(user['name'])
17     else:
18         print('Not teenager')
19 else:
20     print('No age')
21
22 if not teenager:
23     print('No teenager')
24 else:
25     print(teenager)
```

```
$ cd C:\python\examples\03
$ python 3.1-4.py
Email: alghost.lee@gmail.com
Name: alghost
['alghost']
```

먼저 1번 줄을 보면 'name', 'email', 'age' 키를 가지고 있는 user 딕셔너리 변수를 만듭니다. 그러고 나서 if 조건문을 사용하여 user 변수에 'email' 키가 있는지 확인합니다.

```
01 user = {'name' : 'alghost', 'email' : 'alghost.lee@gmail.com', 'age' :
   19}
02
03 if 'email' in user:
04     if '@' not in user['email']:
05         print('Wrong email')
06     else:
07         print('Email: ' + user['email'])
```

3번 줄이 참이기 때문에 4~7번 줄의 코드 블록이 실행됩니다. 먼저 4번 줄에 있는 if 절을 실행하고 조건이 참인지 확인합니다. user['email']에는 '@'가 들어 있기 때문에 거짓이 되어 6번 줄로 실행 흐름이 이동해서 else 절을 실행하게 됩니다. 따라서 문자열 자료형의 덧셈 연산자에 의해 'Email: alghost.lee@gmail.com'을 출력하게 됩니다.

이때, 3번 줄이 참이기 때문에 8~9번 줄의 else 절 코드는 실행되지 않습니다.

```
11 teenager = []
12 if 'age' in user:
```

11번 줄에서 'teenager'라는 빈 리스트 변수를 만들고, 12번 줄에서 user가 'age' 키를 가지고 있는지 확인합니다.

```
13      if user['age'] < 20:
14          if user['name'] not in teenager:
15              print('Name: ' + user['name'])
16              teenager.append(user['name'])
17      else:
18          print('Not teenager')
```

12번 줄이 참이기 때문에 13~18번 줄의 코드 블록이 실행됩니다. 먼저 13번째 줄의 if 절을 실행하여 조건을 확인합니다. user['age']가 19이기 때문에 참이 되어 14~16번 줄의 코드 블록이 실행됩니다. 14번 줄의 if 절은 teenager 리스트 변수에 user['name']의 값, 즉 'alghost'가 이미 들어 있는지 확인합니다. 현재 예제 코드에서는 'alghost'가 들어 있지 않기 때문에 'Name: alghost'를 출력하고 이름을 teenager 리스트 변수에 추가합니다.

```
22 if not teenager:
23      print('No teenager')
24 else:
25      print(teenager)
```

22번 줄은 teenager 리스트 변수의 참/거짓을 확인하는데, 16번 줄에서

'alghost'가 추가되었기 때문에 참이지만 이어서 나온 부정 연산자에 의해 결국 조건은 거짓이 됩니다. 그래서 24번 줄의 코드를 수행합니다. 따라서 teenager 리스트 변수를 출력하여 ['alghost']가 출력됩니다.

3.2 반복문 : for 문

프로그래밍을 하다 보면 코드를 반복해서 실행하는 경우가 많습니다. 예를 들어 100명에게 이메일을 보낼 때는 같은 이메일 전송 코드를 100번이나 반복해야 하고, 엑셀 데이터를 한 행씩 처리해야 한다면 수만 번 반복해야 할 수도 있습니다. 이처럼 코드를 반복해야 할 때 필요한 구문이 바로 **반복문**입니다. 반복문에는 for 문과 while 문이 있습니다.

다음 그림은 **for 문**을 이해하기 위한 순서도로, value 변수에 리스트 값을 넣고 리스트를 순회하면서 값을 출력하는 순서도입니다.

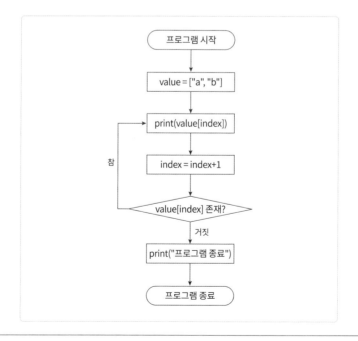

그림 **3-2** for 문을 이해하기 위한 순서도

먼저 for 문의 형식이 어떤지 살펴보겠습니다.

```
for 변수명 in 리스트_혹은_튜플 :
    코드 1
    코드 2
```

for를 쓴 후에 변수명 in 리스트_혹은_튜플이 따라오는데, 이 의미는 in 뒤에 따라오는 리스트 혹은 튜플의 데이터를 하나씩 꺼내서 in 앞에 있는 변수에 넣는다는 의미입니다. for 절도 if 절과 마찬가지로 제일 끝에 콜론(:)이 있고 반복할 코드를 다음 줄에 들여서 씁니다.

간단한 예제를 통해 확인해 보겠습니다.

📁 **예제 파일** : C:₩python₩examples₩03₩3.2-1.py

```
01  for count in [1,2,3,4,5]:
02      print(count)
```

```
$ cd C:₩python₩examples₩03
$ python 3.2-1.py
1
2
3
4
5
```

결과를 보면 [1, 2, 3, 4, 5] 리스트의 값들이 인덱스 순서에 맞춰 count 변수에 들어가는 것을 확인할 수 있습니다. 예제처럼 리스트를 직접 사용해도 되지

만 당연히 리스트 변수를 사용할 수도 있습니다. 리스트 자료형 변수를 사용한
예를 확인해 보겠습니다.

📁 **예제 파일** : C:\python\examples\03\3.2-2.py

```
01 emails = ['alghost.lee@gmail.com', 'lthlovelee@naver.com']
02 for email in emails:
03     print(email)
```

```
$ cd C:\python\examples\03
$ python 3.2-2.py
alghost.lee@gmail.com
lthlovelee@naver.com
```

앞선 예제처럼 데이터가 들어 있는 리스트 변수를 사용하여 반복문을 수행할
수 있습니다.

이처럼 for 문에는 리스트 혹은 튜플을 사용할 수 있으며, 기존의 리스트 변수
에 들어 있는 데이터를 반복할 수 있습니다. 하지만 때로는 기존 리스트가 아
니라 그냥 일정 횟수만큼 반복이 필요할 때가 있습니다. 이때는 리스트를 만
들어 주는 range 함수를 사용하여 일정 횟수만큼 반복할 수 있습니다. 이 함
수의 자세한 사용법은 '4.3 내장 함수'에서 다루고, 예제를 통해서 횟수 반복을
확인해 보겠습니다. 다음은 num + 1을 100번 수행하는 예제입니다.

📁 **예제 파일** : C:\python\examples\03\3.2-3.py

```
01 num = 0
02 for c in range(100):
03     num = num + 1
04 print(num)
```

```
$ cd C:₩python₩examples₩03
$ python 3.2-3.py
100
```

예제를 실행한 결과를 보면 100이 출력되었습니다. 3번 줄의 코드가 100번 수행되었기 때문입니다. range 함수는 리스트와 유사한 객체인 range 객체를 만들어주는 함수로 예제에서는 range(100)에 의해 [0, 1, 2, ..., 99]라는 데이터를 가진 range 객체가 만들어집니다. 따라서 일정 횟수를 반복하고 싶을 때는 for 문과 range 함수를 조합해서 사용하면 됩니다.

딕셔너리 자료형을 반복문에서 사용하고 싶다면?

이때는 딕셔너리 자료형이 가진 내장 함수를 활용하면 됩니다. keys 함수, values 함수, items 함수를 사용할 수 있는데 다음 예제에서는 keys 함수를 이용하였습니다.

📁 **예제 파일** : C:₩python₩examples₩03₩3.2-3_dict.py

```
01 student = {'name' : 'alghost', 'email': 'alghost.lee@
   gmail.com'}
02
03 for k in student.keys():
04     print(k + ': ' + student[k])
```

```
$ cd C:₩python₩examples₩03
$ python 3.2-3_dict.py
name: alghost
email: alghost.lee@gmail.com
```

③③ 반복문 : while 문

for 문은 리스트 혹은 튜플에 대해 반복을 수행하는 구문이었습니다. 따라서 range 함수와 함께 사용하면 일정 횟수만큼 반복을 수행할 수도 있습니다. 그런데 꼭 이런 반복만 있는 것은 아닙니다. '어떤 조건을 만족할 때까지 반복'이 필요할 때는 for 문으로 표현할 수가 없습니다. 이런 경우에는 while 문을 사용합니다.

다음 그림은 while 문을 이해하기 위한 순서도입니다. value 변수에 0 값을 넣고, 100보다 작을 때까지 value 변수의 값을 출력하는 순서도로, 0부터 99까지 숫자가 출력됩니다.

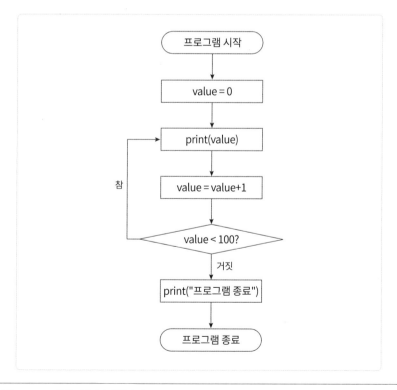

그림 3-3 while 문을 이해하기 위한 순서도

```
while 조건 :
    코드 1
    코드 2
```

while 뒤에 조건과 콜론(:)이 있고 반복할 코드를 다음 줄에 들여서 씁니다. while 문은 조건을 만족하는 동안만 들여쓰기가 된 코드 블록을 반복해서 실행합니다.

다음 예제는 사용자로부터 입력받은 문자가 'quit'일 때까지, 입력받은 문자를 출력하는 예제입니다.

📁 **예제 파일** : C:₩python₩examples₩03₩3.3-1.py

```
01 user_input = ''
02 while user_input != 'quit':
03     user_input = input('Input: ')
04     print(user_input)
```

```
$ cd C:₩python₩examples₩03
$ python 3.3-1.py
Input: Hello
Hello
Input: alghost
alghost
Input: quit
quit
```

예제 코드를 실행하면 'Input: '을 출력하고 멈춰 있을 텐데, 이때 문자를 입력하고 [Enter] 키를 누르면 입력한 문자가 출력되고 다시 'Input: '을 출력합니다. 'quit'를 입력하기 전까지 이 동작을 무한히 반복하게 됩니다. 앞선 예에서는 'Hello'와 'alghost'를 차례로 입력하고 나서 'quit'를 입력하여 종료했습니다.

1번 줄에서 user_input 변수를 만들어 놓지 않으면 2번 줄에서 user_input 변수를 사용할 때 user_input 변수를 찾을 수 없다는 오류가 발생하니 꼭 미리 만들어 놓아야 합니다.

```
02 while user_input != 'quit':
```

while 뒤에 조건은 'user_input과 quit이 다르다'를 의미하는 'user_input != quit'입니다. 즉, user_input 변수가 'quit'이 아닐 때 참이기 때문에, user_input 변수가 'quit'이 될 때까지 while 절 아래 들여쓰기가 된 코드 블록을 실행합니다.

```
03     user_input = input('Input: ')
04     print(user_input)
```

input 함수는 전달값으로 입력한 문자열을 화면에 출력하고 사용자로부터 문자열을 입력받아 이를 반환해 주는 함수입니다. 따라서 3번 줄 코드를 실행하면 화면에 'Input: '을 출력하고 사용자의 입력을 기다리게 됩니다. 이때, 사용자가 문자열을 입력하고 [Enter] 키를 누르면 입력한 문자열을 user_input 변수에 넣고, 4번 줄에서 이를 출력합니다. input 함수에 대해서는 '4.3 내장 함수'에서 자세히 다루겠습니다.

3.4 반복문에서만 사용하는 구문 : break 문과 continue 문

반복문에서만 사용하는 구문으로 break 문과 continue 문이 있습니다. 반복문을 수행하다가 반복문을 강제로 빠져나가고자 할 때 **break 문**을 사용하고,

반복문을 수행하다가 코드를 건너뛰고 반복문의 처음으로 돌아가고자 할 때
continue 문을 사용합니다.

다음 그림은 for 문에서 살펴본 순서도에 break 문을 추가한 순서도입니다. 일
반적으로 break 문은 조건문과 함께 사용됩니다. value 변수의 값이 100보다
작을 때까지 반복하는 순서도에서 value 변수의 값이 50보다 클 경우 break
구문을 실행하여, 프로그램이 종료되는 것을 알 수 있습니다. 따라서 0부터 49
까지 숫자를 출력합니다.

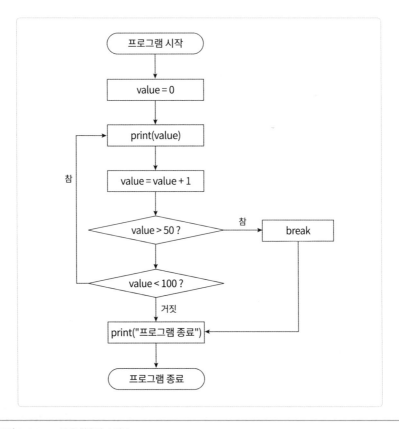

그림 3-4 break 문을 활용한 순서도

다음 그림은 for 문에서 살펴본 순서도에 continue 문을 추가한 순서도입니다. continue 문도 break 문과 마찬가지로 조건문과 함께 사용됩니다. value 변수의 값을 2로 나눈 나머지 값이 0일 때, continue 문을 실행하여 반복문의 처음으로 돌아갑니다. 따라서 0부터 99까지 숫자 중 홀수만 출력하고 프로그램이 종료됩니다.

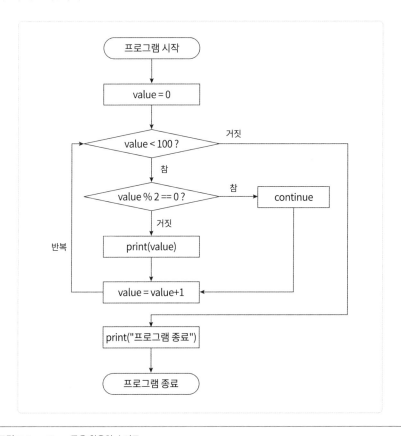

그림 3-5 continue 문을 활용한 순서도

[break 문]

break 문은 반복문을 수행하다가 특정 조건에 강제로 반복문을 빠져나가고자 할 때 사용합니다.

다음 예제를 통해 확인해 보겠습니다.

📁 **예제 파일** : C:\python\examples\03\3.4-1.py

```
01 user_input = ''
02 while user_input != 'quit':
03     user_input = input('Input: ')
04     print(user_input)
05
06     if user_input == 'exit':
07         break
```

```
$ cd C:\python\examples\03
$ python 3.4-1.py
Input: alghost
alghost
Input: exit
exit
```

이 예제는 앞서 작성한 예제에 break 절을 추가한 예제로 사용자가 'exit'를 입력한 경우에도 프로그램이 종료되는 걸 확인할 수 있습니다. 입력한 문자가 'exit'와 같을 경우 break 절을 실행하여 while 문을 빠져나와 프로그램이 종료됩니다.

[continue 문]

continue 문은 반복문을 수행하다 특정 조건에 코드 실행을 건너뛰고 반복문 처음으로 돌아가고자 할 때 사용합니다.

다음 예제를 통해 확인해 보겠습니다.

> 📁 **예제 파일** : C:₩python₩examples₩03₩3.4-2.py

```
01 emails = ['abc@gmail.com', 'efg@gmail.com', 'wrongemail', 'ghf@gmail.
   com']
02
03 for email in emails:
04     if '@' not in email:
05         continue
06     print(email)
```

```
$ cd C:₩python₩examples₩03
$ python 3.4-2.py
abc@gmail.com
efg@gmail.com
ghf@gmail.com
```

예제는 email 정보를 가진 리스트 변수를 for 문으로 하나씩 출력하는데, '@'를 포함하지 않는 문자열은 출력하지 않는 예제입니다. 'wrongemail'의 경우 4번 줄의 조건이 참이기 때문에 continue 문을 실행하게 되어 반복문의 처음으로 돌아갑니다. 처음으로 돌아갈 때 email 변수에는 'wrongemail'이 아니라 그다음 값인 'ghf@gmail.com'값이 들어 있게 됩니다. 즉 continue 문이 실행되면 반복문의 다음 순번으로 넘어가게 됩니다.

이처럼 continue 문은 예외 상황에 대한 처리를 할 때 자주 사용합니다.

지금까지 코드의 실행 과정을 제어하는 조건문과 반복문을 살펴보았습니다. 이어지는 장에서는 똑같은 코드를 반복해서 작성하지 않고 효율적으로 재사용할 수 있는 함수와 클래스를 살펴보겠습니다.

CHAPTER

04　함수와 클래스

2장 '변수와 자료형'과 3장 '제어문'에서 배운 변수와 제어문만으로도 프로그래밍은 충분히 가능합니다. 하지만 변수와 제어문만으로 프로그래밍을 하면 똑같은 코드를 반복해서 작성할 일이 자주 발생합니다. 예를 들어 한 프로그램에서 다른 내용으로 메일을 여러 번 전송해야 한다고 가정했을 때, 메일을 전송하는 코드를 필요할 때마다 반복해서 작성해야 합니다. 하지만 이번 장에서 다룰 함수나 클래스를 사용하면 코드를 반복해서 작성할 필요가 없어집니다. 예를 들어, 메일 전송 함수를 코드에 작성하여 한 번 만들어 두고 필요한 곳에서 메일 전송 함수를 호출하기만 하면 메일을 전송하는 코드가 실행됩니다.

4.1　함수란?

함수는 필요한 전달값을 받아, 특정 작업을 수행한 후 결괏값을 반환하는 코드 블록을 말합니다.

다음 그림은 함수를 사용할 때 프로그램의 순서도입니다. 함수는 함수 안에 코드 블록을 가지고 있고, 함수가 호출될 때마다 이 코드 블록을 실행하는 것을 알 수 있습니다.

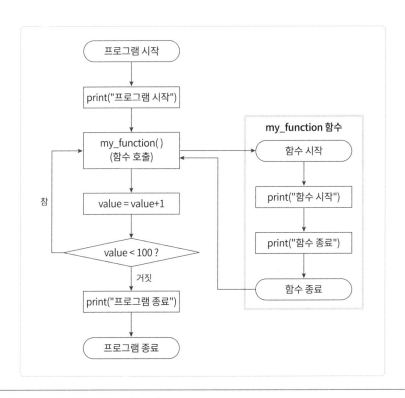

그림 **4-1** 함수를 사용할 때 프로그램의 순서도

함수를 설명하기 전에 2장 '변수와 자료형'에서 자료형별 내장 함수를 다루면서 함수를 사용했었습니다. 다시 기억을 되살리기 위해 문자열 자료형의 내장 함수인 count 함수를 사용해 보겠습니다.

```
>>> data = 'you can do it'
>>> o_count = data.count('o')
>>> print(o_count)
2
```

count가 함수의 이름이고 이 함수에 값으로 'o'를 전달했습니다. count 함수 내부가 어떤 코드로 구현되어 있는지는 알 수 없지만, 이 함수가 전달값의 수를 센 후 반환한다는 것은 알고 있습니다. 따라서 'o' 개수를 센 후 결과가 반환될 것이고, 이 값은 o_count 변수에 들어갑니다. 마지막으로 o_count를 출력해 보면 2라는 값이 나온 것을 확인할 수 있습니다. 이처럼 함수 이름을 사용하여 함수를 호출할 수 있습니다.

예처럼 함수의 가장 큰 장점은 함수가 동작한 후에 어떠한 결과가 나오는지만 알면 함수 내부 구조를 몰라도 사용하는 데 문제가 없다는 점입니다. 코드를 반복해서 작성할 일도 줄어듭니다.

이 장에서는 함수를 직접 만들어서 사용해 보도록 하겠습니다. 함수를 만드는 구문은 다음과 같습니다.

```
def 함수명(전달값_변수명, 전달값_변수명, 전달값_변수명, ...) :
    코드 1
    코드 2
```

def는 함수를 정의하기 위한 파이썬의 예약어입니다. def 뒤에 함수의 이름과 전달값을 저장하기 위한 변수의 변수명을 나열하고, 앞서 배운 다른 구문들과 동일하게 콜론(:)과 들여쓰기가 된 코드를 작성하면 함수를 만들 수 있습니다. 만약 전달값을 받을 필요가 없다면 'def 함수명( ) :'으로 작성합니다.

간단한 예제로 함수를 만들어서 사용하는 과정을 살펴보겠습니다.

📂 **예제 파일** : C:₩python₩examples₩04₩4.1-1.py

```
01 def print_hello():
02     print('Hello world!')
03     print('It\'s me')
04
05 print_hello()
06 print_hello()
07 print_hello()
```

```
$ cd C:₩python₩examples₩04
$ python 4.1-1.py
Hello world!
It's me
Hello world!
It's me
Hello world!
It's me
```

print_hello라는 함수를 만들고 5~7번 줄에서 이 함수를 세 번 호출해서 사용
했습니다. 그래서 print_hello 함수가 출력하는 내용인 'Hello world'와 'It₩'s
me'가 세 번씩 출력된 것을 확인할 수 있습니다.

```
01 def print_hello():
02     print('Hello world!')
03     print('It\'s me')
```

함수의 이름은 print_hello이고 전달값이 없는 함수를 만들었습니다. 이 함수
가 호출될 때 실행하는 코드는 2, 3번 줄의 코드입니다. 실제로 함수를 호출
하기 전에는 함수에 있는 코드가 실행되지 않는 것을 알 수 있습니다. 5~7번
줄과 같이 함수를 호출해야 함수 안의 코드가 실행되는 것을 확인할 수 있습
니다.

함수의 이름을 지을 때는 신중하게 지어야 합니다.

지은 함수의 이름이 파이썬의 내장 함수와 동일할 경우, 해당하는 내장 함수를 사용할 수 없게 됩니다. 예를 들어 range라는 함수를 만든 후, 코드에서 range 함수를 호출하면 기존에 리스트를 만들어주는 내장 함수가 아닌 직접 만든 함수가 호출됩니다. 이러한 문제는 당장에는 프로그램 실행에 문제가 되지 않을 수 있지만, 추후에 오류가 발생할 수 있습니다. 따라서 'my_add', 'my_remove' 등과 같이 짓고 싶은 이름에 자신만의 접두사나 접미사를 추가하여 개발하기를 권장합니다.

4.2 반환하는 함수 : return 문

앞 절에서는 아무것도 반환하지 않고 문자열만 출력하는 함수를 만들었습니다. 이 절에서는 결괏값을 반환하는 return 문을 사용하여 함수를 만들어 보겠습니다.

📁 **예제 파일** : C:₩python₩examples₩04₩4.2-1.py

```
01 def my_sum(a, b):
02     res = a + b
03     return res
04
05 res = my_sum(10, 20)
06 print(res)
```

```
$ cd C:₩python₩examples₩04
$ python 4.2-1.py
30
```

두 숫자를 전달값으로 받아 더한 결과를 반환하는 함수를 만들고, 그 함수를 이용해서 10과 20을 더한 결과를 출력하는 예제입니다.

```
01 def my_sum(a, b):
02     res = a + b
03     return res
```

먼저 1번 줄을 보면 함수명은 my_sum이고, 전달값을 위한 변수 a, b가 있습니다. 2번 줄에서 이 함수는 a와 b의 값을 더하여 그 결과를 res 변수에 넣습니다. 3번 줄에서 'return 반환값'과 같은 형식을 사용해서 res 변수의 값을 반환하고 이 함수가 종료됩니다.

```
05 res = my_sum(10, 20)
06 print(res)
```

함수를 호출할 때는 함수명을 사용합니다. 이 함수는 전달값이 2개 필요하기 때문에 10과 20을 전달값으로 추가하여 호출했습니다. 함수가 호출되어 실행된 후에 반환한 값은 res 변수에 넣고 6번 줄에서 이 값을 출력합니다.

> 변수는 사용된 위치에 따라 유효한 범위가 정해지는데, 이를 **스코프(scope)**라고 합니다. 이는 함수 안의 변수와 함수 밖의 변수 사이의 관계를 이해하는 데 필요합니다.
>
> 📁 **예제 파일** : C:₩python₩example₩04₩4.2-1_scope.py
>
> ```
> 01 num = 1
> 02
> 03 def my_num():
> 04     num = 0
> 05
> 06 my_num()
> 07 print(num)
> ```
>
> 예제에서 num이라는 변수가 함수 안에서도 사용되고 밖에서도 사용되었습니다. 출력 결과는 0이 나와야 할 것 같지만 실행을 해보면 1이 출력됩니다. 이유는 각 함수가 가진 고유의 스코프 때문입니다. 함수 밖의 num 변수와 함수 안의 num 변수는 이름만 동일할 뿐 스코프가 다르기 때문에 서로 다른 변수라 영향을 주지 않습니다.

❹.❸ 내장 함수

내장 함수는 2장 '변수와 자료형'에서 잠시 다루었습니다. 말 그대로 파이썬에 기본적으로 포함된 함수들입니다. 앞 예제에서 자주 사용했던 print, input 등이 바로 내장 함수입니다. 그 외에도 파이썬에는 유용한 내장 함수가 많이 있지만, 전부 다 알 필요도 없고 외울 필요도 없습니다. 이 책에서 다루는 내장 함수만 알고 있어도 충분합니다.

표 4-1 유용한 내장 함수들

내장 함수	설명	예
len	변수가 가진 값의 길이를 반환한다. 이때 숫자 자료형은 불가능하다.	data = 'hello' length = len(data)
int	문자열 변수를 숫자 자료형으로 변환하여 반환한다.	data = '20' data = int(data)
str	변수를 문자열 자료형으로 변환하여 반환한다.	data = 20 data = str(data)
list	변수를 리스트 자료형으로 변환하여 반환한다. 이때 숫자형은 변경 불가능하다.	data = (10,20,30) data = list(data)
tuple	변수를 튜플 자료형으로 변환하여 반환하다. 이때 숫자형은 변경 불가능하다.	data = [10,20,30] data = tuple(data)
input	문자열을 화면에 출력하고 사용자로부터 문자열을 입력받는다.	data = input('Input: ')
range	순번을 값으로 가지는 range 객체를 만들어 반환한다.	data = range(10) data = range(10,20)
max	리스트, 튜플, 문자열에서 최댓값을 반환한다.	data = ax([10,20,30])
min	리스트, 튜플, 문자열에서 최솟값을 반환한다.	data = min([10,20,30])

이어서 이들 함수에 대해 더욱 자세히 알아보겠습니다.

len 함수

len 함수는 변수가 가진 값의 길이를 반환합니다. 자료형별로 문자열은 문자 수, 리스트는 리스트 값의 수, 튜플은 튜플 값의 수, 딕셔너리는 키에 대응하는 값의 수를 의미합니다.

```
>>> a = 4
>>> print(len(a))
Traceback (most recent call last):
  File "<stdin>", line 1, in <module>
TypeError: object of type 'int' has no len( )
>>> a = 'freelec'
>>> print(len(a))
7
>>> a = ['freelec', 'alghost', 'python']
>>> print(len(a))
3
>>> a = ('freelec', 'alghost', 'python')
>>> print(len(a))
3
>>> a = {'name' : 'alghost', 'email' : 'alghost.lee@gmail.com'}
>>> print(len(a))
2
```

오류가 발생하는 숫자 자료형을 제외하고 len 함수를 호출했을 때 각 자료형의 길이가 반환되는 것을 확인할 수 있습니다.

int 함수

int 함수는 문자열 변수를 숫자형 변수로 변환하는 함수입니다. 변환은 문자열만 가능하지만 모든 문자열이 가능한 것은 아닙니다. int 함수는 숫자로만 이루어진 문자열을 숫자 자료형 변수로 변환합니다. 다음 예제에서는 숫자 자료형 변수로 변경되었는지 확인하기 위해 연산자를 사용하였습니다.

```
>>> a = '123'
>>> a = int(a)
>>> print(a+1)
124
>>> a = 'a123'
>>> a = int(a)
Traceback (most recent call last):
  File "<stdin>", line 1, in <module>
ValueError: invalid literal for int( ) with base 10: 'a123'
```

예제처럼 '123'과 같이 숫자로만 이루어진 문자열일 경우 int 함수를 사용하여 숫자 자료형으로 변경이 되지만 문자가 포함되어 있는 경우 오류가 발생합니다.

int 함수를 사용하기 전에 숫자로 변경 가능한지 확인해 보자.

문자열 자료형의 내장 함수 중에 숫자로만 이루어져 있는지 확인하는 isdigit 함수가 있습니다. 이 함수를 사용하여 int 함수로 변환하기 전에 가능 여부를 확인할 수 있습니다.

```
1 a = 'a123'
2
3 if a.isdigit():
4     a = int(a)
5     print(a+1)
```

str 함수

str 함수는 모든 자료형을 문자열 자료형으로 변환하는 함수입니다. 다음 예제
는 자료형별로 str 함수를 사용하여 문자열 자료형으로 변환했을 때 변환된 결
과를 출력합니다. 이해를 돕기 위해 출력 시 슬라이싱을 사용하였습니다.

```
>>> a = 123
>>> a = str(a)
>>> print(a[0:2])
12
>>> a = ['freelec', 'alghost']
>>> a = str(a)
>>> print(a[0:4])
['fr
>>> a = ('freelec', 'alghost')
>>> a = str(a)
>>> print(a[0:4])
('fr
>>> a = {'language' : 'python'}
>>> a = str(a)
>>> print(a[0:5])
{'lan
```

결과에서 알 수 있듯이 각 자료형은 해당 자료형을 출력할 때의 문자열을
그대로 가지게 됩니다. 즉, 리스트 자료형을 문자열 자료형으로 변환하면
"['freelec', 'alghost']"라는 문자열로 변환됩니다.

list 함수

list 함수는 숫자 자료형을 제외하고 모든 자료형을 리스트 자료형으로 변환하는 함수입니다. 다음 예제는 자료형별로 list 함수를 사용하여 리스트 자료형으로 변환했을 때 변환된 결과를 출력합니다.

```
>>> a = 10
>>> a = list(a)
Traceback (most recent call last):
  File "<stdin>", line 1, in <module>
TypeError: 'int' object is not iterable
>>> a = 'freelec'
>>> a = list(a)
>>> print(a)
['f', 'r', 'e', 'e', 'l', 'e', 'c']
>>> a = ('freelec', 'alghost')
>>> a = list(a)
>>> print(a)
['freelec', 'alghost']
>>> a = {'name' : 'alghost', 'age' : 20}
>>> a = list(a)
>>> print(a)
['name', 'age']
```

결과에서 알 수 있듯이 숫자 자료형을 리스트 자료형으로 변환하면 오류가 발생합니다. 또한 문자열은 각 문자가 리스트의 값으로 들어가고 딕셔너리 자료형은 키가 리스트의 값으로 들어가며 딕셔너리의 값은 사라지는 것을 알 수 있습니다.

tuple 함수

tuple 함수는 list 함수와 매우 유사합니다. list 함수는 리스트 자료형으로 변환했지만 tuple 함수는 튜플 자료형으로 변환하고, 동작 과정은 동일합니다. 따라서 tuple 함수 역시 list 함수와 마찬가지로 숫자 자료형은 사용할 수 없습니다. 다음 예제는 자료형별로 tuple 함수를 사용하여 변환했을 때 반환된 결과를 출력합니다.

```
>>> a = 10
>>> a = tuple(a)
Traceback (most recent call last):
  File "<stdin>", line 1, in <module>
TypeError: 'int' object is not iterable
>>> a = 'freelec'
>>> a = tuple(a)
>>> print(a)
('f', 'r', 'e', 'e', 'l', 'e', 'c')
>>> a = ['freelec', 'alghost']
>>> a = tuple(a)
>>> print(a)
('freelec', 'alghost')
>>> a = {'name' : 'alghost', 'age' : 20}
>>> a = tuple(a)
>>> print(a)
('name', 'age')
```

list 함수와 마찬가지로 결과에서 알 수 있듯이 숫자 자료형은 튜플 자료형으로 변환할 때 오류가 발생하고, 그 외 자료형의 결과는 list 함수와 유사한 것을 알 수 있습니다.

input 함수

input 함수는 while 문 예제에서 다뤘던 것과 같이 화면에 원하는 문자열을 띄우고, 사용자로부터 문자열을 입력받는 함수입니다. 사용자로부터 입력을 받을 때는 파이썬을 실행한 창에서 키보드에 의한 값을 입력받습니다. 이때, 문자열은 [Enter] 키를 누를 때까지 입력받습니다. 즉, [Enter] 키를 입력하지 않으면 끊임없이 문자열을 입력받습니다. 다음 예제를 통해서 확인해 보겠습니다.

```
>>> a = input('Your input: ')
Your input: alghost freelec test 12345 zxcvqwer
>>> print(a)
alghost freelec test 12345 zxcvqwer
```

예제에서 a = input('Your input: ')이 실행된다면 그 아래 줄에 'Your input: '이 출력된 채로 문자열을 입력받기 위해 기다리고 있습니다. 이때 입력한 문자열이 'alghost freelec test 12345 zxcvqwer'인데 공백 문자를 추가해도 계속해서 입력받는 것을 알 수 있습니다. [Enter] 키를 누르고 나서야 '>>>'가 나오면서 입력이 끝나고 다음 파이썬 코드를 기다립니다. 그리고 출력해 보면 위에서 입력한 모든 문자열이 a 변수에 들어간 것을 확인할 수 있습니다.

range 함수

range 함수는 순번을 가진 리스트와 유사한 range 객체를 만드는 함수입니다. for 문에서 이미 다뤄본 함수이지만 전달값의 수에 따라 다르게 사용할 수도 있습니다.

range(A)

0 ~ A-1까지 순번을 가진 range 객체를 반환

range(A, B)

A ~ B-1까지 순번을 가진 range 객체를 반환

range(A, B, C)

A ~ B-1까지 C 간격으로 순번을 가진 range 객체를 반환

이와 같이 세 가지 방법으로 사용이 가능한데, 다음 예제를 통해 확인해 보겠습니다. range 객체를 리스트로 사용할 때 나오는 결괏값을 확인하기 위해 list 함수를 사용하여 함께 출력하였습니다.

```
>>> a = range(10)
>>> print(a)
range(0, 10)
>>> print(list(a))
[0, 1, 2, 3, 4, 5, 6, 7, 8, 9]
>>> a = range(10,20)
>>> print(a)
range(10, 20)
>>> print(list(a))
[10, 11, 12, 13, 14, 15, 16, 17, 18, 19]
>>> a = range(10,20,2)
>>> print(a)
range(10, 20, 2)
>>> print(list(a))
[10, 12, 14, 16, 18]
```

결과를 보면 range(10)은 0~9까지 순번을 가진 range 객체를 반환하고, range(10, 20)은 10~19까지 순번을, range(10, 20, 2)는 10~19까지 2만큼의 간격으로 순번을 가진 range 객체를 반환합니다.

max 함수, min 함수

max 함수와 min 함수는 문자열, 리스트, 튜플에서 최댓값과 최솟값을 반환하는 함수입니다. 튜플과 리스트는 안에 포함된 값, 문자열은 각 문자를 비교하여 최댓값과 최솟값을 반환합니다. 튜플과 리스트의 경우 다른 자료형의 값이 있다면 오류가 발생하므로 주의해야 합니다.

```
>>> a = ['1', 'alghost', 'freelec']
>>> print(max(a))
freelec
>>> print(min(a))
1
>>> a = 'abcdefg'
>>> print(max(a))
g
>>> print(min(a))
a
>>> a = [1, 10, 100, 99, 2]
>>> print(max(a))
100
>>> print(min(a))
1
>>> a = ['a', 10]
>>> print(min(a))
Traceback (most recent call last):
  File "<stdin>", line 1, in <module>
TypeError: '<' not supported between instances of 'int' and 'str'
>>>
```

['1', 'alghost', 'freelec']과 같이 같은 문자지만 알파벳과 숫자가 있는 경우 숫자가 더 작은 값이 되어 max 함수의 결과로 'freelec', min 함수의 결과로 '1'이 출력됩니다. 이는 문자열, 튜플에서도 동일합니다. 숫자로만 이루어진 리스트 [1, 10, 100, 99, 2]에서는 max 함수의 결과로 100, min 함수의 결과로 1이 출력됩니다. 마지막으로 문자와 숫자로 이루어진 리스트의 경우 서로 값 간의 대소를 비교할 수 없다는 오류가 발생합니다.

지금까지 함수에 대해 살펴보았습니다. 직접 함수를 생성하여 호출 후 사용해 보고, 파이썬에 내장된 내장 함수도 다시 한번 살펴보았습니다. 이제 클래스를 살펴보도록 하겠습니다.

🅰️ 클래스란?

함수까지 배우면, 반복적인 코드가 없어져 프로그램 개발 시 생산성이 높아집니다. 이번 절에서 다루는 **클래스**는 함수와 마찬가지로 사용하지 않는다고 해서 프로그램을 만들지 못하는 것은 아닙니다. 실제로 클래스가 없는 언어들도 있습니다. 클래스는 함수와 마찬가지로 코드의 반복을 줄이기 위해서도 사용되지만 대체로 규모가 큰 프로그램을 만들 때 개발자가 코드를 잘 이해하기 위해 사용됩니다.

예를 들어 다음 동작을 수행하는 프로그램을 만든다고 가정하겠습니다.

1. 엑셀에 쓰인 문자열 데이터를 전부 수집한다.
2. 수집된 문자열을 인터넷 포털 사이트에서 검색한다.
3. 검색 결과를 이메일로 공유한다.

물론 'auto.py'라는 파이썬 파일을 만들어서 앞선 프로그램을 처음부터 끝까지 개발할 수 있습니다. 하지만 클래스를 사용한다면, 우선 'my_excel.py'에 엑셀의 문자열을 수집하는 클래스를 개발하고, 포털 사이트에서 문자열을 검색하여 그 결과를 'my_web.py' 파일에 정리하는 클래스를 개발하며, 'my_email.py'에 원하는 내용을 이메일로 전송하는 클래스를 개발합니다. 이후, 자동화 코드인 'auto.py' 파일을 개발할 때 앞에서 만든 클래스들을 활용하여 원하는 기능을 수행하게 할 수 있습니다. 이처럼 클래스를 사용하여 원하는 기능 단위로 코드 블록을 작성 후, 클래스로 정의할 수 있고 이 클래스를 가져다 사용하는 것이 가능합니다.

앞서 클래스는 기능 단위로 나눠 작성한 코드 블록이고 이를 다른 곳에서 가져다 사용할 수 있다고 했습니다. 이를 위해 클래스는 프로그래밍에 필요한 요소를 모두 가질 수 있습니다. 즉, 변수와 함수를 가질 수 있습니다.

```
class 클래스명 :
    변수명 = 값
    변수명 = 값
    def 함수명(self, 전달값_변수명, ...) :
        코드 1
        코드 2
```

class는 클래스를 정의하기 위한 예약어입니다. class 뒤에 클래스명과 콜론(:)을 적습니다. 함수와 마찬가지로 콜론 문자 다음에는 이 클래스에 속할 내용이 나열되고 이는 들여쓰기로 표현합니다. 이 클래스에 속할 변수를 값과 함께 나열하고 함수를 다룰 때 배운 것과 같은 방법으로 함수도 추가할 수 있습니다. 기존의 함수와 다른 점은 self라는 전달값이 추가된 것입니다. 이는 실제 전달값이 아니라 파이썬 내부에서 사용되는 약속된 값입니다. 클래스에 속한 함수에서 클래스 내 변수, 함수를 사용하기 위해서는 이 self를 사용해야만 합니다. 즉, self는 클래스 자기 자신을 의미합니다. 설명만으로는 이해가 어려울 수 있으므로 예제를 통해 확인해 보겠습니다.

예제에서는 이메일을 전송하는 클래스를 만들어서 클래스를 사용하는 방법에 대해 알아보겠습니다.

📁 **예제 파일** : C:\python\examples\04\4.4-1.py

```
01 class Email:
02     sender = ""
03
04     def send_mail(self, recv, subject, contents):
05         print("From:\t" + self.sender)
06         print("To:\t" + recv)
07         print("Subject:" + subject)
08         print("Contents")
09         print(contents)
10         print("-"*20)
11
12 e = Email()
13 e.sender = "alghost.lee@gmail.com"
14 recv_list = ['1@gmail.com', '2@gmail.com', '3@gmail.com']
15
16 for recv in recv_list:
17     e.send_mail(recv, "Welcome!", "This is contents")
```

```
$ cd C:₩python₩examples₩04
$ python 4.4-1.py
From:  alghost.lee@gmail.com
To:    1@gmail.com
Subject:Welcome!
Contents
This is contents
-------------------
From:  alghost.lee@gmail.com
To:    2@gmail.com
Subject:Welcome!
Contents
This is contents
-------------------
From:  alghost.lee@gmail.com
To:    3@gmail.com
Subject:Welcome!
Contents
This is contents
-------------------
```

앞선 코드에서 1~10번 줄은 Email 클래스를 정의하는 코드입니다. 이 클래스는 sender라는 변수를 가지고 send_mail이라는 함수 하나를 가지고 있습니다. 앞서 설명한 대로 self는 파이썬 내부에서 사용되는 값이기 때문에 send_mail은 전달값을 3개 입력받는 함수입니다. 함수 내용은 실제 메일을 보내는 함수는 아니지만 관련 내용을 출력하는 함수인데, 5번 줄을 보면 sender를 출력하기 위해 self.sender로 작성한 것을 확인할 수 있습니다. 이는 함수 안에서 만든 변수가 아니라, 클래스에 속한 변수이기 때문에 self(자기 자신)이 가진 sender라는 의미로 self.sender로 사용해야만 합니다.

```
12 e = Email()
```

e 변수를 만드는데 숫자, 문자열과 같은 기존의 자료형이 아닌 Email 클래스 자료형 변수를 만들었습니다. 이는 기존에 'e = 4'라는 코드를 실행하면 e가 숫자 자료형 변수가 되었던 것처럼, 'e = Email( )'을 통해 Email 클래스 자료형 변수가 되는 것을 의미합니다. 클래스 변수를 사용하여 클래스에 속한 변수와 함수를 사용할 수 있습니다.

```
13 e.sender = "alghost.lee@gmail.com"
```

Email 클래스 안에 있던 sender 변수에 접근하고자 할 때는 여기처럼 점 ('.')을 이용합니다. 이 코드는 e 클래스 변수 안에 있는 sender라는 변수에 "alghost.lee@gmail.com" 문자열을 넣는다는 의미입니다.

```
14 recv_list = ['1@gmail.com', '2@gmail.com', '3@gmail.com']
15
16 for recv in recv_list:
17     e.send_mail(recv, "Welcome!", "This is contents")
```

14번 줄은 예제를 위해 가상의 수신 메일 리스트를 만드는 코드입니다. 16~17번 줄은 14번 줄에서 만든 리스트를 순회하면서 e 클래스 변수에 있는 send_mail을 호출합니다. 주의할 점은 send_mail에 self는 전달값으로 사용되는 변수가 아니기 때문에 세 개의 전달값을 입력해야만 합니다. 예제를 실행하면 결과에서 send_mail 함수를 호출할 때 전달한 값과 13번 줄에서 넣은 sender가 같이 출력되는 것을 확인할 수 있습니다.

클래스 변수는 객체라고도 합니다.

앞서 객체에 대해 간략히 설명을 했지만 다시 설명하면, 클래스를 사용하여 클래스 변수를 만드는 과정을 객체를 생성한다고 표현합니다. 즉 클래스 변수를 객체라고 부릅니다.

4.5 클래스 활용

지금까지 클래스를 한 파일에서 만들고 실행해 보면서 클래스의 동작 과정에 대해서 알아보았습니다. 이제 클래스 도입부에서 언급했던 것처럼, 여러 파일에 클래스를 나누어 저장하고 이를 활용하는 방법에 대해 알아보겠습니다. 다른 파이썬 파일에 있는 클래스를 사용하는 방법은 다음과 같습니다.

```
from 파일명 import 클래스명, 클래스명, ...
```

앞 절에서 사용한 예제를 두 개의 파이썬 파일로 나누어 실행해 보도록 하겠습니다.

📁 **예제 파일** : C:\python\examples\04\my_email.py

```
01 class Email():
02     sender = ""
03
04     def send_mail(self, recv, subject, contents):
05         print("From:\t" + self.sender)
06         print("To:\t" + recv)
07         print("Subject:" + subject)
08         print("Contents")
09         print(contents)
10         print("-"*20)
```

📁 **예제 파일** : C:\python\examples\04\auto.py

```
01 from my_email import Email
02
03 e = Email()
04 e.sender = "alghost.lee@gmail.com"
05 recv_list = ['1@gmail.com', '2@gmail.com', '3@gmail.com']
06
07 for recv in recv_list:
08     e.send_mail(recv, "Welcome!", "This is contents")
```

```
$ cd C:\python\examples\04
$ python auto.py
From:  alghost.lee@gmail.com
To:    1@gmail.com
Subject:Welcome!
Contents
This is contents
-------------------
From:  alghost.lee@gmail.com
To:    2@gmail.com
Subject:Welcome!
Contents
This is contents
-------------------
From:  alghost.lee@gmail.com
To:    3@gmail.com
Subject:Welcome!
Contents
This is contents
-------------------
```

기존에 작성된 4.4-1.py 파일의 내용 중, 클래스를 만드는 부분과 클래스 변수
를 만들어서 실행하는 부분을 두 개의 파이썬 파일로 나누고, 실행하는 부분
을 가진 파이썬 파일에 'from ~ import'가 추가되었습니다.

```
01 from my_email import Email
```

클래스를 만드는 부분을 가진 파이썬 파일 이름이 'my_email'이므로 이와 같
은 코드가 추가되었고, 실행 결과는 기존과 동일한 것을 확인할 수 있습니다.

사실은 함수와 변수도 import할 수 있습니다!

다음 예제와 같이 my_pythonfile.py 안에 my_func라는 함수와 my_var라는 변수가 있다면 import 뒤에 클래스가 아닌 함수명과 변수명을 써서 이 함수와 변수를 가져올 수 있습니다.

```
01 from my_pythonfile import my_func, my_var
02
03 my_func()
```

이처럼 각 기능을 다른 파이썬 파일에 나누어 개발함으로써, 개발자도 코드 관리가 쉬워 생산성을 향상시키기 좋습니다.

from을 쓰지 않고도 사용할 수도 있습니다!

from을 쓰지 않고 import를 통해 원하는 파이썬 파일이 가진 모든 함수, 클래스를 사용할 수 있습니다.

```
01 import my_email
02
03 e = my_email.Email()
```

이처럼 "import 파일명"을 사용하면 그 파이썬 파일에 있는 모든 함수와 클래스를 사용할 수 있게 됩니다. 이는 3번 줄과 같이 파일명과 함께 사용할 수 있습니다.

사실 클래스는 모듈화, 재사용성 향상 등 프로그래밍에 있어서 중요하고 꼭 필요하지만 프로그램 규모에 따라서는 굳이 사용하지 않아도 좋습니다. 실제로 간단한 웹 수집과 엑셀 저장, 이메일 발송 등은 함수만 사용해도 충분히 개발할 수 있습니다. 그렇다면 클래스를 알 필요가 없다고 생각할 수 있지만 사실 다른 이유로 클래스를 알아야 합니다. 이어지는 내용에서 다른 사람들이 개발한 여러 클래스를 활용할 텐데, 이를 개발한 사람들은 해당 클래스를 잘 사용할 수 있도록 여러 클래스로 구성해 놓았습니다. 즉, 자동화 프로그램을 만들기 위해서 새로운 클래스를 구성해서 만드는 것은 환경에 따라 불필요할 수도 있지만, 클래스가 무엇이며 어떻게 사용해야 하는지는 꼭 알아야 한다는 의미입니다.

📍 4.6 그 외 문법

앞서 설명한 내용 외에 파이썬을 다룰 때 알아두어야 할 간단한 문법을 살펴보도록 하겠습니다.

주석

주석이란 코드를 사용하는 사람들이 참고할 수 있도록 코드 내용을 설명하거나 참고할 사항 등을 기록하는 것으로 프로그램 실행에는 전혀 영향을 미치지 않습니다. 따라서 때로는 프로그램을 테스트할 때 어떤 코드 줄을 주석 처리하여 잠깐 해당 줄을 제외하고 실행하는 데 사용하기도 합니다.

파이썬에서 주석을 사용하는 방법은 두 가지가 있습니다. #을 사용하는 방법과 ''' '''를 사용하는 방법이 있습니다. 한 줄씩 주석을 처리할 때는 #을 사용하고 여러 줄을 주석으로 처리할 때는 ''' '''를 사용합니다.

📁 **예제 파일** : C:\python\examples\04\4.6-1.py

```
01 print('Hello World!')
02 # 한 줄 주석입니다.
03
04 '''
05 여러 줄 주석입니다. 1
06 여러 줄 주석입니다. 2
07 여러 줄 주석입니다. 3
08 여러 줄 주석입니다. 4
09 '''
10 print('Hello World! 2')
```

```
$ cd C:\python\examples\04
$ python 4.6-1.py
Hello World!
Hello World! 2
```

복합 대입 연산자

복합 대입 연산자는 변수에 연산을 할 때 대입과 연산을 한 번에 할 수 있는 연산자입니다. 즉, 'A'라는 변수가 있다고 가정했을 때 'A'에다가 'A+1'을 넣고 싶을 때 '+1'이라는 연산과 'A'에 대입(할당)하는 동작을 한 번에 하는 연산자를 의미하고, 이 연산자는 모든 연산에서 활용할 수 있습니다.

📁 **예제 파일** : C:\python\examples\04\4.6-2.py

```
01 val = 100
02 print(val)
03 val += 100
04 print(val)
05 val -= 10
06 print(val)
07 val *= 3
08 print(val)
09 val /= 5
10 print(val)
```

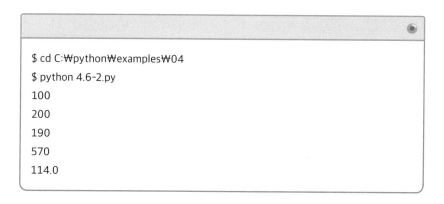

```
$ cd C:\python\examples\04
$ python 4.6-2.py
100
200
190
570
114.0
```

앞선 예제에서 알 수 있듯이 각 연산자의 복합 대입 연산자는 해당 변수에 대한 연산의 결과를 넣는 것과 같습니다. 즉, 'val += 100'은 'val = val + 100'과 동일하고 'val -= 10'은 'val = val - 10'과 동일합니다.

지금까지 파이썬으로 업무 자동화 프로그램을 작성하는 데 필요한 간단한 문법을 알아보았습니다. 이제 파이썬을 활용하여 직접 실제 업무에서 부딪히는 부분을 자동화해 봅시다.

PART 2
업무 자동화로 일 편하게 하기

Part 2에서는 앞서 Part 1에서 알아본 파이썬을 활용하여
실제 업무를 자동으로 수행하는 프로그램을 만듭니다. 많은
직장인들이 겪고 있는 반복 업무를 예제로 다뤄보면서
파이썬과 조금 더 친숙해지도록 합니다. 예를 들면 날짜별로
파일을 정리하거나, 매일 반복적으로 데이터를 수집하는 등의
업무를 다루게 됩니다.

CHAPTER
05 파일 다루기

이번 장에서는 파일명을 변경하고 폴더를 옮기는 등 파일에 관한 작업을 자동화하고, 텍스트 파일을 읽고 쓰는 작업을 자동화하는 방법을 다룹니다. 파일명을 변경하거나 폴더를 옮기는 기능은 주로 스캐너나 별도의 업무용 프로그램에 의해 자동으로 생성되는 수많은 파일들을 분류할 때 필요합니다. 예를 들어 날짜 정보가 자동으로 붙어 있는 파일들을 날짜별로 분류하거나, 접두사나 접미사가 붙어 있는 문서는 이를 이용하여 분류하는 등의 작업을 말합니다.

파이썬으로 텍스트 파일을 읽고 쓰는 자동화는 단순한 텍스트 파일의 내용을 활용할 때도 쓰지만 csv 파일과 같은 텍스트 파일을 활용할 때 자주 사용합니다. 또한, 다음에 다루는 자동화 스케줄링에서 컴퓨터가 스스로 파이썬 프로그램을 실행할 때 파이썬 프로그램에 입력값을 전달하거나 결과를 확인하고 싶을 때 활용할 수 있습니다. 이 부분에 대해서는 추후 자동화 스케줄링을 다루는 부분에서 자세히 알아보도록 하겠습니다.

5.1 라이브러리 소개

라이브러리란 많은 개발자들이 만든 파이썬 코드 집합으로 **패키지** 또는 **모듈**이라고도 합니다. 각 라이브러리는 용도가 정해져 있으며 이에 맞는 여러 클래스와 함수로 이루어져 있습니다. 또한, 각 라이브러리를 사용하는 데 참고할 수 있도록 레퍼런스라고 불리는 문서를 제공합니다. 개발자가 많은 만큼 대개 완벽하지는 않지만, 또한 많은 개발자들이 개발하기 때문에 문제가 활발하게 수정됩니다. 라이브러리를 사용하는 이유는 만약에 엑셀 파일의 내용을 읽거나

쓰고 싶을 때, 직접 개발을 한다면 엑셀 파일 내부가 어떻게 구성이 되어 있는
지 알아야 하고, 그 구성에 맞춰서 프로그래밍을 해야 하지만 이 복잡한 코드
가 이미 개발이 되어 있는 라이브러리를 가져와서 사용한다면, 쉬운 방법으로
원하는 기능을 개발할 수 있기 때문입니다. 따라서 앞으로 업무 자동화를 프
로그래밍할 때는 손쉬운 개발을 위해 다양한 라이브러리를 사용하겠습니다.

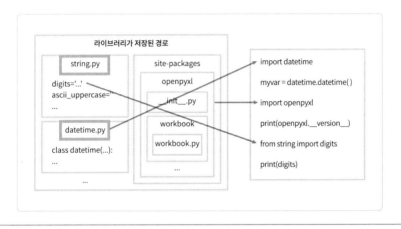

그림 5-1 라이브러리를 사용할 때 코드 실행 과정

그림 5-1은 만들어져 있는 라이브러리를 사용하여 프로그래밍을 할 때 코드
실행 과정을 표현한 그림입니다. 앞서 설명한대로 라이브러리에 많은 기능을
담고 있는 함수, 클래스 심지어 변수까지 그대로 가져와서 사용할 수 있습니다.

텍스트 파일을 읽거나 쓸 때는 별도의 라이브러리가 필요하진 않으나, '4.3 내
장 함수'에서는 다루지 않았던 파일과 관련된 내장 함수를 사용합니다. 그 외
에 파일명을 변경하거나 폴더를 변경하는 작업 등을 할 때 shutil 라이브러리
와 os 라이브러리를 사용합니다. **shutil 라이브러리**는 파일, 폴더와 관련된 함수
와 클래스를 제공하는 라이브러리입니다. 예를 들어 파일이나 폴더를 복사하
거나 삭제하고자 할 때 사용합니다. **os 라이브러리**는 운영체제와 관련된 함수와
클래스를 제공하는 라이브러리입니다. 예를 들어 현재 실행 중인 프로그램이

나 저장된 파일들을 조회할 때 사용합니다. 이 os 라이브러리는 운영체제와 관련이 있기 때문에 파일, 폴더와 관련된 함수와 클래스를 일부 가지고 있습니다. 따라서 shutil 라이브러리만 파일, 폴더와 관련된 함수와 클래스를 제공하는 것이 아니라 os 라이브러리에서도 일부 제공하고 있습니다. 따라서 이 장에서는 두 라이브러리를 모두 사용해야 합니다.

이 라이브러리들은 파이썬에 기본으로 포함되어 있는 라이브러리기 때문에 별도로 설치할 필요는 없습니다.

라이브러리명	shutil, os
지원 파이썬 버전	ALL (내장)
레퍼런스	https://docs.python.org/3/library/shutil.html
사용 버전	(내장)

5.2 도전 업무 (1): 스캔 파일을 폴더로 정리하기

나는 입사한 지 겨우 한 달 된 신입 중에 왕 신입사원이다. 가장 많이 하는 일은 문서 스캔.

다들 문서 스캔이 쉬운 줄 알지만, 실상은 그렇지 않다. 스캔할 때마다 파일명은 자기 멋대로 저장되어 있고, 여러 날에 걸쳐 스캔한 파일들이 죄다 한 폴더에 저장되어 있어서 파일을 찾기도 힘들다. 스캔한 파일들이 날짜별로 자동으로 정리만 되어도 편할 텐데, 좋은 방법이 없을까?

왕 신입사원

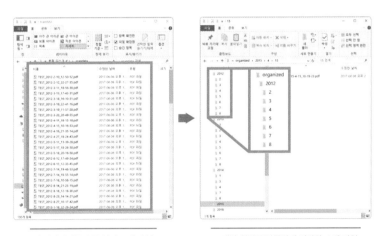

파일명이 뒤죽박죽 섞인 스캔 파일   스캔한 월별로 깔끔하게 정리된 스캔 파일

**파일명이 날짜와 시간으로 구성된 파일을
날짜별로 폴더를 만들어서
자동 분류하는 프로그램을 만들어 보자!**

5.3 자동화로 해결하기

먼저 앞선 목표 프로그램을 개발하기 전에 정리되지 않은 수많은 파일이 있어야 합니다. 날짜와 시간 정보가 들어 있는 수많은 파일(왼쪽)을 날짜별로 폴더를 만들어 분류(오른쪽)하는 자동화 프로그램을 만들어보겠습니다. 같은 환경에서 테스트하기 위해 파일명을 "TEST_년-월-일_시-분-초.pdf"로 만들기를 권장합니다. 여기서는 'auto_file.py'라는 파일명으로 된 파이썬 파일을 단계별로 코드를 누적해가며 프로그램을 완성하겠습니다.

필요한 라이브러리 가져오기

목표를 완성하려면 먼저 필요한 라이브러리로부터 함수를 가져와야 합니다. 이번 목표에는 다음 기능을 수행할 수 있는 함수가 필요합니다.

1. 폴더에 있는 파일 목록 조회하기
2. 폴더 생성하기
3. 폴더가 이미 존재하는지 확인하기
4. 파일 복사하기

3번 항목의 함수가 필요한 이유는 폴더를 생성하려 할 때 이미 존재하는 폴더라면 생성이 되지 않고 오류가 발생하기 때문입니다.

📁 **예제 파일** : C:\python\examples\05\auto_file.py

```
01 from os import listdir, makedirs
02 from os.path import isdir
03 from shutil import copyfile
```

폴더의 파일 목록을 조회하는 listdir, 폴더를 생성하는 makedirs, 폴더가 이미 존재하는지 확인하는 isdir 그리고 파일을 복사하는 copyfile을 추가하였습니다. isdir 함수는 os가 아닌 os.path로부터 가져오는데, 모든 라이브러리가 이처럼 경로를 가지고 있어 isdir 함수가 os.path라는 경로에 만들어져 있기 때문입니다.

폴더의 파일 목록 조회하기

이제 폴더의 파일명들을 분석하기 위해 파일 목록을 조회해야 합니다. 파일 목록을 조회하는 함수는 listdir로, 경로를 입력하면 경로 안에 있는 모든 파일 목록을 리스트로 반환합니다.

📁 **예제 파일** : C:\python\examples\05\auto_file.py

```
04
05 orig_dir = "C:\\scandata\\"
06 out_dir  = "C:\\organized\\"
07
08 file_list = listdir(orig_dir)
```

여기서는 정리되지 않은 파일들이 있는 폴더(원본 폴더)명이 C:\scandata이고, 정리할 폴더(대상 폴더)명은 C:\organized입니다. 나중에 사용하고자 이를 5~6번 줄과 같이 변수에 담았고, 8번 줄에서 orig_dir 폴더에 있는 파일 목록을 가져와 file_list라는 변수에 넣었습니다.

맥이나 리눅스에서는 경로 표현이 다릅니다.

예제에서는 경로가 C:\scandata로 표현되어 있지만 맥과 리눅스에서는 '\'를 사용하지 않고 '/'를 사용합니다. 또한, 대개 맥이나 리눅스에서는 최상위 폴더에 접근할 수 없도록 설정되어 있습니다. 윈도우로 예를 들면 C:\를 읽거나 쓸 수 없도록 설정되어 있다고 볼 수 있습니다. 따라서 맥이나 리눅스 환경에서는 접근할 수 있는 경로에 대해 '/'를 사용하여 표현해야 합니다. 따라서 각 계정별로 가지고 있는 고유의 폴더를 사용하는 것이 좋습니다. 다음은 맥 사용자의 계정 고유 폴더를 사용한 예입니다.

```
05 orig_dir = "/Users/[계정명]/scandata/"
06 out_dir  = "/Users/[계정명]/organized/"
```

다음은 리눅스 사용자의 계정 고유 폴더를 사용한 예입니다.

```
05 orig_dir = "/home/[계정명]/scandata/"
06 out_dir  = "/home/[계정명]/organized/"
```

파일명 분석하기

파일명에 있는 날짜 정보를 가지고 분류하려면 파일명으로부터 년, 월, 일을
추출해야 합니다. 파일명은 file_list 리스트 변수에 들어 있기 때문에 반복문
을 사용하여 모든 파일명에 대해 분석합니다. 이때 각 파일명에서 날짜를 추출
하기 위해 2장 '변수와 자료형'에서 다룬 슬라이싱, 인덱싱 그리고 내장 함수를
사용합니다.

📁 **예제 파일** : C:\python\examples\05\auto_file.py

```
09
10 for f_name in file_list:
11     f_date = f_name[5:-4]
12     f_date = f_date.split('_')
13     f_date = f_date[0]
14     f_date = f_date.split('-')
15
16     year  = f_date[0]
17     month = f_date[1]
18     day   = f_date[2]
```

11~14번 줄이 파일명으로부터 날짜 정보를 가져오기 위해 분석하는 코드입니
다. 조금 복잡할 수 있지만 다음 그림으로 확인해 보면 간단합니다.

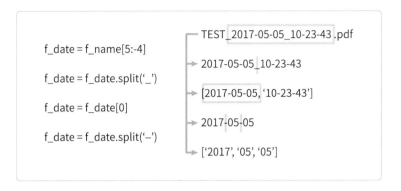

그림 5-2 파일명에서 날짜 가져오기

11번 줄에서 슬라이싱을 사용하여 불필요한 앞 문자들과 뒤 확장자를 잘라냅니다.

12번 줄에서 날짜와 시간을 분리하기 위해 문자열의 내장 함수인 split 함수를 사용합니다. 이때 f_date는 날짜 문자열과 시간 문자열을 가진 리스트형 변수가 됩니다.

13번 줄에서 인덱싱을 사용하여 파일 분류에 필요한 날짜 정보를 가져옵니다.

14번 줄에서 년/월/일을 구분하기 위해 다시 한 번 split 함수를 사용하여 문자열을 분리합니다.

그 뒤 16~18번 줄에서 년/월/일 정보를 각각의 변수에 저장합니다.

폴더 생성하기

16~18번 줄에서 구한 year, month, day 변수를 사용하여 폴더를 생성합니다. 이때 만들려는 폴더가 이미 있다면 생성되지 않기 때문에 폴더가 있는지부터 확인하고, 년, 월, 일 순서대로 폴더를 만들어야 합니다. 예를 들어 '2018년 1월 20일'이라고 했을 때, '2018' 폴더를 생성하고 그 폴더 안에 '01' 폴더를 생성하고 마지막으로 그 폴더 안에 '20' 폴더를 생성해야 합니다. 이처럼 사람이 폴더를 생성해야 할 때는 하나씩 폴더를 생성해야 하지만 파이썬에서 폴더를 생성할 때는 원하는 경로까지 모든 폴더를 생성해 주기 때문에 년, 월, 일 순서대로 일일이 만들 필요는 없고, 일에 해당하는 폴더만 생성하면 해당 폴더를 생성하는 데 필요한 모든 폴더를 자동으로 생성합니다.

📁 **예제 파일** : C:\python\examples\05\auto_file.py

```
19
20      target_dir = out_dir + year + "\\" + month + "\\" + day
21      if not isdir(target_dir):
22          makedirs(target_dir)
```

복사하고자 하는 폴더를 처음에 지정한 out_dir 폴더 밑에 년\월\일로 지정합니다. 이를 20번 줄에서 target_dir 변수에 넣습니다.

21번 줄에서 isdir 함수를 사용하여 해당 폴더가 이미 존재하는지 확인합니다. 이때 조건에 not을 추가하여 폴더가 존재하지 않는다면 22번 줄에서 해당 폴더를 생성하도록 코드를 작성합니다.

파일 복사하기

이제 파일을 복사하기 위한 폴더까지 준비했으니, 파일을 복사하면 됩니다.

> 📁 **예제 파일** : C:₩python₩examples₩05₩auto_file.py

```
24      copyfile(orig_dir+f_name, target_dir+"\\" + f_name)
25      print(orig_dir+f_name + " => " + target_dir+"\\" + f_name)
```

파일을 복사하는 **copyfile 함수**를 호출합니다. copyfile 함수는 원본 파일과 대
상 파일의 경로를 전달받아 파일을 복사합니다. 파일이 복사되는 과정을 보여
주기 위해 25번 줄에서 이를 출력합니다.

프로그램 실행하기

5.2절의 오른쪽 캡처 화면과 동일한 결과가 나왔는지 확인하고, 25번 줄에서
출력한 내용이 정상적으로 나오는지 확인합니다.

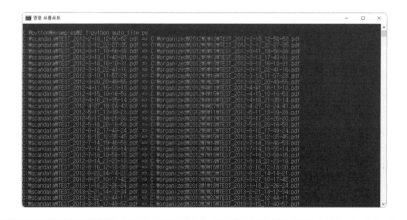

그림 5-3 스캔 파일 폴더로 정리하기 실행 결과

간단한 예제를 통해 무작위 스캔 파일을 날짜별로 정리하는 작업을 자동화해 보았습니다. 이 예제에서 주로 다루는 내용은 문자열로부터 날짜를 추출하여 활용하는 방법과 파일을 여러 폴더로 분류하는 방법입니다. 문자열로부터 날짜를 추출하는 방법은 어떠한 작업을 자동화할 때도 활용할 수 있습니다.

5.4 라이브러리 살펴보기

5.3절에서 다룬 함수와 함께, 앞에서 다루지는 못했지만 유용한 함수들을 여기서 간단한 예제를 통해 알아보겠습니다. 다음 예제에서 사용하는 경로는 임의의 경로이므로 여러분 각자가 원하는 경로로 변경해서 사용해야 합니다.

폴더 내 목록 보기 : os.listdir

원하는 경로 내에 존재하는 파일과 폴더의 목록을 리스트 변수로 반환하는 함수입니다.

📁 **예제 파일** : C:\python\examples\05\5.4-1.py

```
01 from os import listdir
02
03 files = listdir("C:\\organized")
04 print(files)
```

```
$ cd C:\python\examples\05
$ python 5.4-1.py
['2012', '2013', '2014', '2015', '2016']
```

파일 및 폴더 존재 유무 확인하기 : os.path.exists

해당 경로에 폴더가 있는지 확인하는 함수입니다.

📁 **예제 파일** : C:₩python₩examples₩05₩5.4-2.py

```
01 from os.path import exists
02
03 if exists("C:\\Python27"):
04     print("Python 3.8 is installed")
```

```
$ cd C:₩python₩examples₩05
$ python 5.4-2.py
Python 3.8 is installed
```

폴더 생성하기 : os.makedirs

원하는 경로에 폴더를 생성합니다.

📁 **예제 파일** : C:₩python₩examples₩05₩5.4-3.py

```
01 from os import makedirs
02
03 makedirs("C:\\freelec")
```

```
$ cd C:₩python₩examples₩05
$ python 5.4-3.py
$
```

파일 복사하기 : shutil.copyfile

원본 파일 경로와 대상 파일 경로를 입력받아 파일을 복사하는 함수입니다. 이
때 원본이 폴더인 경우에는 오류가 발생합니다.

📁 **예제 파일** : C:\python\examples\05\5.4-4.py

```
01 from shutil import copyfile
02
03 copyfile("C:\\Downloads\\download.txt", "C:\\Downloads\\copied.txt")
```

```
$ cd C:\python\examples\05
$ python 5.4-4.py
$
```

폴더 복사하기 : shutil.copytree

원본 폴더 경로와 대상 폴더 경로를 입력받아 폴더를 복사하는 함수입니다. 이
때 원본이 파일인 경우에는 오류가 발생합니다. 또한, 대상 폴더 경로에 이미
파일이나 폴더가 존재하는 경우에도 오류가 발생합니다.

📁 **예제 파일** : C:\python\examples\05\5.4-5.py

```
01 from shutil import copytree
02
03 copytree("C:\\Downloads ", "C:\\Copied_Downloads")
```

```
$ cd C:\python\examples\05
$ python 5.4-5.py
$
```

폴더 삭제하기 : shutil.rmtree

폴더 경로를 입력받아 해당 폴더를 삭제하는 함수입니다. 이때 해당 입력값이
파일인 경우에는 오류가 발생합니다.

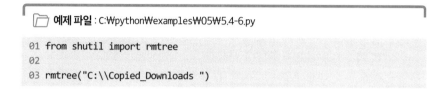

예제 파일 : C:₩python₩examples₩05₩5.4-6.py

```
01 from shutil import rmtree
02
03 rmtree("C:\\Copied_Downloads ")
```

```
$ cd C:₩python₩examples₩05
$ python 5.4-6.py
$
```

파일 삭제하기 : os.unlink

파일 경로를 입력받아 해당 파일을 삭제하는 함수입니다. 해당 입력값이 폴더
인 경우에 오류가 발생합니다.

예제 파일 : C:₩python₩examples₩05₩5.4-7.py

```
01 from os import unlink
02
03 unlink("C:\\Downloads\\download.txt")
```

```
$ cd C:₩python₩examples₩05
$ python 5.4-7.py
$
```

5.5 도전 업무 (2): csv 파일 읽고 쓰기

데스크 직원

학원 데스크 직원으로 일한지도 어언 1년. 대부분의 업무는 적응했지만, 아직도 월별 매출을 하나의 파일로 저장하는건 번거롭기만 하다. 게다가 1년 중 어떤 달이 가장 매출이 높았는지 파악하는 건, 12달의 파일을 일일이 다 열어 보고 확인해야 해서 정말 손이 많이 가는 작업이다. 12달의 파일을 하나의 파일로 합산해서 1년 치 학원 매출액을 확인할 수 있는 방법은 없을까?

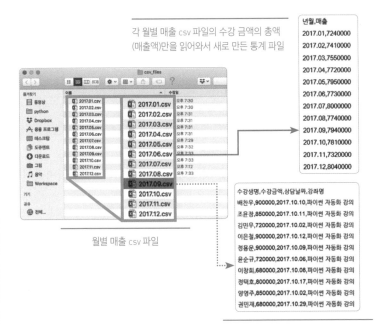

각 월별 매출 csv 파일의 수강 금액의 총액(매출액)만을 읽어와서 새로 만든 통계 파일

년월,매출
2017.01,7240000
2017.02,7410000
2017.03,7550000
2017.04,7720000
2017.05,7950000
2017.06,7730000
2017.07,8000000
2017.08,7740000
2017.09,7940000
2017.10,7810000
2017.11,7320000
2017.12,8040000

월별 매출 csv 파일

수강생명,수강금액,상담날짜,강좌명
배찬우,900000,2017.10.10,파이썬 자동화 강의
조윤경,850000,2017.10.11,파이썬 자동화 강의
김민우,720000,2017.10.02,파이썬 자동화 강의
이은철,900000,2017.10.12,파이썬 자동화 강의
정용운,900000,2017.10.09,파이썬 자동화 강의
윤순규,720000,2017.10.06,파이썬 자동화 강의
이창희,680000,2017.10.08,파이썬 자동화 강의
정택호,800000,2017.10.17,파이썬 자동화 강의
양영주,850000,2017.10.02,파이썬 자동화 강의
권민재,680000,2017.10.29,파이썬 자동화 강의

각 월별 매출 csv 파일에는 수강생명과 수강 금액, 상담 날짜, 강좌명이 적혀 있다.

각 월별 매출 CSV 파일을 읽어와서
결괏값 CSV 파일을 새롭게 만들어 보자!

5.6 자동화로 해결하기

csv 파일에서 csv는 comma-separated values의 약자로, 말 그대로 콤마로 데이터를 구분하여 표현한 파일입니다. csv 파일 형태는 매우 간단하게 엑셀과 같은 테이블 형태의 데이터를 표현할 수 있어 데이터를 쉽게 제공하고 가져올 수 있습니다. 가장 큰 장점은 데이터를 손쉽게 csv 파일로 제공하고, 이 파일을 엑셀이나 Numbers와 같은 프로그램에서 사용할 수 있다는 점입니다. 게다가 만약 엑셀이나 Numbers와 같은 프로그램이 없어도 csv 파일은 데이터의 형태가 정의되어 있을 뿐 단순 텍스트 파일이기 때문에 모든 텍스트 편집기에서 열어 확인할 수 있습니다.

이번 예제에서는 특정 폴더에 있는 같은 형태의 csv 파일을 읽어서 통계 결과를 csv 파일로 저장하는 예제를 완성해 보겠습니다.

> 📁 **예제 파일** : C:\python\examples\05\csv_files\2017.10.csv

```
수강생명,수강금액,상담날짜,강좌명
배찬우,900000,2017.10.10,파이썬 자동화 강의
조윤장,850000,2017.10.11,파이썬 자동화 강의
김민우,720000,2017.10.02,파이썬 자동화 강의
이은철,900000,2017.10.12,파이썬 자동화 강의
정용운,900000,2017.10.09,파이썬 자동화 강의
윤순규,720000,2017.10.06,파이썬 자동화 강의
이창희,680000,2017.10.08,파이썬 자동화 강의
정택호,800000,2017.10.17,파이썬 자동화 강의
양영주,850000,2017.10.02,파이썬 자동화 강의
권민재,680000,2017.10.29,파이썬 자동화 강의
```

앞에서는 10월에 해당하는 csv 파일만 소개했지만 이와 같은 형태로 2017년
의 모든 달에 대한 csv 파일을 생성한 후에 예제를 작성하겠습니다. 앞선 csv
파일은 10월에 결제를 완료한 수강생 정보입니다. 다음 그림과 같이 월별 매출
을 csv 파일로 정리하는 예제를 작성하겠습니다.

📂 **예제 파일** : C:₩python₩examples₩05₩statistics.csv

```
년월,매출
2017.01,7240000
2017.02,7410000
2017.03,7550000
2017.04,7720000
2017.05,7950000
2017.06,7730000
2017.07,8000000
2017.08,7740000
2017.09,7940000
2017.10,7810000
2017.11,7320000
2017.12,8040000
```

5.5절의 업무 자동화를 완성해 보도록 하겠습니다. 먼저, 10월에 대한 csv 파
일 외에 1~12월 모든 달에 대한 csv 파일을 생성합니다.

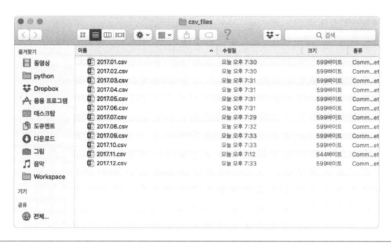

그림 5-4 csv_files 폴더에 모든 월의 csv 파일 생성

각 csv 파일은 10월의 csv 파일로 소개한 내용과 같은 형태로 작성되어 있습니다.

필요한 라이브러리 가져오기

이번 예에서 사용하는 라이브러리는 os이고 listdir 함수만을 사용합니다. 이는 텍스트 파일을 열고 쓰는 동작은 라이브러리가 아닌 내장 함수를 사용하기 때문입니다. 따라서 필요한 라이브러리만 가져오도록 하겠습니다.

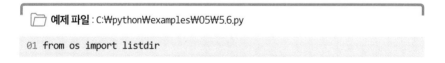
📁 **예제 파일** : C:\python\examples\05\5.6.py

```
01 from os import listdir
```

결과를 작성할 csv 파일 열기

원본 csv 파일의 데이터를 읽어오기 전에 파이썬 코드에서 결과를 작성할 csv 파일을 열겠습니다. 이는 원본 csv 파일의 데이터를 읽어와 데이터를 취합하면서 바로 쓰기 위해서입니다. 각 열(column)을 알 수 있도록 파일을 연 후에 헤더를 추가합니다.

📁 **예제 파일** : C:\python\examples\05\5.6.py

```
02
03 write_file = open('statistics.csv', 'w')
04 write_file.write('년월,매출\n')
```

3번 줄에서 open 내장 함수를 사용하여 파일을 열었습니다. 첫 번째 인자값으로 '파일 경로'를 쓰고 두 번째 인자값으로 '모드'를 지정합니다. '모드'는 해당 파일에 대한 동작 모드로 읽기 모드, 쓰기 모드 등이 있습니다. 3번 줄에서 쓰고 있는 'w' 모드는 쓰기 모드로 해당 파일에 내용을 쓸 수만 있습니다. 이 모드에 대해서는 5.7 '파일 새로 쓰기'절에서 자세히 알아보도록 하겠습니다.

3번 줄에서 open을 하여 받은 변수는 파일에 대한 정보를 가지고 여러 동작을 할 수 있도록 함수를 제공하는 클래스 변수입니다. 이 클래스 변수로 파일의 내용을 읽어오거나 쓰거나 여러 동작을 할 수 있습니다.

4번 줄에서 write_file 클래스 변수를 사용하여 write **함수**를 호출했습니다. 이 함수는 인자값으로 받은 문자열의 내용을 파일에 쓰는 함수입니다.

데이터가 들어 있는 csv 파일 열기

통계 정보 작성을 위한 csv 파일 설정은 완료되었으니, 데이터를 가진 csv 파일들을 전부 읽어와야 합니다. 이를 위해 이전 예제에서 사용했던 listdir **함수**를 사용하여 모든 파일을 가져오도록 하겠습니다.

📁 **예제 파일** : C:\python\examples\05\5.6.py

```
05
06 csv_files = 'csv_files/'
07 file_list = listdir(csv_files)
08 file_list.sort()
```

6번 줄은 폴더명을 가진 변수입니다. 현재 csv 파일은 예제 프로그램과 같은 폴더 안에 있는 csv_files 폴더에 전부 들어 있습니다. 따라서 7번 줄에서 이 폴더 이름을 인자값으로 listdir 함수를 호출하여 모든 파일을 리스트로 가져 왔습니다.

8번 줄은 앞서 listdir 함수로 가져온 파일 리스트는 정렬되어 있지 않기 때문에, 날짜별로 정렬하여 작성하기 위해 sort 함수를 사용하여 정렬한 것입니다.

내림차순으로 정렬하고 싶다면?

예제에서 리스트 자료형의 내장 함수인 sort 함수를 사용하여 오름차순으로 정렬하였는데, 내림차순으로 정렬을 하고 싶다면 sort함수에 인자값을 전달하여 원하는 동작을 수행할 수 있습니다.

```
>>> data = [1, 5, 3]
>>> data.sort( )
>>> print(data)
[1, 3, 5]
>>> data.sort(reverse=True)
>>> print(data)
[5, 3, 1]
```

실행 결과에서 알 수 있듯이, sort 함수를 인자값 없이 수행한다면 오름차순 정렬이 되지만 reverse=True를 지정한 후 수행한다면 내림차순 정렬이 됩니다.

이제 가져온 파일들을 반복문으로 순회하면서 원하는 코드를 작성해 보도록 하겠습니다. 먼저, 해당 폴더에 csv 파일이 아닌 경우 이를 건너뛰도록 코드를 작성하겠습니다.

📁 **예제 파일** : C:\python\examples\05\5.6.py

```
09
10  for f_name in file_list:
11      if f_name[-3:] != 'csv':
12          continue
```

10번 줄은 파일명을 가지고 있는 file_list 변수를 사용하여 반복문을 수행하는 구문입니다. 11번 줄은 파일명에 해당하는 f_name 변수를 슬라이싱하여 csv 파일인지 확인하는 코드입니다. f_name[-3:]는 마지막 3칸을 슬라이싱한 문자열을 의미하므로 확장자를 의미합니다. 즉, 확장자가 csv인지 확인하여 csv가 아니라면 continue 구문을 실행하여 반복문에서 건너뛰도록 합니다.

csv 파일을 가져왔으니, 각 파일을 열어 내용을 읽어 올 차례입니다. 기존에 폴더명을 가진 변수와 파일명을 사용하여 파일을 열어 보겠습니다. 이때 파일을 열어 내용을 읽어 오면서 매출을 합산하기 위해 변수를 먼저 선언합니다.

📁 **예제 파일** : C:\python\examples\05\5.6.py

```
13
14      sum_value = 0
15      f = open(csv_file+f_name, 'r')
```

14번 줄에서 매출을 합산하기 위한 변수 sum_value를 0으로 생성합니다. 15번 줄에서는 기존에 쓰기 위해 파일을 열었던 것과 동일하게 첫 번째 인자값으로 파일 경로를 쓰고 두 번째 인자값으로 'r'을 넣어 open 함수를 호출합니다. 'r' 모드는 읽기 모드로 데이터를 읽어 오기 위한 모드입니다.

데이터로부터 통계 계산하기

가져온 파일로부터 데이터를 한 줄씩 읽어오도록 하겠습니다. 읽어오기 전에 먼저 생각해 보아야 하는 것이 있습니다. 바로 파일은 전부 읽어 보기 전에는

언제 끝날지 모른다는 점입니다. 따라서 모든 내용을 읽어 오기 위해서는 우선
무한 반복문을 돌면서 파일이 끝났는지 확인해야 합니다.

📁 **예제 파일** : C:\python\examples\05\5.6.py

```
16    while True:
17        row = f.readline()
18        if not row:
19            break
```

16번 줄에서 while 문을 수행하는 데 조건문에 True를 넣었습니다. 이는 무
조건 참인 조건이며, 무한히 반복문을 수행하는 while 문을 의미합니다. 그리
고 17번 줄에서 f 클래스 변수가 가지고 있는 readline 함수를 호출합니다. 이
함수는 파일로부터 내용을 한 줄씩 가져오고, f 클래스 변수에 읽어왔던 위치
를 저장하고 있기 때문에 함수를 호출할 때마다 이전에 읽었던 줄 바로 다음
줄을 읽어 옵니다. 즉, 16번 줄과 함께 보면 반복문을 수행하면서 한 줄씩 읽어
오는 코드입니다. 하지만 파일을 전부 읽어 왔을 때에는 반복문을 나가야 합니
다. 이는 readline 함수가 ''(빈 문자열)을 반환할 때로 확인할 수 있습니다. 따
라서 18번 줄에서 row를 조건문으로 사용하여 row가 ''(빈 문자열)일 경우에
break로 반복문을 나옵니다.

참고로, 텍스트 문서에 공백으로 된 줄도 빈 문자열이기 때문에 거짓이라고
생각할 수도 있지만, 공백으로 된 줄은 사실 개행문자 '\n'이 포함된 줄이기
때문에 공백이 아닙니다. 따라서 readline 함수를 호출했을 때 공백이 아닌
'\n'이 들어 있기 때문에 거짓으로 처리하지 않습니다.

📁 **예제 파일** : C:\python\examples\05\5.6.py

```
20
21        data = row.split(',')
22        if data[1].isdigit():
23            sum_value = sum_value + int(data[1])
```

21번 줄에서는 읽어 온 한 줄의 문자열을 split 함수로 쪼개어 리스트로 만듭니다. 이 함수는 인자값으로 받은 문자로 문자열을 분할하는 함수입니다. 즉, [수강생명, 수강금액, 상담날짜, 강좌명] 형태와 같은 리스트 자료형 변수로 만듭니다.

22번 줄에서는 data[1] 값이 숫자로 이루어진 문자열인지 확인합니다. data[1]은 두 번째에 있던 수강금액 항목으로 수집해야 할 데이터입니다. csv 파일의 최상단에 있는 헤더의 경우 숫자가 아니기 때문에 이를 건너뛰기 위해 해당 문자열이 숫자인지 먼저 확인합니다.

23번 줄에서는 data[1]을 숫자로 변환하여 sum_value에 누적하여 더합니다.

이제 이렇게 계산된 값을 날짜와 함께 statistics.csv 파일에 작성을 해 보도록 하겠습니다.

📁 **예제 파일** : C:\python\examples\05\5.6.py

```
24
25    write_file.write('%s,%d\n'%(f_name[:7], sum_value))
26    f.close()
27
28 write_file.close()
```

25번 줄에서 앞서 사용했던 write_file 클래스 변수의 write 함수를 사용하여 내용을 작성합니다. 날짜는 파일명의 앞부분을 슬라이싱하여 사용하였고, 누적된 수강금액 값을 사용하였습니다.

26번 줄과 28번 줄은 해당 파일의 사용을 끝내고자 닫는 코드입니다. 모든 파일은 파일에 대한 읽기, 쓰기를 마치게 되면 close 함수를 호출하여 닫는 것이 좋습니다.

프로그램 실행하기

작성한 프로그램을 실행하여 정상적으로 동작하는지 확인해 보도록 하겠습니다.

```
cd C:\python\examples\05
$ python 5.6.py
$
```

실행한 결과로 얻은 csv 파일을 열어보면 다음과 같습니다.

📂 **예제 파일** : C:\python\examples\05\statistics.csv

```
년월,매출
2017.01,7240000
2017.02,7410000
2017.03,7550000
2017.04,7720000
2017.05,7950000
2017.06,7730000
2017.07,8000000
2017.08,7740000
2017.09,7940000
2017.10,7810000
2017.11,7320000
2017.12,8040000
```

5.7 파일을 다루는 함수 더 알아보기

앞에서 다루지는 않았지만 파일을 다룰 때 알아두면 좋은 클래스 변수의 함수에 대해 간단한 예제와 함께 알아보도록 하겠습니다.

파일 새로 쓰기

원하는 경로의 파일에 문자열을 씁니다. 만약 파일이 없으면 생성하고, 있으면 안의 내용을 전부 지우고 새로 씁니다. 이때는 open 함수의 두 번째 인자값에 'w'를 넣어야 합니다.

📁 **예제 파일** : C:\python\examples\05\5.7-1.py

```
01 f = open('test.txt', 'w')
02 f.write('문자열 쓰기\n')
03 f.close()
```

```
$ cd C:\python\examples\05
$ python 5.7-1.py
$
```

📁 **예제 파일** : C:\python\examples\05\test.txt

```
문자열 쓰기
```

파일에 문자열 추가하기

원하는 경로의 파일에 문자열을 추가합니다. 만약 파일이 없으면 생성하고, 있으면 기존에 있던 내용 뒤에 문자열을 추가합니다. 이때는 open 함수의 두 번째 인자값에 'a'를 넣어야 합니다.

📁 **예제 파일** : C:₩python₩examples₩05₩5.7-2.py

```
01 f = open('test.txt', 'a')
02 f.write('문자열 추가하기\n')
03 f.close()
```

```
$ cd C:₩python₩examples₩05
$ python 5.7-2.py
$
```

📁 **예제 파일** : C:₩python₩examples₩05₩test.txt

```
문자열 쓰기
문자열 추가하기
```

파일 한 줄씩 읽기

원하는 경로의 파일을 열어 한 줄씩 읽어 옵니다. 클래스 변수에 최근 읽은 위치를 기억하고 있기 때문에 계속해서 다음 줄의 내용을 읽어 옵니다. 이때는 클래스 변수를 읽기 가능한 모드로 열어야 합니다. 읽기 가능한 모드에는 'r', 'r+'가 있습니다. 'r+' 모드는 읽기와 쓰기가 가능한 모드로 추후 뒤에 예제를 통해 알아보도록 하고, 이 예제에서는 open 함수의 두번째 인자값에 'r'을 넣어 'r' 모드를 사용해 보도록 하겠습니다.

예제 파일 : C:₩python₩examples₩05₩5.7-3.py

```
01 f = open('test.txt', 'r')
02 contents = f.readline()
03 print(contents)
04 f.close()
```

```
$ cd C:₩python₩examples₩05
$ python 5.7-3.py
문자열 쓰기

$
```

결과에서 빈 줄이 추가된 이유는 print 함수가 자동으로 개행을 해주기 때문에 이전 예제에서 입력한 개행 문자와 함께 총 두 번 개행이 되기 때문입니다.

파일의 모든 내용을 한 줄씩 읽기

원하는 경로의 파일 내용을 전부 읽어와 한 줄씩 리스트로 만들어 반환합니다. 이때도 역시 클래스 변수를 읽기 가능한 모드로 열어야 합니다. 읽기 가능한 모드에는 'r', 'r+'가 있습니다. 이번에도 open 함수의 두번째 인자값에 'r'을 넣어야 합니다.

예제 파일 : C:₩python₩examples₩05₩5.7-4.py

```
01 f = open('test.txt', 'r')
02 contents = f.readlines()
03 print(contents)
04 f.close()
```

```
$ cd C:₩python₩examples₩05
$ python 5.7-4.py
['문자열 쓰기₩n', '문자열 추가하기₩n']
$
```

파일의 모든 내용 읽기

원하는 경로의 파일을 열어 모든 내용을 읽어옵니다. 이때도 역시 텍스트 파일의 클래스 변수를 읽기 가능한 모드로 열어야 합니다. 읽기 가능한 모드에는 'r', 'r+'가 있습니다. 이번에도 open 함수의 두번째 인자값에 'r'을 넣어야 합니다.

📁 **예제 파일** : C:₩python₩examples₩05₩5.7-5.py

```
01 f = open('test.txt', 'r')
02 contents = f.read()
03 print(contents)
04 f.close()
```

```
$ cd C:₩python₩examples₩05
$ python 5.7-5.py
문자열 쓰기
문자열 추가하기

$
```

출력 결과를 확인해 보면 모든 문자열이 출력되는 것을 확인할 수 있습니다. readline 함수 예제와 마찬가지로 print 함수가 자동으로 개행을 한 번 추가하기 때문에 빈 줄이 추가됩니다.

파일의 모든 내용을 읽어오는 동작은 파일의 용량만큼 PC의 메모리를 사용한다는 뜻입니다. 즉, 파일로 있던 내용을 파이썬 프로그램으로 가져오기 때문에, 용량이 큰 파일을 모두 읽어 올 경우에는 다 읽어오는 데 오래 걸릴 뿐만 아니라 읽어오고 나서 메모리가 부족하여 PC가 매우 느려질 수 있습니다.

파일 읽기/쓰기 모드로 사용하기

원하는 경로의 파일을 읽기와 쓰기 모두 가능한 모드로 열어 사용할 수 있습니다. 이때는 open 함수의 두 번째 인자값에 'r+'를 넣어야 합니다. 만약 'r+'모드일 때, 열고자 하는 파일이 없을 경우, 오류가 발생하기 때문에 주의해야 합니다.

📁 **예제 파일** : C:\python\examples\05\5.7-6.py

```
01 f = open('test.txt', 'r+')
02 contents = f.read()
03 print(contents)
04 f.write('문자열 테스트\n')
05 f.close()
```

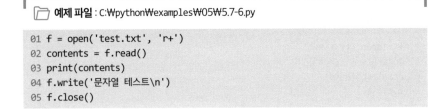

```
$ cd C:\python\examples\05
$ python 5.7-6.py
문자열 쓰기
문자열 추가하기

$
```

파일을 'r+' 모드로 열었을 경우 클래스 변수에서 관리하고 있는 '현재 위치'를 직접
관리해야 합니다. 이 '현재 위치'를 나타내는 값은 읽을 때와 쓸 때 동시에 사용되기
때문에 의도치 않게 동작할 수 있습니다.

예를 들어 앞의 예제에 쓰기 이후에 읽기를 출력해 보도록 하겠습니다.

> 📁 **예제 파일** : C:\python\examples\05\5.7-6-2.py

```
01 f = open('test.txt', 'r+')
02 contents = f.read()
03 print(contents)
04 f.write('새롭게 추가한 문자열\n')
05 contents = f.read()
06 print(contents)
07 f.close()
```

```
$ cd C:\python\examples\05
$ python 5.7-6-2.py
문자열 쓰기
문자열 추가하기
문자열 테스트


$
```

이 코드를 실행하면 이전 예제에서 추가한 '문자열 테스트'라는 문자열이 추가된 결
과를 출력하고, 개행 문자가 한 줄 추가될 뿐 새롭게 추가된 문자열은 출력되지 않
습니다. 그 이유는 전체를 읽는 read 함수로 인해 '현재 위치'는 문서의 마지막이고
write 함수로 내용을 쓰면서 '현재 위치'는 다시 문서의 마지막이 되기 때문입니다.
마지막으로 read 함수를 호출하는데 '현재 위치'가 문서 마지막이기 때문에 문서 마
지막부터 전체를 읽게 되어 아무런 내용이 없게 됩니다. 하지만 파일을 열어 확인해
본다면 '새롭게 추가한 문자열'은 추가가 되어 있습니다. 그렇기 때문에 'r+' 모드로
파일을 열었을 때는 seek 함수를 통해 위치를 변경하여 사용해야 합니다.

파일의 '현재 위치' 변경하기

seek 함수를 통해 원하는 경로의 파일이 가지고 있는 '현재 위치'를 변경할 수 있습니다. 이는 read, write, readline과 같은 함수에 의해 자동으로 관리되는 '현재 위치' 정보를 직접 변경하는 함수입니다. 대개 'r+' 모드로 파일을 읽고 나서 읽기와 쓰기를 함께 사용할 때 이용합니다.

📁 **예제 파일** : C:\python\examples\05\5.7-7.py

```
01 f = open('test.txt', 'r+')
02 contents = f.read()
03 print(contents)
04 f.write('문자열 추가 테스트\n')
05 f.seek(0)
06 contents = f.read()
07 print(contents)
08 f.close()
```

```
$ cd C:\python\examples\05
$ python 5.7-7.py
문자열 쓰기
문자열 추가하기

문자열 테스트
새롭게 추가한 문자열

문자열 쓰기
문자열 추가하기
문자열 테스트
새롭게 추가한 문자열
문자열 추가 테스트

$
```

write 함수로 쓰기 이후에 파일의 시작 위치로 이동하기 위해 seek(0)을 호출하였습니다. 여기서 0은 시작 위치를 의미합니다. 그 후에 read 함수로 출력하니 정상적으로 내용이 출력되는 것을 확인할 수 있습니다.

중간 위치로 이동하고 싶다면?

seek 함수를 호출할 때 인자값에 0을 입력하면 시작 위치를 의미한다는 것을 확인했습니다. 이 인자값을 이용하여 중간 위치로 이동이 가능하지만 조금 복잡할 수 있습니다. 여기서 인자값에 사용되는 숫자는 사람이 사용하는 문자열의 위치를 의미하는 것이 아니라 컴퓨터가 사용하는 단위인 바이트를 의미합니다. 영문이나 공백과 같은 문자는 컴퓨터도 1바이트를 사용하기 때문에 숫자가 동일하지만 한글의 경우 3바이트를 사용하기 때문에 숫자가 다릅니다.

예를 들어 텍스트 파일에 "abcd"가 입력이 되어 있고 "a"와 "b" 사이로 이동하고 싶다면 seek(1)을 수행하면 됩니다. 하지만 "파이썬"이 입력이 되어 있고 "파"와 "이"사이로 이동하고 싶다면 seek(1)이 아니라 seek(3)을 수행해야 합니다. 따라서 영문과 한글이 섞여 있을 경우 원하는 위치를 계산하기 어렵습니다. 이는 컴퓨터가 내부적으로 문자열을 저장하는 방식의 차이로부터 발생한 문제로, seek 함수를 사용할 때 주의해야 합니다.

지금까지 파일과 관련된 다양한 자동화를 다뤄 보았습니다. 첫 번째로 파일을 폴더별로 분류하는 자동화에 대해 다뤄 보았고, 두 번째로 파일 내부의 내용을 읽고 쓰는 자동화를 다뤄 보았습니다. 이 과정에서 파일 복사, 삭제 등과 폴더 생성, 삭제 등 파일에 대한 클래스와 함수를 사용했고, 파일 읽기, 쓰기 등과 같이 파일의 내용에 대한 클래스와 함수를 사용했습니다. 이는 추후 업무에서 텍스트 파일을 사용하거나 파일에 대한 분류에서 응용할 수 있습니다.

CHAPTER
06 엑셀 다루기

이번 장에서는 엑셀 파일에 있는 내용을 가져오거나, 원하는 내용을 엑셀 파일에 쓰는 동작 등과 같이 엑셀 파일의 데이터를 읽고 쓰는 동작을 자동화합니다. 엑셀 자동화는 사실 다른 자동화와 연동되어 많이 활용합니다. 예를 들어 엑셀에 사용자 정보와 이메일 주소가 정리되어 있을 때, 조건에 맞는 사용자에게 이메일을 자동으로 보낼 때도 사용할 수 있고, 웹 자동화로 수집한 검색 목록을 엑셀로 정리하고자 할 때도 사용할 수 있습니다.

이러한 예제는 관련된 자동화를 학습할 때 병행해서 다루기로 하고, 여기에서는 엑셀 데이터만을 다루는 예제를 살펴보겠습니다.

6.1 라이브러리 소개

엑셀 자동화에 필요한 라이브러리는 'openpyxl'이라는 라이브러리로, 엑셀 파일의 읽기, 쓰기 외에도 그래프, 셀 형식 등과 같은 다양한 클래스와 함수를 제공하고 있습니다. 이 라이브러리를 사용하는 이유는 앞서 언급한 대로 다양한 클래스와 함수를 제공할 뿐만 아니라, 라이브러리의 버그를 수정하고 보완하기 위해 활발히 업데이트되고 있기 때문입니다. 라이브러리는 공개된 소스 코드이고 전 세계의 다양한 사람들이 개발하므로 당연히 버그가 발생할 수 있고 보완이 필요합니다. 따라서 활발히 수정이 진행되는 라이브러리를 사용하는 것이 중요합니다.

버그란?

··

버그란 프로그램 또는 라이브러리가 의도한 대로 동작하지 않고, 문제가 발생하여
프로그램 또는 라이브러리가 비정상적으로 종료되게끔 하는 현상을 말합니다. 버그
는 대개 개발한 사람의 실수나 예상치 못한 예외상황에 의해 발생합니다.

라이브러리명	openpyxl
파이썬 지원 버전	2.7 / 3.4 or higher
레퍼런스	https://openpyxl.readthedocs.io/
사용 버전	3.0.3

라이브러리 설치

내장 라이브러리와 달리 외부 개발자가 개발한 라이브러리는 별도로 설치를
해야합니다. 라이브러리 설치를 위해서는 'pip'라는 프로그램을 사용하는데,
이 프로그램은 PyPi라는 파이썬 라이브러리를 관리하는 사이트로부터 자동
으로 원하는 라이브러리를 내려받아 설치합니다. 이 pip 프로그램은 파이썬을
설치할 때 자동으로 설치되기 때문에 별도로 설치할 필요는 없습니다.

pip를 사용하는 방법은 다음과 같습니다.

맥에서 pip를 사용할 때는 파이썬 코드를 실행할 때와 마찬가지로 python3를
사용해야 합니다.

```
python -m pip install [외부_라이브러리명]
```

```
$ python -m pip install openpyxl
Collecting openpyxl
   Downloading openpyxl-3.0.3.tar.gz …
…(중략)…
Successfully installed openpyxl-3.0.3
```

맥과 리눅스에서 설치가 되지 않는다면?

맥과 리눅스에서는 라이브러리가 제대로 설치되지 않을 수도 있습니다. 이는 대개 라이브러리를 설치할 경로에 접근할 권한이 없을 때 발생하는 문제입니다. 파이썬을 설치하는 과정에서 일반 사용자가 접근할 수 있는 경로에 설치하지 않은 경우 라이브러리 설치 시에 권한이 없다는 메시지가 뜨며 설치에 실패합니다. 이때는 sudo라는 명령어와 함께 사용하면 설치할 수 있습니다. sudo는 뒤에 실행할 명령어를 관리자 권한으로 실행한다는 의미로 비밀번호를 요구합니다.

```
$ sudo python -m pip install openpyxl
password:
Collecting openpyxl
   Downloading openpyxl-3.0.3.tar.gz …
…(중략)…
Successfully installed openpyxl
```

라이브러리 설치 확인

먼저 라이브러리가 정상적으로 설치되었는지 확인해 보겠습니다. 명령 프롬프트(윈도우)나 터미널(맥)을 실행하여, 파이썬을 실행하고 나서 다음과 같이 라이브러리를 import하여 확인합니다. 명령을 실행할 수 있는 '>>>' 부분이 시작되기 전의 내용은 실행 환경에 따라 다를 수 있습니다.

```
$ python
Python 3.8.1 (default, Apr  4 2017, 09:40:21)
[GCC 4.2.1 Compatible Apple LLVM 8.1.0 (clang-802.0.38)] on darwin
Type "help", "copyright", "credits" or "license" for more information.
>>> import openpyxl
>>> print(openpyxl.__version__)
3.0.3
```

다음은 라이브러리가 정상적으로 설치되지 않았을 때 나오는 오류입니다. 이러한 메시지가 출력된다면 pip를 사용하여 라이브러리를 다시 설치하기 바랍니다.

```
$ python
Python 3.8.1 (default, Apr  4 2017, 09:40:21)
[GCC 4.2.1 Compatible Apple LLVM 8.1.0 (clang-802.0.38)] on darwin
Type "help", "copyright", "credits" or "license" for more information.
>>> import openpyxl
Traceback (most recent call last):
  File "<stdin>", line 1, in <module>
ModuleNotFoundError: No module named 'openpyxl'
```

6.2 도전 업무: 여러 엑셀 파일의 내용을 취합하기

평사원

회사에서 근무하며 매일 쓰는 업무 일지. 나중에 찾아보기 쉽게 날짜별로 엑셀 파일로 저장하고 있다. 그런데 업무 일지가 몇 달, 몇 년이 쌓이니 오히려 관리하기가 힘들어졌다. 또 월별, 연도별로 취합하여 보고 싶기도 한데 일자별로 나뉘어져 있으니 보기가 영 힘들다. 이미 작성해 둔 일자별 업무 일지 엑셀 파일을 하나로 모을 수는 없을까?

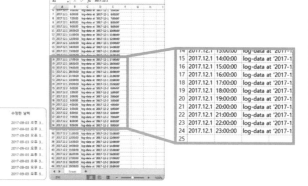

각각 날짜별로 작성된
엑셀 파일들

하나의 엑셀 파일에 합친 각 날짜별
엑셀 파일의 내용들

**여러 엑셀 파일의 내용을 하나의 엑셀 파일로 모아서
보다 편하게 업무에 활용해 보자!**

⑥③ 자동화로 해결하기

먼저 하나로 합쳐야 하는 여러 엑셀 파일을 생성해야 합니다. 파일명에 관계없이 모든 엑셀 파일을 사용하기 때문에 파일명은 무작위로 생성하여 테스트해도 좋습니다. 여기에서는 업무 일지는 아니지만 2017.12.1.xlsx ~ 2017.12.9.xlsx라는 파일명으로 생성하여 날짜별로 데이터가 분류되어 있는 상황을 만들었습니다.

> 파이썬에서 접근하고자 하는 엑셀 파일이 엑셀 프로그램에 의해 열려 있는 경우 오류가 날 수 있습니다. 관련된 엑셀 파일은 모두 종료한 후에 예제를 진행하기 바랍니다.

필요한 라이브러리 가져오기

목표를 달성하기 위해 필요한 기능은 당연히 엑셀 파일의 읽기와 쓰기입니다. 하지만 그전에 먼저 필요한 것은 원하는 엑셀 파일을 가져오는 것입니다. 데이터를 읽으려면 먼저 엑셀 파일부터 열어야 하기 때문입니다. 또한, 취합한 데이터들을 새로운 엑셀 파일에 쓰려면 새 엑셀 파일에 데이터를 작성하는 클래스도 필요합니다.

📁 **예제 파일** : C:\python\examples\06\auto_excel.py

```
01 from os import listdir
02 from openpyxl import load_workbook, Workbook
```

폴더에 있는 모든 엑셀 파일을 가져오기 위해서 앞서 배운 listdir 함수를 가져왔습니다. 2번 줄에서는 기존의 엑셀 파일을 읽어올 수 있는 load_workbook 함수와 새로운 엑셀 파일을 생성할 때 사용할 Workbook 클래스를 추가하였습니다.

폴더의 파일 목록 조회하기

현재 폴더(프로그램을 실행시킬 때 명령창/터미널에 표현된 경로)에 있는 모든
파일을 조회합니다.

📁 **예제 파일** : C:\python\examples\06\auto_excel.py

```
03
04 files = listdir(".")
```

listdir 함수에 인자값으로 "."을 사용하였는데, 이 "."는 현재 폴더라는 의미입니
다. 즉, 파이썬 프로그램을 실행시킬 때 실행하는 경로를 의미합니다. 만약 특정
폴더에 있는 엑셀 파일을 가져와 테스트하고 싶다면 listdir("C:\\PATH") 와
같이 경로를 작성하면 됩니다.

새 엑셀 파일의 클래스 변수 생성하기

가져온 엑셀 파일들의 데이터를 다루기 전에, 새로운 엑셀 파일에 저장하기 위
한 클래스 변수를 생성해야 합니다.

📁 **예제 파일** : C:\python\examples\06\auto_excel.py

```
05
06 result_xlsx = Workbook()
07 result_sheet = result_xlsx.active
```

새로운 엑셀 파일을 생성하기 위해 빈 클래스 변수를 생성합니다. Workbook
클래스를 사용하여 클래스 변수를 생성하였는데, 아직 엑셀 파일로 저장하지
는 않았습니다. 7번 줄에서는 Workbook 클래스를 생성할 때 기본으로 생성
되는 시트를 선택합니다.

'xlsx' 확장자가 아닌 파일 건너뛰기

모든 엑셀 파일의 데이터를 취합하기 위해 앞서 listdir 함수를 통해 가져온 파일명 리스트를 사용하여 반복문을 수행합니다.

📁 **예제 파일** : C:\python\examples\06\auto_excel.py

```
08
09 for myfile in files:
10     if myfile[-4:] != "xlsx":
11         continue
```

엑셀 파일이 아니라면 취합하려는 대상 파일이 아니기 때문에 건너뛰어야 합니다. 이를 위해 문자열 슬라이싱 활용에서 배웠던 대로 파일명 문자열을 슬라이싱하여 확장자가 xlsx인지 먼저 확인합니다. 이때 xlsx이 아닌 경우에는 반복문을 건너뛰는 continue 구문을 수행합니다.

이로써 11번 줄 이후에 for 문 안에 있는 코드는 엑셀 파일에 대해서만 실행됩니다.

엑셀 파일 열기 및 시트 선택하기

이제 엑셀 파일로부터 데이터를 가져오기 위해 파일을 열고 시트를 선택해야 합니다. 새 엑셀 파일을 생성하는 것과 달리 기존 엑셀 파일을 가져올 때는 load_workbook 함수를 사용하여 가져옵니다.

📁 **예제 파일** : C:\python\examples\06\auto_excel.py

```
12
13     tg_xlsx = load_workbook(myfile, read_only=True)
14     tg_sheet = tg_xlsx.active
```

load_workbook 함수는 파일 경로를 포함한 파일명을 인자값으로 받습니다. 지금 예제에서는 같은 폴더에 엑셀 파일이 들어 있기 때문에 파일 이름만 인자값으로 전달할 수 있습니다. 'read_only=True'는 말 그대로 읽기 전용으로 읽 겠다는 의미인데, 추가로 이 옵션을 지정하면 엑셀의 모든 내용을 한 번에 가 져오지 않습니다. 이 내용은 추후 가져오는 함수가 호출될 때 한 행씩 가져올 수 있습니다.

모든 파일 내용을 한 번에 파이썬으로 가져오지 않는다는 의미가 무엇일까?

엑셀 파일의 내용은 컴퓨터의 '디스크'에 존재하고 파이썬 프로그램은 '메모리'에 존 재합니다. 기본적으로 디스크보다 메모리가 훨씬 빠르지만 메모리의 크기는 디스크 에 비해 매우 작습니다. load_workbook 함수는 기본적으로 엑셀 파일을 가져올 때 모든 내용을 메모리로 가져옵니다. 따라서 엑셀 파일이 매우 크면 가져오는 데 시간 도 오래 걸릴뿐더러, 메모리가 부족하게 되어 시스템 자체가 느려지거나 문제가 발 생할 수도 있습니다. 따라서 데이터를 읽기 위해 사용하는 경우에는 read_only 옵션 을 True로 지정하여 '읽기 전용 모드'로 사용하길 권장합니다.

엑셀 파일을 읽어온 후에 시트 선택은 새로운 엑셀 파일을 생성했을 때와 동일 한 방법으로 가져옵니다. 이때 동일한 방법인 active를 통해 가져온다면, 엑셀 파일에 있는 시트 중에 최근에 활성화된 시트를 가져오기 때문에 대개 첫 번째 시트를 가져옵니다.

활성화된 시트가 아닌 다른 시트를 가져오고 싶다면?

당연히 데이터를 가져올 시트를 선택할 수 있습니다. openpyxl은 시트를 지정할 때, 딕셔너리 자료형과 유사한 방법으로 지정할 수 있는 방법을 제공합니다.

다음에 나오는 코드처럼 시트이름으로 해당 시트를 가져올 수 있습니다.

```
tg_xlsx = load_workbook(myfile, read_only=True)
tg_sheet = tg_xlsx["sheet_name"]
```

tg_xlsx["sheet_name"]과 같이 딕셔너리 자료형에서 키로 값에 접근한 방법처럼, 시트이름을 키로 원하는 시트를 가져올 수 있습니다.

데이터를 가져와 새 엑셀 파일에 쓰기

필요한 엑셀 파일을 전부 열었으니, 이제 데이터를 옮기면 됩니다.

📁 **예제 파일** : C:₩python₩examples₩06₩auto_excel.py

```
15
16      for row in tg_sheet.iter_rows():
17          row_data = []
18          for cell in row:
19              row_data.append(cell.value)
20
21          result_sheet.append(row_data)
```

첫 번째 반복문에서 사용된 iter_rows 함수는 해당 시트로부터 한 행씩 데이터를 가져오는 함수입니다. 이처럼 해당 시트에서 한 행씩 데이터를 가져와 새로운 엑셀 파일의 시트에 한 행씩 추가하게 됩니다. 21번 줄이 한 행을 추가하는 append 함수인데, append 함수에는 리스트로 데이터를 전달해야 합니다. 이 리스트는 각 열의 데이터를 의미하게 됩니다. 따라서 17~19번 줄에서 가져온 데이터를 가지고 리스트를 만듭니다.

다시 돌아와서 살펴보면, 16번 줄에서 iter_rows 함수로부터 받아온 row라는 변수는 셀의 리스트입니다. 즉, 각 열의 데이터를 리스트 형태로 가지고 있습니다. 따라서 18번 줄에서 반복문을 수행하여 각 열의 데이터를 가져와 17번 줄에서 생성한 리스트 변수에 데이터를 추가합니다. 그 후 21번 줄에서 이 리스트 변수를 결과로 만들 새로운 엑셀 파일의 시트의 append 함수를 호출하여 한 행의 복사를 마칩니다.

새 엑셀 파일 저장하기

지금까지 수행하면 모든 엑셀의 데이터를 새로운 엑셀 파일에 전부 복사하였으나, 아직 파이썬에서만 존재하는 내용입니다. 즉, 아직 파일로 저장하지 않았기 때문에 파일로 저장해야 합니다.

📁 **예제 파일** : C:\python\examples\06\auto_excel.py

```
22
23 result_xlsx.save("result.xlsx")
```

Workbook 클래스로 생성한 클래스 변수인 result_xlsx의 save 함수를 사용하여 파일로 저장합니다. save 함수는 저장하고자 하는 파일 이름을 문자열로 전달받습니다. 여기 예제에서는 파일명을 'result.xlsx'로 저장합니다.

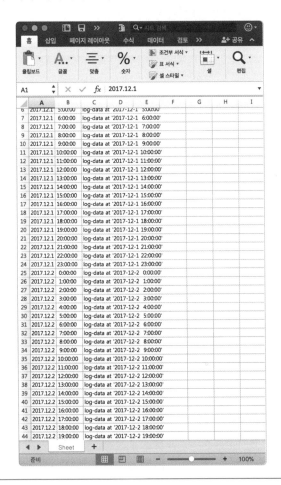

그림 6-1 실행 결과 result.xlsx의 내용

이 장에서는 openpyxl 라이브러리를 사용하여 여러 엑셀 파일을 하나의 엑셀
파일로 취합하는 예제를 작성하면서 엑셀의 내용을 읽고 쓰는 방법에 대해 다
루어 보았습니다. 추후 다른 자동화에서 엑셀 다루기에 대한 복습도 병행할 수
있는 예제를 다루고 있으니 다른 자동화와 함께 반복해서 다루어 보도록 하겠
습니다.

6.4 라이브러리 살펴보기

단일 셀 데이터 읽기

엑셀 파일의 특정 셀 하나의 값을 읽어오는 방법입니다.

> 📁 **예제 파일** : C:\python\examples\06\6.4-1.py

```
01 from openpyxl import load_workbook
02
03 # result.xlsx를 읽은 후 기본 시트를 선택
04 xlsx = load_workbook('result.xlsx', read_only=True)
05 sheet = xlsx.active
06
07 # A1 셀의 데이터를 출력
08 print(sheet['A1'].value)
09 # B1 셀의 데이터를 출력
10 print(sheet['B1'].value)
```

```
$ cd C:\python\examples\06
$ python 6.4-1.py
2017.12.1
 0:00:00
```

특정 행의 셀 데이터 읽기

엑셀 파일의 특정 행을 가져온 후 셀의 값을 읽어오는 방법입니다.

📁 **예제 파일** : C\python\examples\06\6.4-2.py

```
01 from openpyxl import load_workbook
02
03 # result.xlsx를 읽은 후 기본 시트를 선택
04 xlsx = load_workbook('result.xlsx', read_only=True)
05 sheet = xlsx.active
06
07 # 첫 번째 행을 가져옴
08 row = sheet['1']
09 # 첫 번째 행의 각 칼럼의 값을 출력
10 for cell in row:
11     print(cell.value)
```

```
$ cd C:\python\examples\06
$ python 6.4-2.py
2017.12.1
 0:00:00
log-data at '2017-12-1  0:00:00'
```

특정 열의 셀 데이터 읽기

엑셀 파일의 특정 열을 가져온 후 셀의 값을 읽어오는 방법입니다. 특정 열의
데이터를 가져오기 위해서는 read_only 옵션을 해제해야 합니다. 옵션을 해제
하기 위해서는 read_only 옵션을 False로 지정해야 하지만, load_workbook
함수에 read_only 옵션이 기본적으로 False이기 때문에 이 값을 생략하여
read_only 옵션을 해제할 수 있습니다. read_only 옵션을 해제해야 하는 이
유는 만약 read_only 옵션이 True일 경우 모든 데이터를 파이썬으로 가져오
지 않고 데이터에 접근할 때 한 행씩 가져오는데, 한 열을 다 가져오기 위해서

는 모든 행의 정보가 필요하기 때문입니다.

📁 **예제 파일** : C:₩python₩examples₩06₩6.4-3.py

```
01 from openpyxl import load_workbook
02
03 # result.xlsx를 읽은 후 기본 시트를 선택
04 xlsx = load_workbook('result.xlsx')
05 sheet = xlsx.active
06
07 # 첫 번째 열을 가져옴
08 col = sheet['A']
09 # 첫 번째 열의 각 행 값을 출력
10 for cell in col:
11     print(cell.value)
```

```
$ cd C:₩python₩examples₩06
$ python 6.4-3.py
2017.12.1
2017.12.1
…(중략)…
2017.12.9
```

여러 행의 셀 데이터 읽기

엑셀 파일의 여러 행을 가져온 후 셀의 값을 읽어오는 방법입니다.

📁 **예제 파일** : C:₩python₩examples₩06₩6.4-4.py

```
01 from openpyxl import load_workbook
02
03 # result.xlsx를 읽은 후 기본 시트를 선택
04 xlsx = load_workbook('result.xlsx', read_only=True)
05 sheet = xlsx.active
06
07 # 1~2 행을 가져옴
08 rows = sheet['1:2']
```

```
09  # 각 행을 가져오기 위한 반복문
10  for row in rows:
11      # 각 행의 셀을 가져오기 위한 반복문
12      for cell in row:
13          print(cell.value)
```

```
$ cd C:\python\examples\06
$ python 6.4-4.py
2017.12.1
 0:00:00
log-data at '2017-12-1  0:00:00'
2017.12.1
 1:00:00
log-data at '2017-12-1  1:00:00'
```

여러 열의 셀 데이터 읽기

엑셀 파일의 여러 열을 가져온 후 셀의 값을 읽어오는 방법입니다. 앞서 '특정
열의 셀 데이터 읽기'에서 열을 가져올 때와 마찬가지로 read_only를 해제해야
합니다.

📁 **예제 파일** : C:\python\examples\06\6.4-5.py

```
01  from openpyxl import load_workbook
02
03  # result.xlsx를 읽은 후 기본 시트를 선택
04  xlsx = load_workbook('result.xlsx')
05  sheet = xlsx.active
06
07  # A~B 열을 가져옴
08  cols = sheet['A:B']
09  # 각 열을 가져오기 위한 반복문
10  for col in cols:
11      # 각 열의 셀을 가져오기 위한 반복문
12      for cell in col:
13          print(cell.value)
```

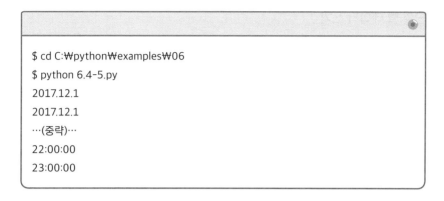

```
$ cd C:\python\examples\06
$ python 6.4-5.py
2017.12.1
2017.12.1
…(중략)…
22:00:00
23:00:00
```

시트 일부의 셀 데이터 읽기

엑셀 파일의 시트 일부를 가져온 후 셀의 값을 읽어오는 방법입니다.

📁 **예제 파일** : C:\python\examples\06\6.4-6.py

```python
01 from openpyxl import load_workbook
02
03 # result.xlsx를 읽은 후 기본 시트를 선택
04 xlsx = load_workbook('result.xlsx', read_only=True)
05 sheet = xlsx.active
06
07 # A2,A3,B2,B3 셀을 가져옴
08 rows = sheet['A2:B3']
09 # 각 행을 가져오기 위한 반복문
10 for row in rows:
11     # 각 행의 셀을 가져오기 위한 반복문
12     for cell in row:
13         print(cell.value)
```

```
$ cd C:\python\examples\06
$ python 6.4-6.py
2017.12.1
 1:00:00
2017.12.1
 2:00:00
```

단일 셀 데이터 쓰기

엑셀 파일의 특정 셀에 데이터를 쓰는 방법입니다. 다음 예제는 새로운 엑셀 파일을 생성하여 데이터를 쓰는 예제이고, 기존 엑셀 파일을 활용하여 데이터를 쓸 때는 Workbook 함수가 아닌 load_workbook 함수를 사용할 수 있습니다.

📁 **예제 파일** : C:\python\examples\06\6.4-7.py

```
01 from openpyxl import Workbook
02
03 # 새로운 엑셀 파일 생성을 위한 클래스 변수 생성
04 xlsx = Workbook()
05 sheet = xlsx.active
06
07 # A1 셀에 문자열 값 추가
08 sheet['A1'] = 'my input data'
09
10 # 엑셀 파일로 저장
11 xlsx.save('other.xlsx')
```

```
$ cd C:\python\examples\06
$ python 6.4-7.py
$
```

그림 6-2
단일 셀 데이터 쓰기 결과 : other.xlsx

행 단위 셀 데이터 쓰기

엑셀에 행 단위로 데이터를 쓰는 방법입니다. 다음 예제도 앞선 예제와 마찬가지로 새로운 엑셀 파일을 생성하여 데이터를 쓰는 예제이고, 기존 엑셀 파일을 활용하여 데이터를 쓸 때는 Workbook 함수가 아닌 load_workbook 함수를 사용할 수 있습니다.

📁 **예제 파일** : C:₩python₩examples₩06₩6.4-8.py

```
01 from openpyxl import Workbook
02
03 # 새로운 엑셀 파일 생성을 위한 클래스 변수 생성
04 xlsx = Workbook()
05 sheet = xlsx.active
06
07 # 첫 번째 행에 데이터 추가
08 sheet.append(['A1-data', 'B1-data', 'C1-data'])
09 # 두 번째 행에 데이터 추가
10 sheet.append(['A2-data', 'B2-data', 'C2-data'])
11
12 # 엑셀 파일로 저장
13 xlsx.save('other.xlsx')
```

```
$ cd C:₩python₩examples₩06
$ python 6.4-8.py
$
```

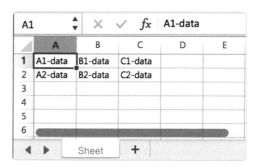

그림 6-3
행 단위 셀 데이터 쓰기 결과 :
other.xlsx

새로운 시트 생성하기

엑셀에 새로운 시트를 추가하는 방법입니다.

예제 파일 : C:₩python₩examples₩06₩6.4-9.py

```python
01 from openpyxl import Workbook
02
03 # 새로운 엑셀 파일 생성을 위한 클래스 변수 생성
04 xlsx = Workbook()
05
06 # '새로운시트2' 이름을 가진 시트 생성
07 sheet = xlsx.create_sheet('새로운시트2')
08 sheet['A1'] = '데이터'
09
10 # 엑셀 파일로 저장
11 xlsx.save('other.xlsx')
```

```
$ cd C:₩python₩examples₩06
$ python 6.4-9.py
$
```

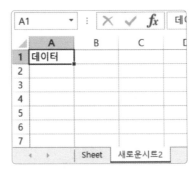

그림 6-4 새로운 시트 생성하기 결과 : other.xlsx

시트 지정하기

엑셀에 새로운 시트를 지정하여 출력하는 방법입니다.

📁 **예제 파일** : C:\python\examples\06\6.4-10.py

```python
01 from openpyxl import Workbook
02
03 # 새로운 엑셀 파일 생성을 위한 클래스 변수 생성
04 xlsx = load_workbook('other.xlsx')
05
06 # '새로운시트2' 시트를 가져옴
07 sheet = xlsx['새로운시트2']
08
09 # 내용 출력
10 print(sheet['A1'].value)
```

```
$ cd C:\python\examples\06
$ python 6.4-10.py
데이터
$
```

CHAPTER

07 이메일 다루기

이번 장에서는 이메일을 발송하는 동작을 자동화합니다. 이메일을 발송하는 방법은 여러 가지가 있지만 여기에서는 잘 알려진 **SMTP**를 활용합니다. Outlook 등과 같은 일부 메일 클라이언트를 사용해 본 분들이라면 SMTP라는 용어가 익숙할 수도 있습니다. 간단히 설명하자면 SMTP는 메일 발송을 위해 메일 서비스 제공 회사와 사용자 간에 약속된 규약입니다. 예를 들어 구글의 Gmail 서비스를 이용한다면, 구글의 Gmail에 메일 발송을 요청해야 하는데, 이때 SMTP라는 방식으로 요청해야 정상적으로 메일을 발송할 수 있습니다.

SMTP를 활용하여 이메일을 발송하는 원리 및 과정에 대해서는 '7.2 이메일 발송 원리'에서 자세히 살펴보도록 하겠습니다.

7.1 라이브러리 소개

이메일 발송을 위해 필요한 라이브러리는 'smtplib'와 'email' 라이브러리로, **smtplib 라이브러리**는 메일 정보를 SMTP 형태로 보내기 위한 라이브러리이고, **email 라이브러리**는 메일 발송을 위해 필요한 정보를 편리하게 표현하기 위한 라이브러리입니다. 예를 들어 텍스트 메일을 보낼 수도 있고 첨부 파일을 추가해서 보낼 수도 있는데, 이러한 내용을 쉽게 메일에 추가할 수 있도록 도와주는 라이브러리입니다.

이러한 라이브러리들은 파이썬에 기본으로 포함되어 있는 라이브러리이기 때문에 별도로 설치할 필요는 없습니다.

라이브러리명	smtplib, email
지원 파이썬 버전	ALL (내장)
레퍼런스	- https://docs.python.org/3/library/smtplib.html - https://docs.python.org/3/library/email.html
사용 버전	(내장)

7.2 이메일 발송 원리

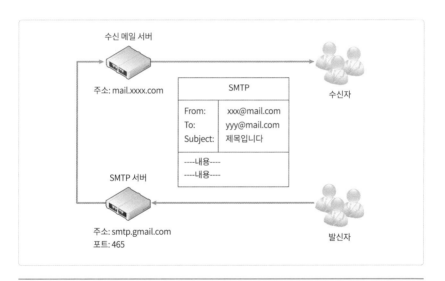

그림 **7-1** SMTP 메일 발송 원리

앞선 그림에서 알 수 있듯이, 사실 이메일 발송은 발신자가 직접 수신자에게 보내는 동작이 아니고 발신자가 이메일 제공 회사에 이메일 발송을 요청하는 동작입니다. 이 과정에서 발신자는 SMTP라는 약속된 방법으로 이메일 제공 회사에 메일 정보를 전달하고 이메일 제공 회사가 이를 확인하여 이메일을 발송해 줍니다.

이때 필요한 정보는 이메일 제공 회사의 SMTP 서버 주소와 포트, 계정 정보입니다. SMTP 서버는 발신자로부터 정보를 받아 이메일을 발송해 주는 고성능 컴퓨터인데, 이렇게 특정 컴퓨터에 접속할 때에는 주소와 포트가 필요합니다. 여기서 주소는 인터넷에 접속할 때 쓰이는 주소와 같은 방식으로 표현합니다. 예를 들어 Gmail은 smtp.gmail.com을 사용하고 네이버는 smtp.naver.com를 사용하고 있습니다. 포트는 해당 서버로 들어가는 길이라고 생각하면 됩니다. 모든 서버(컴퓨터)는 65535번까지 포트(길)를 가지고 있는데, 일부 포트는 특정 용도에 쓰도록 약속되어 있습니다.

조금 어려운 설명이지만, 정리하자면 이메일 제공 회사에서 사용하는 SMTP 서버에 메일 발송을 요청해야 하는데, 이때 필요한 정보는 서버의 주소와 포트이고 이는 이메일 제공 회사에서 알려 줍니다. 따라서 해당 정보와 SMTP에 대한 아이디, 비밀번호를 설정하여 메일 발송을 요청할 수 있습니다. 여기서 SMTP에 대한 아이디와 비밀번호는 이메일 제공 회사가 안내를 하지만 대개 사용자의 이메일 아이디와 비밀번호입니다.

7.3 도전 업무: 결제완료한 수강생들에게 메일 보내기

학원 수강생들의 학원비 결제 여부를 체크하는 것도 나의 중요한 일 중 하나! 금전이 오고가는 일이기 때문에, 정확한 체크는 필수다. 하지만 할 일이 산더미 같은데, 결제 여부를 하나하나 확인하며 결제 확인 및 수강 안내 커리큘럼 메일을 보내는 건 너무 번거롭다. 수강생들의 정보가 담긴 파일에 '결제완료'만 적으면 자동으로 메일이 전송되게 할 순 없을까?

학원 강사

수강생들의 결제 정보가 담긴 엑셀 파일

결제여부
결제완료

수강료 '결제완료' 상태

결제 확인 및 수강 안내
커리큘럼 내용이 담긴
이메일 전송

**수강생의 결제 정보가 담긴 엑셀 파일을 확인하여
결제완료한 수강생들에게 자동으로
수강 안내 커리큘럼 메일을 보내 보자!**

❼❹ 자동화로 해결하기

필요한 라이브러리 가져오기

추후 이메일 발송 함수를 다른 용도로도 재사용하기 위해, 이메일 발송 함수가
있는 파이썬 파일과 이를 활용하여 목표를 완성하는 파이썬 파일을 나눠 작성
하겠습니다. 먼저, 이메일 발송을 위해 my_email.py 파일에 send_mail 함수
를 만들겠습니다. 기존 예제에서는 필요한 라이브러리를 처음에 다 가져왔던
것과 달리 이번 예제에서는 상황에 따라 필요한 라이브러리를 가져오도록 하
겠습니다. 이렇게 하는 이유는 파일 첨부와 같은 특정 라이브러리는 상황에 따
라 필요할 수도 있고, 필요하지 않을 수도 있기 때문입니다.

📁 **예제 파일** : C:\python\examples\07\my_email.py

```
01 from email.mime.text import MIMEText
02 from email.mime.multipart import MIMEMultipart
03 from smtplib import SMTP_SSL
```

이메일 발송에 필요한 정보를 담아낼 클래스인 **MIMEMultipart**를 가져오고,
메일에 텍스트 내용을 첨부하기 위해 MIMEText를 가져왔습니다. 여기서
MIMEMultipart와 MIMEText는 메일을 주고받을 때 사용하는 약속된 형태
를 자동으로 생성합니다.

MIME이란?

MIME은 Multipurpose Internet Mail Extensions의 약자로, 말 그대로 이메일을 위한 인터넷 표준 형식을 의미합니다. 이러한 표준에는 전달하고자 하는 내용에 따라 텍스트, 이미지 파일 등과 같이 여러 타입이 정의되어 있습니다. 예를 들어 텍스트의 경우 일반 문자열을 의미하는 text/plain, HTML코드를 의미하는 text/html 등과 같은 타입이 정의되어 있고 이미지 파일의 경우에도 image/png, image/jpeg 등과 같은 타입이 정의되어 있습니다. 이렇게 파일이나 내용에 따라 수많은 타입이 정의되어 있는데, email 라이브러리는 이를 편리하게 추가할 수 있도록 여러 클래스를 제공합니다.

MIMEText는 텍스트로 이루어진 내용을 추가할 수 있는 클래스로 text/plain, text/html 등을 지정할 수 있습니다. MIMEMultipart는 메일을 전달할 때 하나 이상의 내용을 추가하기 위한 타입으로 텍스트, 이미지, 파일 등 여러 내용을 하나의 메일에 담아 전달할 때 사용합니다. 즉, MIMEMultipart 타입으로 메일을 생성하고 그 메일에 MIMEText를 추가하게 됩니다.

MIME에서 사용되는 모든 타입은 https://www.iana.org/assignments/media-types/media-types.xhtml에 정의되어 있습니다.

마지막으로 SMTP를 활용하여 메일을 발송하기 위해 smtplib 라이브러리로부터 SMTP_SSL 클래스를 가져왔습니다.

smtplib 라이브러리에 다른 클래스는 없을까요?

이번 예제에서 smtplib 라이브러리로부터 가져온 클래스는 SMTP_SSL 클래스입니다. SMTP라는 방법을 사용하여 이메일을 발송한다고 설명했는데 SMTP 클래스가 아닌 SMTP_SSL클래스를 사용하고 있습니다. smtplib에는 SMTP 클래스와 SMTP_SSL 클래스가 있는데, SMTP 클래스는 보안에 취약한 형태로 메일을 전송합니다. 많은 이메일 제공 회사에서 보안에 취약한 방법은 접근이 안 되도록 막고 있기 때문에 본 책에서는 SMTP 클래스를 사용하지 않습니다.

SMTP 서버 정보를 변수에 할당하기

SMTP 서버에 접속하기 위해서 먼저 서버 정보를 변수에 할당합니다. 여기에서는 네이버의 메일 서비스를 사용하였고, 다른 이메일 계정을 사용하고자 할 때는 다음 Tip의 내용을 참고하여 서버를 설정할 수 있습니다.

📁 **예제 파일** : C:₩python₩examples₩07₩my_email.py

```
04
05 SMTP_SERVER = "smtp.naver.com"
06 SMTP_PORT   = 465
07 SMTP_USER   = "1thlovelee"
08 # 실제 비밀번호를 입력해야 합니다
09 SMTP_PASSWORD  = "*******"
```

SMTP_SERVER와 SMTP_PORT는 네이버에서 제공하는 SMTP 서버의 정보입니다. 추후에 이 변수를 사용하여 네이버의 SMTP 서버에 메일 발송을 요청하게 됩니다. 이때 메일 발송을 요청하기 위해 사용하는 계정 정보를 SMTP_USER, SMTP_PASSWORD 변수에 넣었습니다. 앞선 코드에서 9번 줄에 있는 SMTP_PASSWORD는 '*******'를 담은 변수가 아니고, 실제 비밀번호를 담은 변수여야 합니다.

다른 이메일 제공 업체의 SMTP 정보

Gmail			
주소	smtp.gmail.com	포트	465
네이버			
주소	smtp.naver.com	포트	465
다음			
주소	smtp.daum.net	포트	465

구글의 이메일 서비스인 Gmail은 보안 상의 이유로 로그인을 차단하여, 이메일 전송 시 오류가 발생할 수 있습니다. (다음의 mail_test.py는 이메일 전송을 테스트하기 위한 임시 파일입니다.)

```
$ cd C:\python\examples\07
$ python mail_test.py
Traceback (most recent call last):
  File "mail_test.py", line 10, in <module>
    send_mail('이태화', 'alghost.lee@gmail.com', '테스트메일')
  File "my_email.py", line 38, in send_mail
    smtp.login(SMTP_USER, SMTP_PASSWORD)
  File ".../python3.6/smtplib.py", line 729, in login
    raise last_exception
  File ".../python3.6/smtplib.py", line 720, in login
    initial_response_ok=initial_response_ok)
  File ".../python3.6/smtplib.py", line 641, in auth
    raise SMTPAuthenticationError(code, resp)
smtplib.SMTPAuthenticationError: (534, b'5.7.14 <https://
accounts.google.com/signin/continue?sarp=1&scc=1&plt=AKgnsb
u7\n5.7.14 7vD11P2xp8AirAf37TCCBE6TQAClEVSZiI3ud2XNImJ
TauOgaR6CoNuT9m8qjxBRr8CwSy\n5.7.14 N9HE1stDqBxGgHk
mUplBCrtZECwL0OB5T1YQKP0gwhXOR73KsoPEJUbgLklfBXhE1
ygdZD\n5.7.14 KKGultxtAXCXFIbD7PQoNxljHpWk5YQZbKl9voO
5n5GSfbuC8Zy2HEMmwFmu1Rk8DejoVa\n5.7.14
W1YCVelxFa063wMdGfrPEJPT9o1Aw> Please log in via your web
browser and\n5.7.14 then try again.\n5.7.14  Learn more
at\n5.7.14  https://support.google.com/mail/answer/78754
y16sm12533015pfe.68 - gsmtp')
```

이와 유사한 오류가 발생하고 차단된 로그인 시도가 있었다는 알림 메일이 옵니다.

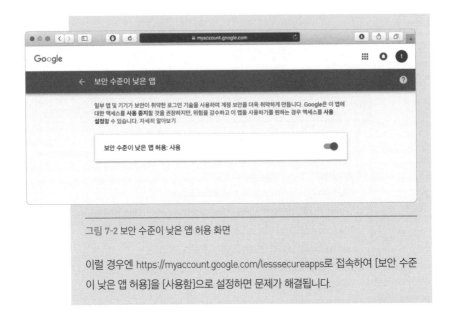

그림 7-2 보안 수준이 낮은 앱 허용 화면

이럴 경우엔 https://myaccount.google.com/lesssecureapps로 접속하여 [보안 수준이 낮은 앱 허용]을 [사용함]으로 설정하면 문제가 해결됩니다.

함수 생성과 이메일 정보 변수 생성하기

추후 다른 용도로도 활용하기 위해 send_mail 함수를 생성합니다. 이 함수는 이름과 수신 이메일, 내용, 첨부 파일 경로를 인자값으로 받아 이메일을 발송하는 함수입니다.

📁 **예제 파일** : C:\python\examples\07\my_email.py

```python
10
11 def send_mail(name, addr, contents, attachment=False):
12     msg = MIMEMultipart("alternative")
13
14     if attachment:
15         msg = MIMEMultipart('mixed')
16
17     msg['From'] = SMTP_USER
18     msg['To'] = addr
19     msg['Subject'] = name+'님, 메일이 도착했습니다.'
```

11번 줄은 send_mail 함수를 정의하기 위한 코드로, 이름과 수신 이메일, 내용, 첨부 파일 경로를 인자값으로 받습니다. 여기서 첨부 파일 경로를 받는 attachment 변수에 False 값을 기본값으로 넣었습니다.

12번 줄부터가 함수를 호출할 때 실행되는 코드의 시작입니다. MIMEMultipart 라는 클래스를 활용하여 클래스 변수 msg를 생성합니다. 이때 'alternative' 라는 인자값을 지정하여 클래스 변수를 생성하는데, 이는 MIMEMultipart의 타입을 의미하며, 텍스트 메일을 발송할 때 필요한 키워드입니다.

14, 15번 줄은 첨부 파일이 있을 때 처리하는 내용이고, 이때는 단순한 텍스트 메일이 아니라 첨부 파일이 포함된 메일이라는 것을 SMTP 서버에 알려주어야 하기 때문에 'alternative'가 아닌 'mixed' 키워드로 클래스 변수를 생성합니다.

alternative와 mixed 이외에는 없나요?

이 외에도 parallel, digest 등이 있습니다만 digest의 경우 메일 전달(Forwarding)을 할 때 사용하는 타입으로, 실제 메일을 발송할 때에는 alternative와 mixed만 알아도 충분합니다.

이렇게 생성된 MIMEMultipart 클래스 변수에 이메일 발송에 필요한 정보를 넣습니다. 이 클래스 변수에는 기존에 배운 딕셔너리 자료형과 같은 방법으로 값을 추가할 수 있습니다. 따라서 17~19번 줄까지 딕셔너리와 같은 방법으로 From, To, Subject 키에 각각 발송 이메일, 수신 이메일, 제목을 넣습니다.

MIMEMultipart의 alternative 키워드에 대해서 조금 더 알고 싶다면?

앞서 MIME과 함께 살펴본 대로 MIMEMultipart는 여러 타입의 내용을 추가할 때 사용하는 타입입니다. 사실 MIMEMultipart는 여러 종류로 구성되어 있는데, alternative, mixed, digest 등이 있습니다. 이러한 타입을 표기할 때 multipart/alternative, multipart/mixed와 같이 표기합니다.

그렇다면 multipart/alternative의 의미에 대해 조금 더 알아보겠습니다. 사실 multipart/alternative 타입이 직접적으로 텍스트 메일을 의미하진 않습니다. **multipart/alternative 타입**은 같은 텍스트 내용을 여러 형태로 보여줄 때 사용합니다. 예를 들어 multipart/alternative로 생성한 메일에 text/plain이라는 타입과 text/html이라는 타입의 내용을 추가했을 때, 메일을 수신한 프로그램은 둘 중에 더 보기 좋은 내용을 선택하여 내용을 출력합니다. 여기서 text/plain은 단순 텍스트 메일을 의미하고 text/html은 웹 페이지를 표현하는 언어로 작성된 텍스트 메일을 의미합니다. 이처럼 메일을 수신한 프로그램이 여러 내용 중에 선택하여 출력할 수 있도록 하는 타입이 multipart/alternative입니다.

본 예제에서는 이러한 특성을 살려 여러 타입의 텍스트 내용을 추가하진 않고 단순히 텍스트 메일로서 보내기 위해 사용합니다.

텍스트 내용 추가하기

이제 MIMEMultipart 클래스 변수에 보내고자 하는 메일 내용을 추가하면 됩니다. 내용은 앞선 '함수 생성과 이메일 정보 변수 생성하기'에서 다른 정보를 추가할 때와는 달리 다양한 종류로 한 개 이상이 추가될 수 있기 때문에 앞서와는 다른 방법으로 추가합니다.

 예제 파일 : C:\python\examples\07\my_email.py

```
20
21    text = MIMEText(contents)
22    msg.attach(text)
```

21번 줄의 MIMEText는 텍스트 내용을 추가하기 위해 필요한 클래스입니다. 메일에 텍스트 내용을 추가할 때 단순히 내용만을 추가하는 것이 아니라, 약속된 형태로 추가해야 하기 때문에 이를 자동으로 수행하는 MIMEText 클래스를 활용합니다. 인자값으로 받은 내용 문자열을 MIMEText의 인자값으로 사용하여 원하는 내용을 담은 MIMEText 클래스 변수를 생성합니다.

생성한 MIMEText 클래스 변수를 MIMEMultipart 클래스 변수의 attach라는 함수를 사용하여 내용을 추가합니다. attach 함수는 함수명에서 알 수 있듯이, 내용을 MIMEMultipart에 추가하는 함수이고, 종류에 관계없이 계속해서 추가할 수 있습니다.

쉽게 설명하자면 메일 발송 시 텍스트 내용을 추가하고자 할 때는 MIMEText라는 클래스 변수를 생성하고 attach 함수로 추가해야 합니다.

파일 첨부하기

파일을 첨부하고자 인자값으로 파일 경로를 전달한 경우 해당 파일을 추가해보겠습니다. 먼저 파일 첨부의 동작 과정을 설명하고 나서 코드를 살펴보겠습니다.

파일 경로를 인자값으로 전달받으면 먼저 해당 파일 내용을 읽어와, 텍스트 내용일 때 사용했던 MIMEText와 유사한 클래스 변수에 추가합니다. 그 후에 해당 클래스 변수의 내용을 메일 서버가 받을 수 있는 형태로 변환합니다. 마지막으로 변환이 완료된 클래스에 파일명을 추가한 후에 이 클래스 변수의 내용을 msg 클래스 변수에 추가합니다.

왜 파일은 메일 서버가 받을 수 있는 형태로 변환해야 하나요?

....

파일의 내용은 바이너리라고 해서 01010101과 같은 이진수 형태로 이루어져 있습니다. 이러한 임의의 이진 데이터는 전송 과정에서 임의의 문자 코드에 영향을 받을 수 있어, 영향을 받지 않는 문자인 아스키 코드로 변환해서 보내야 합니다. 이 과정은 기존에 8비트(1바이트)단위로 나열되어 있던 이진 데이터를 6비트 단위로 쪼갠 후 6비트 데이터를 다시 문자(아스키 코드)로 변환합니다. 따라서 어떠한 데이터가 오더라도 동일한 크기(6비트)로 표현하고, 6비트로 생성된 문자는 A~Z, a~z, 0~9 등과 같이 문자 코드에 영향을 받지 않는 문자로, 전송하는 과정에서 문제가 발생하지 않습니다. 이러한 변환 과정에서 변환된 문자들은 6비트로 표현되기 때문에 $2^6=64$개의 문자로 표현이 되어 base64라고 합니다.

📁 **예제 파일** : C:\python\examples\07\my_email.py

```
23
24      if attachment:
25          from email.mime.base import MIMEBase
26          from email import encoders
27
28          file_data = MIMEBase('application', 'octet-stream')
29          f = open(attachment, 'rb')
30          file_contents = f.read()
31          file_data.set_payload(file_contents)
32          encoders.encode_base64(file_data)
33
34          from os.path import basename
35          filename = basename(attachment)
36          file_data.add_header('Content-Disposition', 'attachment',file-
            name=filename)
37          msg.attach(file_data)
```

24번 줄에서 인자값에 attachment가 있는지 확인하고, attachment가 있을 때 파일 첨부를 수행합니다.

25, 26번 줄에서 파일 첨부에 필요한 라이브러리를 가져옵니다. MIMEBase 는 텍스트 내용을 추가할 때 사용되었던 MIMEText처럼 파일을 추가하기 위

한 클래스 변수이고, encoders는 이전 설명과 같이 파일을 메일 서버가 받을
수 있는 형태로 변환하기 위한 라이브러리입니다.

28번 줄에서 MIMEBase 클래스 변수를 생성합니다. 이때 'application'과
'octet-stream' 문자열을 인자값으로 전달하는데, 이는 일반적으로 모든 종류
의 파일을 전송할 때 사용할 수 있는 타입입니다.

다른 타입에는 무엇이 있나요?

파일의 종류에 따라 앞선 타입을 다르게 지정하여 메일을 수신한 사람이 다양한 동
작을 할 수 있게 도울 수 있습니다. 다른 타입에는 application/msword, application/
pdf 등이 있는데, 이러한 타입을 지정하게 되면 해당 파일을 바로 워드 프로그램에
서 읽거나 바로 pdf viewer로 여는 기능을 제공할 수 있습니다. 이번 예제에서는 파
일의 종류에 관계없이 파일 첨부를 제공하기 위해 일반 파일을 위한 octet-stream
을 지정하였습니다. 이외에 다른 타입은 앞서 MIME 타입의 목록을 확인할 수 있었
던 https://www.iana.org/assignments/media-types/media-types.xhtml에서 확인할
수 있습니다.

파일의 내용을 가져오기 위해 29번 줄에서 파일을 열었습니다. open 함수는
파이썬에 내장된 함수로, 파일의 내용을 가져오거나 쓰는 등의 동작을 할 수
있도록 파일을 열어주는 동작을 합니다. 이때 'rb' 모드의 의미는 읽기 전용
('r')으로 열고 바이너리 형태('b')로 열겠다는 의미입니다. 즉, 파일의 내용을
읽으려고 하는데 컴퓨터가 사용하는 방식인 바이너리 형태로 읽겠다는 의미입
니다. 만약 'b'를 지정하지 않고 read 함수를 사용한다면 해당 파일을 텍스트
파일로 읽어들여, 사람이 읽을 수 있는 문자로 데이터를 가져오게 됩니다.

30번 줄에서는 앞에서 연 파일의 내용을 읽어오고, 읽어온 내용을 31번 줄에
서 set_payload라는 함수를 사용하여 MIMEBase 클래스 변수에 넣습니다.
여기서 **payload**라는 것은 실제 전송할 데이터라는 의미로, 파일의 실제 내용을

의미합니다. 이제 이 파일을 SMTP 서버가 알 수 있도록 변환해야 합니다.

32번 줄에서 이 파일을 base64라는 형태로 변환하는 함수를 호출합니다. 이 함수는 말 그대로 바이너리 내용을 base64 형태로 변환해 주어 SMTP 서버가 파일을 알 수 있도록 해줍니다.

이제 마지막으로 파일명을 추가하면 파일 첨부를 위한 준비가 완료됩니다. 앞선 동작을 다시 한 번 살펴보면 인자값으로 받은 파일 경로의 파일을 열어 해당 내용을 읽은 뒤, 그 내용을 MIMEBase 클래스 변수에 추가하였습니다. 눈치챘겠지만 앞선 동작을 살펴보면 MIMEBase 클래스 변수에 파일명을 알려준 적이 없습니다. 실제로 파일 내용을 추가할 때에도 파일을 직접 열어서 내용을 넣고, 파일명을 넣진 않습니다. 따라서 이대로 전송하게 된다면 이메일에 있는 파일은 'Noname'이라는 파일명으로 도착하게 됩니다.

이를 방지하고 메일에서 파일명이 정상으로 보이도록 파일명을 추가해 보겠습니다. 이 코드는 34~36번 줄에 작성되어 있습니다. basename이라는 함수는 파이썬의 기본 라이브러리인 'os' 하위에 있는 함수로, 전체 경로에서 파일명만 가져오는 함수입니다. 예를 들어 전체 경로가 'C:₩Downloads₩테스트파일.xlsx'라고 했을 때 '테스트파일.xlsx'를 가져오는 함수입니다. 메일에 들어가야 할 이름은 전체 경로가 아니라 파일명이기 때문에 이 함수를 사용합니다. 이렇게 가져온 파일명은 36번 줄과 같이 조금은 복잡한 방법을 통해 메일에 추가할 수 있습니다. add_headers는 말 그대로 헤더를 추가하는 함수인데, 헤더는 내용이 시작되기 전에 내용에 대해 설명하는 영역을 말합니다. 따라서 파일의 내용이 시작되기 전에 이 헤더에 파일명을 알려주는 코드를 추가하여 파일명을 알려줄 수 있습니다.

여러 단계를 거쳐 파일 내용을 담은 MIMEBase 클래스 변수를 만들었고, 이제 텍스트 메일을 추가했을 때와 동일한 방법으로 37번 줄의 코드와 같이 attach 함수를 통해 추가하면 파일 첨부가 완료됩니다.

SMTP로 메일 전송하기

앞선 '필요한 라이브러리 가져오기'부터 '텍스트 내용 추가하기' 과정을 통해 메일 전송을 위한 준비를 완료하였습니다. 이제 앞서 'SMTP 서버 정보를 변수에 할당하기'에서 생성했던 변수를 사용하여 SMTP 서버에 로그인하고 메일 발송을 요청해 보겠습니다.

> 📁 **예제 파일** : C:₩python₩examples₩07₩my_email.py

```
38
39    smtp = SMTP_SSL(SMTP_SERVER, SMTP_PORT)
40    smtp.login(SMTP_USER, SMTP_PASSWORD)
41    smtp.sendmail('lthlovelee@naver.com', addr, msg.as_string())
42    smtp.close()
```

SMTP 전송을 위해 39번 줄에서 SMTP_SSL 클래스 변수를 생성합니다. 이 변수를 생성할 때는 접속하고자 하는 SMTP 서버의 정보를 인자값으로 전달하여 생성해야 합니다.

SSL은 무엇인가요?

SSL은 Secure Socket Layer의 약자로, 보안 프로토콜입니다. 메일 발송은 인터넷을 통해 요청하게 되는데, 이때 주고받는 데이터를 암호화한다는 뜻입니다. 이는 SMTP 서버의 설정에 따라 다르지만, 최근 메일 서비스들은 모두 SSL을 사용하고 있어, 앞선 예제처럼 사용할 수 있습니다.

SMTP 서버 정보를 가진 클래스 변수를 생성했다면, 이제 로그인하고 메일 발송만 요청하면 됩니다. 로그인 역시 앞서 'SMTP 서버 정보를 변수에 할당하기'에서 생성한 계정 정보 변수를 login 함수의 인자값으로 전달하면 완료됩니다.

마지막으로 41번 줄에서 sendmail 함수에 발송 메일 주소와 수신 메일 주소,

그리고 앞서 '파일 첨부하기'까지 만들었던 MIMEMultipart 클래스 변수인 msg 변수의 내용을 as_string 함수로 추가하여 발송 요청을 하고 42번 줄에서 연결을 끊습니다.

'함수 생성과 이메일 정보 변수 생성하기'에서 입력한 값과 sendmail 함수에서 입력한 값은 어떤 차이가 있나요?

....

앞서 '함수 생성과 이메일 정보 변수 생성하기'에서 입력한 From과 To의 값은 원래는 이메일이 아닌 이름을 의미합니다. 메일 수신과 발신 시 이메일 주소가 보이지 않고 이름이 보인다면 이 값을 지정한 경우입니다. 당연히 이번 예제에서도 그렇게 활용 수 있지만, SMTP 서버 혹은 수신 메일 서버 종류에 따라 스팸으로 처리될 수 있습니다. 이는 당연히 악용될 가능성이 있기 때문에 스팸으로 처리하는 것입니다.

따라서 sendmail 함수에 사용되는 발송 메일 주소와 수신 메일 주소가 실제 발송할 메일이고, 수신할 메일입니다.

엑셀로부터 데이터 읽어오기

이제 새로운 파이썬 파일을 생성하여 수강생 결제 정보가 담긴 엑셀 파일로부터 데이터를 읽어와 메일을 발송해 보겠습니다. 이를 위해 먼저 6장 '엑셀 다루기'에서 배운 openpyxl 라이브러리를 사용하여 데이터를 읽어오겠습니다.

📁 **예제 파일** : C:₩python₩examples₩07₩auto_email.py

```
01 from my_email import send_mail
02 from openpyxl import load_workbook
03
04 xlsx = load_workbook('수강생_결제 정보.xlsx', read_only=True)
05 sheet = xlsx.active
```

이메일 발송을 위해 앞 단계에서 개발한 my_email.py 파일의 send_mail 함수를 가져왔고, 6장에서 엑셀 데이터를 가져올 때와 같이 openpyxl 라이

브러리의 load_workbook 함수를 가져왔습니다. 4번 줄에서 사용한 load_
workbook 함수는 엑셀 파일을 읽어와 데이터를 다룰 수 있도록 클래스 변수를
반환해 주는 함수이고, 여기서 active 변수를 사용하여 시트를 가져왔습니다.

'결제완료'인 수강생들에게 이메일 발송하기

한 행씩 엑셀의 데이터를 읽어와 결제 정보가 '결제완료'인 경우에 커리큘럼 파
일과 함께 이메일을 발송하겠습니다.

커리큘럼 파일은 임시로 '커리큘럼.xlsx'라는 파일을 생성하였습니다.

📂 **예제 파일** : C:₩python₩examples₩07₩auto_email.py

```
06
07 for row in sheet.iter_rows():
08     name = row[0].value
09     mail = row[1].value
10     status = row[3].value
11
12     if status == '결제완료':
13         contents = '결제완료가 확인되어 커리큘럼을 안내해드립니다.'
14         send_mail(name, mail, contents, '커리큘럼.xlsx')
```

7번 줄에서는 iter_rows 함수를 사용하여 한 행씩 데이터를 가져와 row 변수
에 넣도록 하였습니다. 결괏값으로는 각 행의 칼럼이 튜플 형태로 반환되기 때
문에 row[0]은 이름, row[1]은 이메일, row[3]은 결제 여부를 가지게 됩니다.
따라서 8~10번 줄에서 이 값들을 변수에 넣습니다.

12번 줄에서는 가져온 데이터의 결제 여부가 '결제완료'인지 확인하여, 맞다면
13, 14번 줄에서 보내고자 하는 메일 내용을 변수에 넣고, 첨부 파일과 함께
메일을 발송합니다.

작성한 파이썬 파일인 auto_email.py를 실행하면 다음과 같이 메일이 도착하
는 것을 확인할 수 있습니다. 물론, 이렇게 확인하려면 자신의 메일 주소를 앞
선 엑셀 파일에 포함시켜야 합니다.

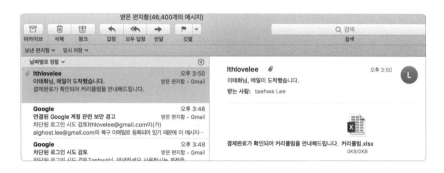

그림 7-3 이메일 다루기 실행 후 도착한 메일

이번 장에서는 이메일 발송 원리를 알고, 이를 파이썬 코드로 작성하여 이메일을 발송해 보았습니다. 6장 '엑셀 다루기'를 복습해 보기 위해 엑셀 파일에 이메일 주소를 작성하고, 이를 활용하여 이메일을 발송하였습니다. 이번 장에서 작성한 my_email.py 코드는 추후 자동화에서 활용하도록 하겠습니다.

7.5 이메일 다루기 심화: 다수에게 참조 및 발송하기

이메일을 발송할 때에는 하나의 이메일 주소에 발송할 수도 있지만 여러 이메일 주소로 한 번에 발송할 수도 있습니다. 또한, 수신자가 아닌 참조나 숨은 참조 형태로 메일을 발송하기도 합니다. 이처럼 이메일을 발송할 때는 여러 형태로 여러 수신자에게 발송할 수 있는데, 이를 파이썬 코드로도 구현할 수 있습니다.

이번 절에서는 앞서 만든 send_mail 함수를 여러 수신자를 비롯해 참조나 숨은 참조 형태로 보낼 수 있도록 개선해 보겠습니다.

먼저 함수의 인자값이 기존에 name, addr, contents, attachment인 부분을 name, recvs, cc, hidden_cc, contents, attachment로 변경하도록 하겠습니다. addr를 입력하는 대신 recvs와 cc, hidden_cc를 입력합니다.

예제 파일 : C:₩python₩examples₩07₩my_email2.py

```
01 from email.mime.text import MIMEText
02 from email.mime.multipart import MIMEMultipart
03 from smtplib import SMTP_SSL
04 
05 SMTP_SERVER = "smtp.naver.com"
06 SMTP_PORT  = 465
07 SMTP_USER  = "lthlovelee"
08 # 실제 비밀번호를 입력해야 합니다
09 SMTP_PASSWORD  = "*******"
10 
11 def send_mail(name, recvs, cc, hidden_cc, contents, attachment=False):
12     msg = MIMEMultipart("alternative")
```

수신자, 참조, 숨은 참조로 발송하는 코드를 작성하기 전에 먼저 원리에 대해 알아보겠습니다. 12번 줄에서 생성한 MIMEMultipart 클래스 변수는 메시지 전달에 필요한 정보를 가지고 있습니다. 이전 예제에서 msg['From'], msg['To'], msg['Subject']가 이에 해당하는 정보였습니다. 이와 마찬가지로

MIMEMultipart 클래스 변수에 msg['CC'] 항목으로 참조 이메일 주소를 넣어 보낼 수 있습니다. 이 클래스 변수에 msg['To']와 msg['CC']에 여러 이메일을 넣을 때에는 콤마로 구분하여 넣습니다. 그리고 추후에 smtp로 메일을 전송할 때 리스트 변수로 참조를 포함한 모든 수신자 메일(숨은 참조도 포함)을 인자값으로 넣으면 됩니다. 여기서 알 수 있듯이 MIMEMultipart 클래스 변수에 To나 CC로 추가하지 않은 이메일에 전송할 경우에는 숨은 참조로 전송됩니다. 코드를 보면서 다시 점검해 보겠습니다.

```
13
14    if attachment:
15        msg = MIMEMultipart('mixed')
16
17    msg['From'] = SMTP_USER
18    msg['To'] = recvs
19    msg['CC'] = cc
20    msg['Subject'] = name+'님, 메일이 도착했습니다.'
21
22    text = MIMEText(contents)
23    msg.attach(text)
24
25    if attachment:
...        ...(중략)...
39
40    targets = ','.join((recvs, cc, hidden_cc))
41
32    smtp = SMTP_SSL(SMTP_SERVER, SMTP_PORT)
43    smtp.login(SMTP_USER, SMTP_PASSWORD)
44    smtp.sendmail(SMTP_USER, targets.split(','), msg.as_string())
45    smtp.close()
```

19번 줄에 CC 정보가 추가되었고, 18번 줄에 변수명을 변경하였습니다. 즉, MIMEMultipart 클래스 변수에 수신 메일과 참조 메일을 추가하였습니다. 그리고 숨은 참조는 보여져서는 안 되기 때문에 hidden_cc 변수는 이 클래스 변수에 추가하지 않았습니다. 그 후 22~39번 줄까지는 텍스트 내용과 파일 첨부와 관련된 내용으로 '7.4 자동화로 해결하기'에서 작성한 코드와 동일합니다.

40번 줄에서는 문자열 자료형의 join 함수를 사용하여 전달받은 모든 이메일을 문자열로 변경하였습니다. join 함수는 리스트 자료형이나 튜플 자료형의 값 사이에 해당 문자열을 추가하여 모든 값을 연결한 하나의 문자열을 만드는 함수였습니다. 즉, 40번 줄에서는 수신 메일 주소, 참조 메일 주소, 숨은 참조 메일 주소들을 전부 ','로 연결한 문자열을 만듭니다. 앞선 예제에서 recvs, cc, hidden_cc 값이 다음과 같이 설정되어 있다고 가정해 봅시다.

> recvs = 'testemail1@gmail.com,testemail2@gmail.com,testemail3@gmail.com'
> cc = 'ccemail1@gmail.com,ccemail2@gmail.com'
> hidden_cc = 'hidden1@gmail.com,hidden2@gmail.com'

이때 40번 줄은 recvs+','+cc+','+hidden_cc를 의미하게 되어 모든 이메일이 콤마를 구분자로 하는 문자열로 표현됩니다. 즉, targets 값은 다음과 같습니다.

> targets = 'testemail1@gmail.com,testemail2@gmail.com,
> testemail3@gmail.com,ccemail1@gmail.com,ccemail2@gmail.com,
> hidden1@gmail.com,hidden2@gmail.com'

이렇게 참조를 포함하는 모든 수신 이메일을 하나의 문자열로 표현한 후 44번 줄에서 split 함수를 통해 리스트 형태로 전송합니다.

마지막으로 정상적으로 동작하는지 테스트해 보도록 하겠습니다. 인자값은 순서대로 이름, 수신 이메일, 참조 이메일, 숨은 참조 이메일, 내용 순입니다.

```
46
47 send_mail('이태화', '******@gmail.com,****@gluesys.com',
48        '*******@naver.com', '*******@moreum.co.kr', '테스트입니다')
```

두 줄로 함수 호출을 작성한 이유는 한 줄에 작성하기에는 너무 길기 때문입니다. 이때 꼭 이렇게 두 줄로 작성해야 하는 것은 아닙니다. 이렇게 테스트하려면 당연히 확인할 수 있는 정상적인 이메일 주소를 작성해야 합니다.

그림 7-4 다수에게 참조 및 발송하기 결과

정리하자면 먼저 MIMEMultipart 변수에 수신 메일과 참조 메일 정보를 넣는데, 이는 콤마로 구분된 이메일 문자열을 의미합니다. 그리고 메일을 발송할 때 수신 이메일, 참조 이메일, 숨은 참조 이메일을 전부 리스트 자료형으로 인자값을 넣으면 원하는 대로 발송할 수 있습니다.

지금까지 SMTP를 사용하여 이메일 자동화를 다뤄 보았습니다. 단순히 텍스트로 이루어진 이메일 뿐만 아니라 첨부 파일을 포함한 이메일도 발송해 보았습니다. 이러한 이메일 자동화 코드를 별도의 파이썬 파일의 함수로 만들어, 추후 다른 자동화에서 사용할 수 있도록 하였습니다.

CHAPTER 08 구글 스프레드시트 다루기

이번 장에서는 구글에서 제공하는 스프레드시트에 있는 내용을 가져오거나, 쓰는 동작 등을 자동화합니다. 앞서 다룬 엑셀 자동화와 마찬가지로 스프레드 시트 자동화도 다른 자동화와 연동하여 많이 활용합니다. 예를 들어 웹에서 수 집한 데이터를 정리하여 공유하거나, 내 PC에 있는 자료를 정리해서 여러 사용 자에게 공유하는 작업에 사용할 수 있습니다.

8.1 구글 스프레드시트란?

구글 스프레드시트란 구글에서 제공하는 오피스 도구 중 하나로 엑셀과 유사한 서비스입니다. 엑셀과 다른 점은 구글 스프레드시트는 클라우드 서비스이기 때 문에 여러 사용자가 동시에 편집할 수 있고, 공유가 편리하다는 점입니다. 이런 점 때문인지 많은 기업에서 사용하고, 업무에서 큰 부분을 차지하고 있습니다.

그림 8-1 스프레드시트 사용 화면

8.2 라이브러리 소개

파이썬으로 스프레드시트를 다루기 위해서는 'gspread'라는 라이브러리와 'oauth2client'라는 라이브러리가 필요합니다. gspread 라이브러리는 스프레드시트를 다루는 라이브러리이고, oauth2client 라이브러리는 스프레드시트를 이용하는 데 필요한 인증을 다루는 라이브러리입니다.

라이브러리명	gspread
파이썬 지원 버전	2.7 / 3.0 or higher
레퍼런스	https://gspread.readthedocs.io/en/latest
사용 버전	3.1.0

라이브러리명	oauth2client
파이썬 지원 버전	2.7 / 3.4 or higher
레퍼런스	https://oauth2client.readthedocs.io/en/latest
사용 버전	4.1.3

라이브러리 설치

라이브러리를 설치할 때는 앞서 openpyxl 라이브러리를 설치할 때 사용했던 pip라는 프로그램을 사용합니다.

```
$ python -m pip install gspread oauth2client
Collecting gspread
  Downloading … gspread-3.1.0-py3-none-any.whl
Collecting oauth2client
Downloading … oauth2client-4.1.3-py2.py3-none-any.whl
…
Successfully installed gspread-3.1.0 oauth2client-4.1.3
```

라이브러리 설치 확인

라이브러리가 정상적으로 설치되었는지 확인해 보겠습니다. 명령 프롬프트(윈도우)나 터미널(맥)을 실행하여, 파이썬을 실행하고 나서 다음과 같이 라이브러리를 import하여 확인합니다. 명령을 실행할 수 있는 '>>>' 부분이 시작되기 전의 내용은 실행 환경에 따라 다를 수 있습니다.

```
$ python
Python 3.8.1 (v3.8.1:1b293b6006, Dec 18 2019, 14:08:53)
[Clang 6.0 (clang-600.0.57)] on darwin
Type "help", "copyright", "credits" or "license" for more information.
>>> import gspread
>>> print(gspread.__version__)
3.1.0
>>> import oauth2client
>>> print(oauth2client.__version__)
4.1.3
```

다음은 라이브러리가 정상적으로 설치되지 않았을 때 나오는 오류입니다. 이러한 메시지가 출력된다면 pip를 사용하여 라이브러리를 다시 설치하기 바랍니다.

```
$ python
Python 3.8.1 (v3.8.1:1b293b6006, Dec 18 2019, 14:08:53)
[Clang 6.0 (clang-600.0.57)] on darwin
Type "help", "copyright", "credits" or "license" for more information.
>>> import gspread
Tracback (most recent call last):
  File "<stdin>", line 1, in <module>
ModuleNotFoundError: No module named gspread
```

8.3 도전 업무: PC 자료를 스프레드시트로 공유하기

비서

여러 부서에서 받은 엑셀 자료를 매일 스프레드시트로 정리해서 보고하고, 각 부서에 공유도 해야 하는데, 매번 복사해서 붙여넣고 정리하는 게 너무 비효율적이다. 부서별로 받은 파일을 모아두고 자동으로 정리하고, 공유까지 할 수 없을까?

폴더에 있는 파일 리스트를 읽고,
엑셀 파일만 읽어와 보자!

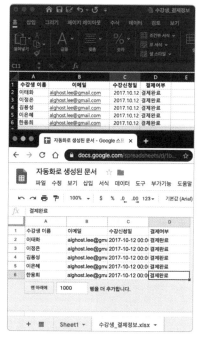

엑셀 파일별로 스프레드시트의 탭을 생성하여
정리해 보자.

폴더에 있는 엑셀 파일들을 전부 읽어
하나의 스프레드시트로 정리하고 공유해 보자.

8.4 개발을 시작하기 전에

구글 스프레드시트는 다른 자동화와 달리 사전 작업이 필요합니다. 스프레드
시트는 구글에서 제공하는 서비스이기 때문에, 서비스 밖에서 서비스의 기능
을 이용할 수 있도록 설정해야 합니다.

> 만약 사용하는 구글 계정이 개인 계정이 아니라 G Suite용 계정이라면 프로젝트 생
> 성 권한이 있는지 확인해야 합니다. G Suite 서비스를 사용하는 회사인 경우, 담당하
> 는 직원에게 요청하여 권한을 받아야 합니다.

구글 API 콘솔 접속

외부에서 구글 서비스를 이용하기 위해서는 구글 API 콘솔로 접속하여 프
로젝트를 생성해야 합니다. 구글 API 콘솔의 주소는 https://console.
developers.google.com/입니다.

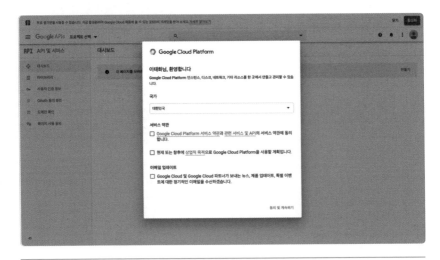

그림 8-2 구글 API 콘솔 초기화면

구글 API 콘솔에 처음 접속하는 경우 **그림 8-2**와 같이 서비스 약관에 대한 동
의를 요구하는 팝업이 생성됩니다. 하단에 있는 [이메일 업데이트] 항목을 제
외한 나머지는 필수 항목이기 때문에 각 항목을 체크하고 [동의 및 계속하기]
를 클릭합니다.

프로젝트 생성

프로젝트를 생성하려면 다음 그림에 표시된 [프로젝트 선택]을 클릭합니다.

그림 8-3 [프로젝트 생성] 버튼

다음 그림과 같이 새로운 팝업이 나오고, 팝업의 오른쪽 상단에 있는 [새 프로
젝트]를 클릭합니다.

그림 8-4 [새 프로젝트] 버튼

새 프로젝트를 생성하는 화면에서 임의의 프로젝트 이름을 지정하고 생성합니다. 로그인한 계정에 따라 할당량 메시지나 조직은 다르게 표기될 수 있습니다.

그림 8-5 프로젝트 생성

[만들기] 버튼을 누른 후에는 다음 그림과 같이 대시보드 페이지로 이동합니다. 오른쪽 상단에 있는 종 모양 아이콘을 누르면 프로젝트가 생성되는 것을 확인할 수 있습니다. 생성이 완료되면 **그림 8-7**처럼 아이콘이 바뀌고 생성된 프로젝트의 대시보드 페이지로 다시 이동합니다.

그림 8-6 프로젝트가 생성되고 있을 때

그림 8-7 프로젝트가 생성된 후

API 및 서비스 사용 설정

프로젝트 생성을 마쳤으니, 이제 외부에서 이용할 서비스를 찾아 활성화해야
합니다. 대시보드에 이미 [API 및 서비스 사용 설정] 버튼이 있지만, 실제 메뉴
가 있는 위치를 파악하기 위해 다음 그림에 표기된 [라이브러리] 메뉴를 클릭
합니다.

그림 8-8 [라이브러리] 버튼

클릭하면 라이브러리를 검색할 수 있는 페이지가 나옵니다.

그림 8-9 라이브러리 검색 페이지

목표를 완성하기 위해 Google Sheets API와 Google Drive API를 활성화해
야 합니다. 'Google Sheets API'는 스프레드시트의 데이터에 접근하기 위해
필요한 라이브러리이고, 'Google Drive API'는 새로운 스프레드시트 문서를
생성하기 위해 필요한 라이브러리입니다.

먼저 "sheets"를 검색하여 'Google Sheets API'를 찾습니다.

그림 8-10 "sheets" 검색 결과

검색 결과가 나왔다면, 'Google Sheets API'를 클릭합니다.

그림 **8-11** Google Sheets API 사용 설정

앞선 그림과 같이 화면이 바뀌었다면 [사용 설정]을 클릭하여 구글 스프레드시
트 사용을 활성화합니다. 활성화한 후에 다시 라이브러리 메뉴로 이동하여 같
은 방법으로 Google Drive API도 활성화합니다. 라이브러리 메뉴로 돌아가
기 위해서는 다음 그림과 같이 왼쪽 상단 메뉴를 클릭하고 [API 및 서비스] 하
위에 있는 [라이브러리]를 클릭합니다.

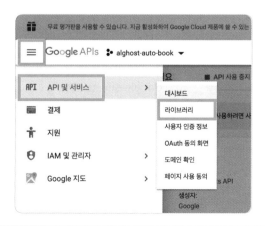

그림 **8-12** 라이브러리 메뉴로 돌아가기

앞서 Google Sheets API를 찾은 방법으로 Google Drive API를 찾아서 활
성화합니다.

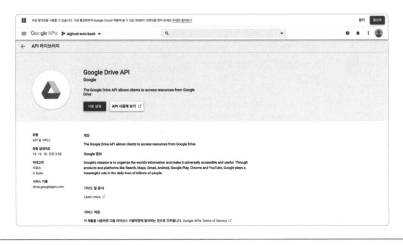

그림 8-13 Google Drive API 활성화

마지막으로 활성화가 잘 되었는지 확인해보겠습니다. 다음 그림을 참고하여
API 및 서비스의 대시보드 메뉴로 이동합니다.

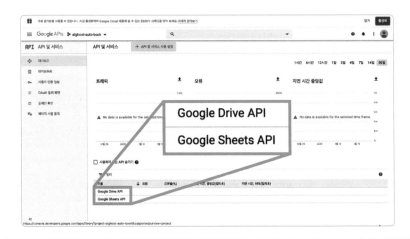

그림 8-14 활성화된 라이브러리 확인

그림에 표시된 위치를 확인해 보면, 앞서 활성화한 두 라이브러리가 보이는 것을 확인할 수 있습니다.

서비스 계정 생성

서비스 계정은 구글에서 제공하는 여러 인증 방식 중 한 가지입니다. 스프레드시트가 공개된 서비스라고 해도 모든 문서에 접근할 수는 없습니다. 따라서 스프레드시트 문서를 생성하거나 수정할 때, 계정이 필요합니다. 다시 말하자면 인증 과정이 필요하다는 것입니다. 이 책에서 사용할 인증 방식은 서비스 계정 방식으로, 로그인 과정 없이 특정 서비스만 사용할 수 있는 봇(bot) 계정을 생성하여 사용하는 방식입니다. 특정 서비스는 앞선 'API 및 서비스 사용 설정'절에서 라이브러리를 활성화하면서 등록했고, 이제 이 프로젝트에 서비스 계정을 생성하겠습니다.

다음 그림에 표기된 [사용자 인증 정보]를 클릭합니다.

그림 8-15 사용자 인증 정보 버튼

[사용자 인증 정보] 버튼을 클릭한 후 다음 그림에 표기된 [사용자 인증 정보
만들기] 버튼을 클릭한 후, [서비스 계정]을 클릭합니다.

그림 8-16 서비스 계정 방식의 사용자 인증 정보 만들기

클릭 후엔 서비스 계정명을 작성할 수 있는 페이지가 나옵니다. 서비스 계정명
을 입력하면 서비스 계정 ID가 자동으로 생성되고, 서비스 계정 설명을 입력하
지 않아도 진행할 수 있습니다.

그림 8-17 서비스 계정 세부정보 입력

서비스 계정명을 입력하고 [만들기] 버튼을 클릭하면 서비스 계정 권한을 설정
할 수 있는 페이지가 나오는데, 역할을 선택하지 않고 [계속]을 눌러 진행합니다.

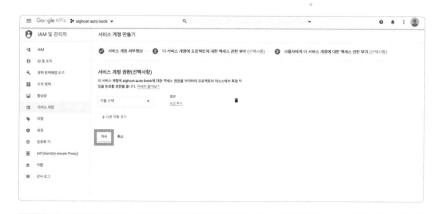

그림 8-18 서비스 계정 권한은 설정하지 않음

다음으로 '사용자에게 이 서비스 계정에 대한 엑세스 권한 부여'를 설정하는
페이지가 나옵니다. 이 페이지에서도 역할을 추가하지는 않지만, 하단에 [키 만
들기] 버튼을 눌러 키를 생성해야 합니다. [키 만들기] 버튼을 클릭하면 **그림
8-20**과 같이 키 생성을 위한 팝업이 생성됩니다.

그림 8-19 [키 만들기] 버튼

그림 8-20 키 만들기에서 [JSON] 선택

생성된 팝업에서 [JSON]을 선택하고 [만들기] 버튼을 클릭하면, 앞서 생성한
서비스 계정 ID를 파일명으로 하는 json 파일이 다운로드됩니다. 다운로드 팝
업이 나온다면 [닫기]를 누른 후 [완료] 버튼을 클릭하여 서비스 계정 생성을
마무리합니다.

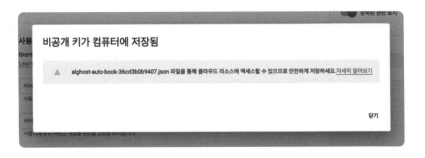

그림 8-21 서비스 계정의 키 파일 저장

이 과정에서 만들어진 json 파일이 서비스 계정의 인증 정보를 담고 있기 때문
에, 자동화 프로그램을 작성할 때 이 파일을 활용합니다.

⑧⑤ 자동화로 해결하기

이번 장에서도 앞서 배운 자동화 작업의 복습과 함께 목표를 완수하겠습니다. 특정 폴더에 있는 파일 리스트를 조회하여 엑셀 파일에 대해서만 데이터를 수집하고 각 데이터를 스프레드시트의 탭으로 정리한 후 공유해 보도록 하겠습니다.

필요한 라이브러리 가져오기

목표를 완수하기 위해서는 스프레드시트에 인증하는 기능과 스프레드시트를 다루는 기능이 필요합니다. 따라서 먼저, 이 기능을 사용할 수 있는 라이브러리를 가져오겠습니다.

📁 **예제 파일**: C:₩python₩examples₩08₩auto_gspread.py

```
01 import os
02 import gspread
03 from oauth2client.service_account import ServiceAccountCredentials
04 from openpyxl import load_workbook
05 from openpyxl.utils.cell import get_column_letter
```

1번 줄은 PC 자료를 가져올 때, 자료가 있는 폴더의 파일을 조회하는 데 필요한 라이브러리이고, 2번 줄과 3번 줄이 스프레드시트의 데이터를 가져오는 데 필요한 라이브러리입니다. 4번 줄은 엑셀 파일의 데이터를 읽어오는 데 필요한 라이브러리입니다. 본 예제에서는 엑셀 파일을 생성하지 않고, 이미 있는 엑셀 파일의 데이터를 읽어오기 때문에, load_workbook 함수를 가져왔습니다. 마지막으로 5번 줄은 openpyxl 라이브러리에서 제공하는 함수 중 get_column_letter 함수를 가져오는 코드인데, 이 함수는 순번에 따라 칼럼 알파벳을 알려주는 함수입니다. 예를 들어 1을 인자값으로 전달하면 'A'가 반환되고 3을 인자값으로 전달하면 'C'가 반환됩니다.

스프레드시트에 인증하기

스프레드시트에 인증하기 위해서는, 앞서 8.4절에서 생성한 json 파일이 필요
합니다. 따라서 작성하고 있는 파이썬 코드가 있는 폴더에 json 파일을 복사해
야 합니다.

```
06 scope = [
07     'https://spreadsheets.google.com/feeds',
08     'https://www.googleapis.com/auth/drive'
09 ]
10 credentials = ServiceAccountCredentials.from_json_keyfile_name('al-
   ghost-auto-...json', scope)
11 gs = gspread.authorize(credentials)
```

6~9번 줄 코드는 scope 리스트 변수를 만드는 코드입니다. 리스트에는 2개
의 문자열이 들어있는데, 이 문자열은 사용할 서비스를 의미합니다. 7번 줄에
있는 'https://spreadsheets.google.com/feeds'는 스프레드시트의 데이터
에 접근할 수 있는 권한이고, 8번 줄에 있는 'https://www.googleapis.com/
auth/drive'는 구글 드라이브에 접근할 수 있는 권한입니다. 8.4절에서 프로젝
트를 생성하고, 활성화했던 서비스와 같은 권한입니다.

10번 줄에서는 8.4절에서 생성한 json 파일과 6~9번 줄에서 생성한 권한 정보
를 함께 인자값으로 전달하여 인증에 필요한 클래스 변수를 생성합니다. 이때
첫 번째 인자값으로 사용한 파일명은 8.4절에서 다운로드받은 파일명을 써야
합니다.

11번 줄에서는 10번 줄에서 만든 변수를 사용하여 스프레드시트에 인증합니
다. 인증이 완료되고 생성되는 변수는 스프레드시트 문서를 생성하거나 가져
올 수 있습니다.

스프레드시트 문서 생성하고 공유하기

엑셀에서 데이터를 가져오기 전에, 스프레드시트 문서를 먼저 생성합니다. 이 때 생성되는 문서는 8.4절에서 생성한 서비스 계정을 소유주로 생성되기 때문에, 생성 후 바로 본인의 계정으로 소유권을 이전해야 합니다. 만약 소유권을 이전하지 않는다면, 서비스 계정으로는 로그인할 수 없기 때문에 생성된 문서에 접근할 방법이 없습니다.

📁 **예제 파일**: C:₩python₩examples₩08₩auto_gspread.py

```
12 spread = gs.create('자동화로 생성된 문서')
13 spread.share('alghost.lee@gmail.com', perm_type='user', role='owner')
```

12번 줄에서 gs 변수가 가진 create 함수를 사용하여 스프레드시트 문서를 생성하였습니다. create 함수는 스프레드시트 문서를 생성해줄 뿐만 아니라 그 문서를 다룰 수 있도록 변수도 생성합니다. 이때 생성된 변수는 생성된 문서를 공유하거나 시트를 추가하거나 조회할 수 있습니다.

13번 줄에서는 12번 줄에서 생성된 변수가 가진 share 함수를 사용하여 개인 계정으로 공유합니다. share 함수에 전달한 인자값은 총 3개로, 첫 번째는 개인 계정 이메일, 두 번째는 공유 대상의 유형, 세 번째는 공유 수준을 나타냅니다. 스프레드시트는 공유 시, 개인에게도 공유할 수 있지만 그룹이나 조직에도 공유할 수 있기 때문에 공유 대상의 유형이 필요합니다. 마지막으로 공유 수준은 공유할 때 보기 전용을 제공할 것인지, 쓰기도 가능하게 공유할 것인지 여부를 결정하는 값입니다.

본 예제에서는 개인 사용자에게 소유주로 공유하기 때문에 인자값을 'user'와 'owner'로 작성했습니다.

데이터 파일 리스트 가져오기

특정 폴더 안에 있는 파일들을 가져옵니다. 본 예제에서는 예제 파일이 든 폴더 안에 있는 'data' 폴더를 지정해서 가져옵니다.

📁 **예제 파일**: C:₩python₩examples₩08₩auto_gspread.py

```
14
15 data_path = 'C:\\python\\examples\\08\\data'
16 file_list = os.listdir(data_path)
```

15번 줄에서 파일이 있는 폴더를 변수로 생성하였습니다. 16번 줄에서는 15번 줄에서 만든 변수를 사용하여 앞서 다른 예제에서 사용했던 listdir 함수를 사용하였습니다. 16번 줄에서 생성된 file_list 변수는 data 폴더 안에 있는 모든 파일의 이름을 가진 리스트 변수입니다.

엑셀 파일만 가져오기(확장자 확인하기)

📁 **예제 파일**: C:₩python₩examples₩08₩auto_gspread.py

```
17
18 for fname in file_list:
19     if fname[-4:] != 'xlsx':
20         continue
21     file_path = os.path.join(data_path, fname)
```

엑셀 파일이 아니라면 취합하려는 대상 파일이 아니기 때문에 건너뛰어야 합니다. 이를 위해 문자열 슬라이싱 활용에서 배웠던 대로 파일명 문자열을 슬라이싱하여 확장자가 xlsx인지 먼저 확인합니다. 19~20번 줄에서 확장자가 xlsx이 아닌 경우 반복문을 건너뛰는 continue구문을 수행합니다.

21번 줄에서는 os.path 안에 있는 join 함수를 사용하였는데 이 함수는 경로를 연결하는 함수입니다. 예를 들어 os.path.join('C:₩₩test', 'data1')로 사용하면 'C:₩₩test₩₩data1' 문자열이 생성됩니다. 본 예제에서는 엑셀 파일이 있는 폴더의 경로 문자열과 파일명을 합쳐 해당 파일의 경로를 만드는 데 사용합니다.

엑셀 파일을 읽어오고 행, 열 크기 가져오기

엑셀 파일을 읽어오는 코드는 앞서 다뤘던 예제와 같지만 본 예제에서는 행과 열의 크기도 가져와야 합니다. 행과 열의 크기를 확인하고, 해당 크기로 스프레드시트 문서의 시트를 설정한 후 데이터를 추가합니다.

> 📁 **예제 파일**: C:₩python₩examples₩08₩auto_gspread.py

```
22    wb = load_workbook(file_path, read_only=True)
23    ws = wb.active
24    row_count = ws.max_row
25    col_count = ws.max_column
```

22번 줄에서 엑셀 파일을 열고 23번 줄에서 엑셀 파일의 시트를 선택합니다. 엑셀 파일의 데이터 양이 많을 수 있기 때문에 read_only 옵션을 활성화하여 열었습니다.

24번 줄에서는 시트 변수가 가진 max_row 값을 사용하여 해당 시트의 행 수를 가져오고, 25번 줄에서는 max_column 값을 사용하여 열 수를 가져왔습니다.

스프레드시트에 시트를 생성하고 셀 가져오기

필요한 정보를 전부 가져왔으니, 이제 스프레드시트에 시트를 생성하고 수정할 셀을 가져옵니다.

```
26
27    worksheet = spread.add_worksheet(fname, row_count, col_count)
28    cells = worksheet.range('A1:' + get_column_letter(col_count) +
      str(row_count))
```

23번 줄은 12번 줄에서 만들었던 spread 변수가 가진 add_worksheet 함수를 사용하여 시트를 생성합니다. 이때 3개의 인자값을 사용했는데, 시트의 이름과 행, 열의 수입니다. 본 예제에서는 파일명을 시트 이름으로 사용하였고 행, 열의 수는 row_count와 col_count를 사용하였습니다. 23번 줄 코드가 실행되면 스프레드시트 문서에 새로운 시트가 생성되고 이 시트에 데이터를 다루는 클래스 변수를 반환합니다.

24번 줄에서는 시트에서 데이터를 추가할 셀을 전부 가져옵니다. 이때 사용한 range 함수는 'A1:B2'와 같은 형태로 영역을 지정하면 그 영역의 셀 클래스들을 리스트로 만들어 반환합니다. 예를 들어 worksheet.range('A1:B2')를 사용하면 [A1셀 클래스, A2셀 클래스, B1셀 클래스, B2셀 클래스]와 같이 반환합니다. 본 예제에서는 엑셀 크기만큼의 셀을 가져와야 하기 때문에 'A1:'에서 뒷부분은 row_count와 col_count로 문자열을 만듭니다. 칼럼은 알파벳으로 표기되기 때문에 get_column_letter 함수를 사용하여 가져왔고 row_count는 숫자형 변수이기 때문에 str 함수를 사용하여 문자열로 변환하였습니다. 따라서 cells 변수는 엑셀의 데이터를 전부 표현하는 셀들을 가진 리스트 변수입니다.

스프레드시트에 데이터 반영하기

앞서 과정을 통해, 엑셀의 데이터를 스프레드시트로 옮길 준비를 마쳤습니다. 이제 엑셀 파일로부터 한 행씩 데이터를 읽어와 스프레드시트에 반영하겠습니다.

```
29
30    idx = 0
31    for row in ws.iter_rows():
32        for cell in row:
33            cells[idx].value = str(cell.value)
34            idx += 1
35    worksheet.update_cells(cells)
```

30번 줄에 idx 변수를 0으로 생성합니다. 이 값은 cells 변수를 순차적으로 순환하면서 데이터를 갱신하기 위해 사용됩니다. 이 코드는 34번 줄에서 확인할 수 있습니다.

31번 줄은 엑셀 시트에서 한 행씩 가져오는 반복문 코드고, 32번 줄은 31번 줄에서 가져온 행의 각 셀을 가져오는 반복문 코드입니다.

33번 줄은 반복문을 통해 가져온 cell의 값을 스프레드시트의 변수인 cells에 값을 넣는 코드입니다. cell.value는 엑셀에서 가져온 클래스 변수로 문자열로 넣기 위해 str 함수를 사용했고, cells[idx].value는 스프레드시트에서 가져온 클래스 변수입니다. 33번 줄에서 데이터를 추가할 때 idx를 사용했고, 그 이후에는 다음 데이터를 추가해야 하기 때문에 34번 줄에서 idx를 1 증가시킵니다.

마지막으로 35번 줄은 31~34번 줄에서 스프레드시트의 변수 cells에 데이터를 채웠으니, 이 데이터를 스프레드시트에 반영하는 코드입니다. update_cells 함수는 여러 셀 클래스 변수를 가진 리스트를 인자값으로 넣으면, 이를 일괄적으로 스프레드시트에 반영해주는 함수입니다.

완성된 문서 공유하기

완성된 문서를 다른 사람들에게 공유해 보겠습니다.

```
36
37  spread.share('직원0@gmail.com', perm_type='user', role='reader')
38  spread.share('직원1@gmail.com', perm_type='user', role='writer')
39  spread.share('직원2@gmail.com', perm_type='user', role='reader')
```

37~39번 줄에서 다른 사람들에게 문서를 공유합니다. 앞서 14번 줄에서 개인 계정으로 소유 권한을 부여할 때와 마찬가지로, share 함수를 사용하여 공유합니다. 다른 점은 마지막 인자값인 role에 'reader'와 'writer'가 사용된 점입니다. 'reader'는 말 그대로 보기 전용이고, 'writer'는 수정 가능한 권한을 의미합니다.

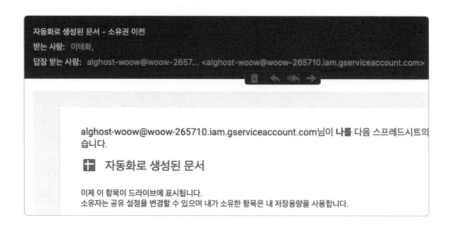

그림 8-22 이메일로 공유된 스프레드시트 문서

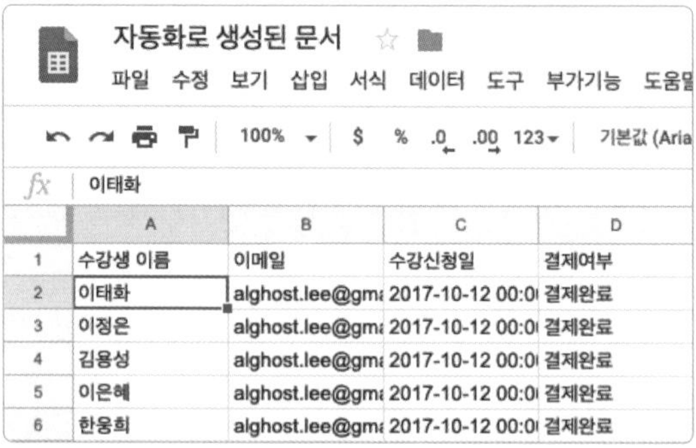

그림 8-23 이메일로 공유된 스프레드시트 문서의 내용

지금까지 스프레드시트 자동화를 다뤄 보았습니다. 자동화 코드를 작성하기 전 조금 복잡한 설정 과정을 거쳤지만, 설정한 후에는 엑셀 자동화와 유사하게 자동으로 문서를 생성하고 데이터를 입력할 수 있었습니다.

8.6 라이브러리 살펴보기

단일 셀 데이터 읽기

스프레드시트의 특정 셀 하나의 값을 읽어오는 방법입니다.

📁 **예제 파일**: C\python\examples\08\8.6-1.py

```
01 import gspread
02 from oauth2client.service_account import ServiceAccountCredentials
03
04 scope = [
05     'https://spreadsheets.google.com/feeds',
06     'https://www.googleapis.com/auth/drive'
07 ]
08 credentials = ServiceAccountCredentials.from_json_keyfile_name('al-
   ghost-auto-...json', scope)
09 gs = gspread.authorize(credentials)
10 doc = gs.open_by_url('https://....')
11 # 첫 번째 시트 가져오기
12 ws = doc.get_worksheet(0)
13 # B1 셀의 데이터를 출력
14 print(ws.acell('B1').value)
```

```
$ cd C:\python\examples\08
$ python 8.6-1.py
B1data
```

특정 행의 셀 데이터 읽기

스프레드시트의 특정 행을 가져온 후 셀의 값을 읽어오는 방법입니다.

📁 **예제 파일**: C\python\examples\08\8.6-2.py

```
01 import gspread
02 from oauth2client.service_account import ServiceAccountCredentials
```

```
03
04 scope = [
05     'https://spreadsheets.google.com/feeds',
06     'https://www.googleapis.com/auth/drive'
07 ]
08 credentials = ServiceAccountCredentials.from_json_keyfile_name('al-
   ghost-auto-...json', scope)
09 gs = gspread.authorize(credentials)
10 doc = gs.open_by_url('https://....')
11 # 첫 번째 시트 가져오기
12 ws = doc.get_worksheet(0)
13 # 1행의 데이터를 가져옴
14 row = ws.row_values('1')
15 for cell in row:
16     print(cell)
```

```
$ cd C:\python\examples\08
$ python 8.6-2.py
A1data
B1data
C1data
```

특정 열의 셀 데이터 읽기

스프레드시트의 특정 열을 가져온 후 셀의 값을 읽어오는 방법입니다.

📁 **예제 파일**: C\python\examples\08\8.6-3.py

```
01 import gspread
02 from oauth2client.service_account import ServiceAccountCredentials
03
04 scope = [
05     'https://spreadsheets.google.com/feeds',
06     'https://www.googleapis.com/auth/drive'
07 ]
08 credentials = ServiceAccountCredentials.from_json_keyfile_name('al-
   ghost-auto-...json', scope)
09 gs = gspread.authorize(credentials)
```

```
10 doc = gs.open_by_url('https://....')
11 # 첫 번째 시트 가져오기
12 ws = doc.get_worksheet(0)
13 # A열의 데이터를 가져옴
14 col = ws.col_values('A')
15 for cell in col:
16     print(cell)
```

```
$ cd C:\python\examples\08
$ python 8.6-3.py
A1data
A2data
A3data
```

여러 행과 열의 셀 데이터 읽기

스프레드시트의 여러 행과 열을 지정하여 가져온 후 셀의 값을 읽어오는 방법
입니다.

📁 **예제 파일**: C:\python\examples\08\8.6-4.py

```
01 import gspread
02 from oauth2client.service_account import ServiceAccountCredentials
03
04 scope = [
05     'https://spreadsheets.google.com/feeds',
06     'https://www.googleapis.com/auth/drive'
07 ]
08 credentials = ServiceAccountCredentials.from_json_keyfile_name('al-
   ghost-auto-...json', scope)
09 gs = gspread.authorize(credentials)
10 doc = gs.open_by_url('https://....')
11 # 첫 번째 시트 가져오기
12 ws = doc.get_worksheet(0)
13 # A열의 데이터를 가져옴
14 cells = ws.range('A1:B2')
15 for cell in cells:
16     print(cell.value)
```

```
$ cd C:\python\examples\08
$ python 8.6-4.py
A1data
B1data
A2data
B2data
```

단일 셀 데이터 쓰기

스프레드시트의 특정 셀에 데이터를 쓰는 방법입니다. 다음 예제는 새로운 시트를 생성하여 데이터를 쓰는 예제입니다. 기존 스프레드시트를 활용할 때는 open_by_url을 사용할 수 있습니다.

📁 **예제 파일**: C:\python\examples\08\8.6-5.py

```python
01 import gspread
02 from oauth2client.service_account import ServiceAccountCredentials
03
04 scope = [
05     'https://spreadsheets.google.com/feeds',
06     'https://www.googleapis.com/auth/drive'
07 ]
08 credentials = ServiceAccountCredentials.from_json_keyfile_name('al-
   ghost-auto-...json', scope)
09 gs = gspread.authorize(credentials)
10 doc = gs.create('새로운 문서')
11 # 첫 번째 시트 가져오기
12 ws = doc.get_worksheet(0)
13 # A1셀에 데이터를 씀
14 ws.update_acell('A1', '데이터입니다')
```

```
$ cd C:\python\examples\08
$ python 8.6-5.py
```

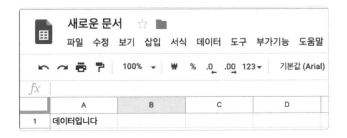

그림 8-24 단일 셀 데이터 쓰기 결과

행 단위 데이터 쓰기: 아래에 추가하기

스프레드시트에 행 단위로 데이터를 추가하는 방법입니다. 행 단위로 추가할 때는 openpyxl 예제와 마찬가지로 튜플이나 리스트와 같은 여러 데이터를 가진 자료형을 사용해야 합니다.

📂 **예제 파일**: C:\python\examples\08\8.6-6.py

```python
01 import gspread
02 from oauth2client.service_account import ServiceAccountCredentials
03
04 scope = [
05     'https://spreadsheets.google.com/feeds',
06     'https://www.googleapis.com/auth/drive'
07 ]
08 credentials = ServiceAccountCredentials.from_json_keyfile_name('al-
   ghost-auto-...json', scope)
09 gs = gspread.authorize(credentials)
10 doc = gs.create('새로운 문서')
11 # 첫 번째 시트 가져오기
12 ws = doc.get_worksheet(0)
13 # 한 행에 데이터를 씀
14 ws.append_row(('데이터1', '데이터2'))
```

```
$ cd C:\python\examples\08
$ python 8.6-6.py
```

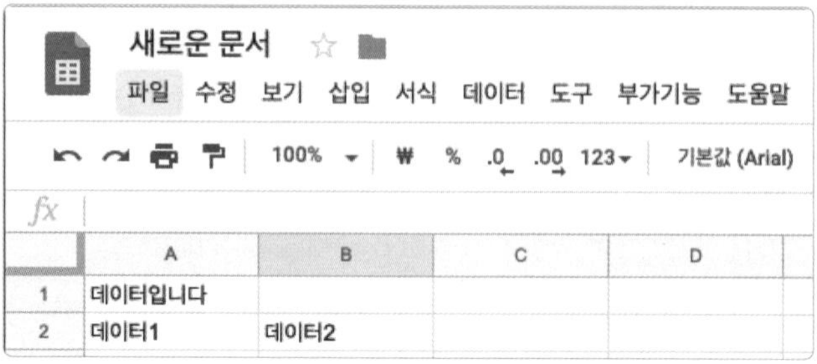

그림 8-25 행 단위로 마지막 행에 데이터 쓰기 결과

행 단위 데이터 쓰기: 원하는 위치에 추가하기

스프레드시트에 행 단위로 데이터를 추가하는 방법입니다. 앞선 내용과 마찬가지로 행 단위로 추가할 때는 openpyxl 예제처럼 튜플이나 리스트와 같은 여러 데이터를 가진 자료형을 사용해야 합니다.

예제 파일: C₩python₩examples₩08₩8.6-7.py

```python
01 import gspread
02 from oauth2client.service_account import ServiceAccountCredentials
03
04 scope = [
05     'https://spreadsheets.google.com/feeds',
06     'https://www.googleapis.com/auth/drive'
07 ]
08 credentials = ServiceAccountCredentials.from_json_keyfile_name('al-
   ghost-auto-...json', scope)
09 gs = gspread.authorize(credentials)
10 doc = gs.create('새로운 문서')
11 # 첫 번째 시트 가져오기
12 ws = doc.get_worksheet(0)
13 # 한 행에 데이터를 씀
14 ws.insert_row(('새로운 데이터1', '새로운 데이터2'), 2)
```

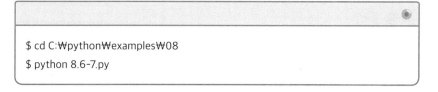

```
$ cd C:\python\examples\08
$ python 8.6-7.py
```

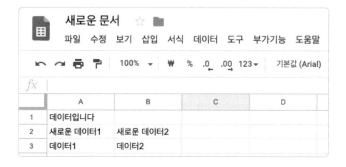

그림 **8-26** 행 단위로 원하는 위치에 행 데이터 쓰기 결과

CHAPTER

09 웹 사이트 다루기: 기초편

웹 사이트를 다루는 자동화는 앞서 배운 자동화보다 확실히 어렵습니다. 파이썬으로 프로그램을 만드는 과정보다는, 원하는 자동화를 하기 위해 웹사이트를 분석하는 것이 쉽지 않습니다. 이번 장에서는 웹 사이트를 분석하는 방법에 대해 배우고, 이를 활용하여 네이버 검색 결과를 가져오는 예제를 작성해 보겠습니다.

9.1 웹 사이트 분석하기

웹 사이트는 웹 문서라고도 합니다. 결국 웹 사이트도 하나의 문서입니다. 웹 사이트를 만드는 개발자가 이 문서를 잘 작성해 놓으면 사용자가 사용하는 웹 브라우저가 이를 해석해서 보기 좋은 형태로 보여줍니다. 웹 사이트를 분석하는 과정은 웹 브라우저가 해석해서 보여준 페이지에서 원하는 요소를, 개발자가 작성한 문서에서 찾는 과정입니다. 이러한 요소는 버튼으로 클릭하고 싶을 수도 있고, 텍스트를 담은 요소로 그 안의 내용을 가져오고 싶을 수도 있습니다.

다행히 모든 브라우저마다 이와 같은 분석을 쉽게 할 수 있는 도구가 있습니다. [개발자 도구]라는 메뉴인데, 여기에서는 크롬 브라우저를 사용하여 분석을 수행해 보겠습니다.

웹 사이트 분석 도구 : 개발자 도구

크롬의 개발자 도구는 [메뉴] → [도구 더보기] → [개발자 도구]를 선택하여 활성화할 수 있습니다.

그림 9-1 크롬 브라우저에서 개발자 도구 열기

앞선 그림대로 메뉴를 선택하여 개발자 도구를 활성화하면 다음 그림처럼 왼쪽에는 브라우저가 해석하여 보여주는 화면, 오른쪽에는 개발자가 작성한 문서가 나옵니다.

그림 9-2 크롬 브라우저에서 개발자 도구 활성화

앞으로 웹 사이트를 분석할 때에는 이와 같이 개발자 도구를 활성화하고 나서 분석하겠습니다. 이 개발자 도구에서 사용할 메뉴는 오른쪽 영역에서 왼쪽 최상단 버튼입니다. 이 버튼으로 웹 페이지 요소를 클릭하면 그 요소와 관련된 문서가 표시됩니다. 다음 그림은 빨간색 상자로 표시된 버튼을 누른 후, 검색어를 입력하는 입력창에 마우스를 올려놓았을 때 표시되는 화면입니다. 마우스를 올려놓은 부분이 푸른색으로 강조되고, 그 요소를 개발자가 어떻게 작성했는지 오른쪽 문서의 요소로 알려 줍니다. 다음 그림에서는 <input id="query ...>로 표현되어 있습니다.

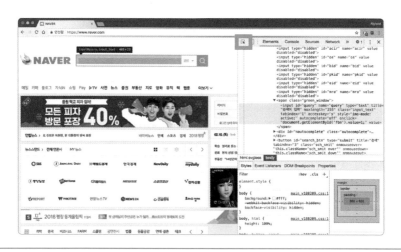

그림 9-3 크롬 브라우저에서 개발자 도구로 원하는 요소 찾기

이처럼 원하는 데이터를 가진 요소나 특정 동작을 전달해야 하는 요소를 찾아서 실제 문서에서 어떻게 표현되어 있는지 확인해야 합니다. 그 후 파이썬에서 원하는 요소가 가진 정보들을 활용하여 해당 요소를 찾고 원하는 동작을 수행합니다.

웹 사이트 분석을 위한 배경 지식 : 태그

웹 사이트는 태그라고 불리는 여러 요소로 이루어져 있고, 이 태그는 서로 포함 관계를 가집니다. 이렇게 태그로 구성되어 있는 웹 사이트, 즉 웹 문서는 HTML 코드라고도 합니다. 아주 간단한 웹 사이트의 HTML 코드를 통해 태그를 알아 보겠습니다.

```html
<html>
  <head>
    <title>제목입니다.<title>
  </head>
  <body>
    <div id="id_body" class="auto_body">
      <form method="post" action="." name="my_form" class="form_body my_form">
        <input type="text" name="query">
        <input type="submit" value="확인">
      </form>
      <a href="http://naver.com">네이버로 가기</a>
    </div>
  </body>
</html>
```

앞선 HTML 코드에서 <>로 표현된 것들이 태그라고 불리는 요소입니다. 이 태그는 <태그명></태그명>으로 이루어져 있으며 각 태그는 또 다른 태그를 포함할 수 있습니다. **태그명**은 괄호의 시작과 함께 나오는 문자를 말합니다. 예를 들어 앞선 HTML 코드에서는 html 태그 안에 head 태그와 body 태그가 있습니다. 또한 head 태그 안에는 title 태그가 있고, body 태그 안에는 div 태그와 a 태그가 있습니다. 이렇듯 태그는 서로 포함관계를 가질 수 있고, 따라서 가지고 있는 태그(하위 태그)와 속해 있는 태그(상위 태그)가 있습니다.

XML과 HTML은 어떠한 관련이 있나요?

XML과 HTML 둘다 **ML**(마크업 언어, Markup Language)입니다. 마크업 언어는 <>로 표현된 태그로 이루어진 언어를 의미합니다. 즉 태그를 사용하여 표현하고자 하는 데이터를 작성하는 언어입니다. 따라서 표현되는 방식은 유사하지만 목적이 다릅니다. XML은 eXtensible ML의 약자로 대개 데이터를 표현할 때 사용되고, HTML은 웹 페이지의 화면을 구성할 때 사용됩니다

앞선 HTML 코드에서 div 태그나 form, input, a 태그 안에 여러 값이 들어 있는데, 이를 속성이라고 합니다. 예를 들어 div 태그는 id 속성을 가지고 있고 id 속성의 값은 id_body입니다. 또한 class 속성은 auto_body입니다. 마찬가지로 form 태그는 method 속성이 post이고, class 속성은 form_body와 my_form입니다. 추후 이러한 속성과 태그 간의 관계, 태그명 등으로 요소를 찾아서 원하는 동작을 수행합니다.

웹 사이트 분석하기

웹 사이트 분석은 앞에서 살펴본 것처럼 태그로부터 알 수 있는 여러 힌트를 활용하여 해당 태그를 가리킬 수 있도록 분석하는 과정입니다. 예를 들어 네이버에서 어떤 키워드로 검색을 하고 싶다면 검색하는 입력창의 태그를 분석하여 해당 태그를 파이썬 코드로 가져온 후에, 해당 태그로 문자열과 [Enter] 키로 전송하여 원하는 동작을 수행합니다.

이제 앞서 살펴본 태그들의 힌트를 활용하여 분석하는 방법에 대해 알아보겠습니다. 분석하는 과정에서 필요한 값은 id, name, class 속성값과 태그명, 그리고 마지막으로 태그 간의 관계(상위, 하위 관계)입니다. 이러한 값을 확인할 때에는 다음과 같은 우선순위와 절차가 있습니다.

1. 대개 id 속성은 고유한 값이기 때문에 id 속성이 있는 경우 id 속성을 사용한다.

2. 대개 name 속성은 고유한 값이기 때문에 name 속성이 있는 경우 name 속성을 사용한다.

3. class 속성이 있을 때 class 속성의 값이 유일한지 확인하고 사용한다.

4. 앞선 세 가지 전부 사용할 값이 없다면 상위 태그로 이동하면서 1, 2, 3을 만족하는 경우가 있는지 확인한다.

5. 그 후, 해당 태그 안에서 태그명 혹은 하위 관계로 태그를 찾는다.

6. 1~5번 과정으로도 수행하기 어렵다면 class 혹은 태그명에 해당하는 모든 태그를 가져온 후 순번으로 확인한다.

이러한 우선순위를 봐도 이해하기 어려운 것이 당연합니다. 아직 분석을 수행해 보지 않았기 때문입니다. 1, 2, 3번까지는 어떤 속성값을 확인하여 있으면 활용하라는 얘기인 것 같고, 4, 5, 6번은 너무 어려운 얘기입니다. 간단히 설명하자면 HTML 코드 전체에서 조건을 만족하는 태그를 찾으려 하면 어렵지만, 범위를 좁히면 찾기 쉬운 점을 활용하는 것입니다. 예를 들어 원하는 태그를 확인해 보니 a 태그인데, id나 name, class가 없습니다. 그리고 HTML 코드에는 a 태그가 수없이 많을 수 있는데, 마침 이 a 태그가 다음과 같이 되어 있을 수 있다는 겁니다.

```
<div id="id_contents" >
  <a href="http://naver.com">네이버로 이동</a>
</div>
```

그렇다면 a 태그는 문서에 많을 수 있지만 id_contents라는 id를 가진 div 태그의 하위 태그 중에는 하나뿐입니다. 즉, 해당하는 div 태그를 가져온 후에 그 하위에 있는 a 태그를 가져올 수 있습니다.

앞선 내용은 실제로 분석하며 파이썬으로 작성하고 실행해 보면서 눈으로 확인해야 이해하기 쉽고, 친숙해질 수 있습니다. 라이브러리를 소개한 이후에 간단한 예제를 작성하면서 웹 사이트 분석에 조금 더 친숙해지고, 목표를 완성하도록 하겠습니다.

9.2 라이브러리 소개

여기서 사용할 라이브러리는 **selenium**이라는 라이브러리로, 다른 라이브러리와 달리 직접 웹 브라우저의 드라이버를 사용하고 직접 브라우저를 띄워 실행하기 때문에, 실제로 사용자가 웹 브라우저를 사용할 때 보이는 웹 사이트를 통해 분석할 수 있습니다.

라이브러리명	selenium
파이썬 지원 버전	2.7 or higher / 3.5 or higher
레퍼런스	http://selenium-python.readthedocs.io/
사용 버전	3.141.0

라이브러리 설치

라이브러리를 설치하려면 앞서 openpyxl 라이브러리를 설치할 때 사용했던 pip라는 프로그램을 사용합니다.

```
$ python -m pip install selenium
Collecting selenium
  Downloading selenium-3.141.0-py2.py3-none-any.whl (924kB)
    100% |████████████████████████████████| 931kB 1.1MB/s
Installing collected packages: selenium
Successfully installed selenium-3.141.0
```

라이브러리 설치 확인

라이브러리가 정상적으로 설치되었는지 확인해 보겠습니다. 명령 프롬프트(윈 도우)나 터미널(맥)을 실행하여, 파이썬을 실행하고 나서 다음과 같이 라이브 러리를 import하여 확인합니다. 명령을 실행할 수 있는 '>>>' 부분이 시작되기 전의 내용은 실행 환경에 따라 다를 수 있습니다.

```
$ python
Python 3.8.1 (default, Apr  4 2017, 09:40:21)
[GCC 4.2.1 Compatible Apple LLVM 8.1.0 (clang-802.0.38)] on darwin
Type "help", "copyright", "credits" or "license" for more information.
>>> import selenium
>>> print(selenium.__version__)
3.141.0
```

다음은 라이브러리가 정상적으로 설치되지 않았을 때 나오는 오류입니다. 다음과 같은 메시지가 출력된다면 pip를 사용하여 라이브러리를 다시 설치하기 바랍니다.

```
$ python
Python 3.8.1 (default, Apr  4 2017, 09:40:21)
[GCC 4.2.1 Compatible Apple LLVM 8.1.0 (clang-802.0.38)] on darwin
Type "help", "copyright", "credits" or "license" for more information.
>>> import selenium
Tracback (most recent call last):
  File "<stdin>", line 1, in <module>
ModuleNotFoundError: No module named selenium
```

크롬 드라이버 설치

selenium 라이브러리는 웹 브라우저를 직접 띄워 자동화를 수행하기 때문에 이를 지원하기 위한 브라우저 드라이버가 있어야 합니다. 여기에서는 **크롬 드라이버**를 사용하여 자동화를 진행합니다. 크롬 드라이버는 구글에서 제공하며 https://chromedriver.chromium.org/downloads에서 내려받을 수 있습니다. 크롬 드라이버는 사용 중인 PC에 크롬이 설치되어 있어야 사용할 수 있으며, 설치된 크롬 버전에 따라 알맞게 사용해야 합니다. 크롬 메뉴에서 [도움말]을 클릭한 후 [Chrome 정보]를 클릭하면 다음 그림과 같은 페이지가 열리고 크롬 버전을 확인할 수 있습니다.

그림 9-4 크롬 버전 확인

그림 9-5 크롬 드라이버 다운로드 페이지 (1)

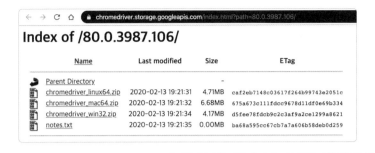

그림 9-6 크롬 드라이버 다운로드 페이지 (2)

앞 그림을 참고하여 사용 중인 크롬 버전과 운영체제에 맞는 드라이버를 내려받아 압축을 해제하면 됩니다. 압축을 해제하면 버전에 따라 바로 실행 파일이 있는 경우가 있고, bin 폴더에 실행 파일이 있는 경우가 있습니다. 실행 파일은 chromedriver.exe 혹은 chromedriver이며, 자동화 작업을 위해 파이썬 코드와 동일한 폴더에 넣어야 합니다.

9.3 웹 사이트 분석과 친해지기 : 네이버 뉴스 일부 제목 가져오기

본격적인 웹 사이트 자동화를 시작하기 전에, 먼저 간단한 예제로 웹 사이트 분석을 연습해 보겠습니다. 여기서는 네이버 뉴스(http://news.naver.com)에서 가장 많이 본 뉴스 영역의 뉴스 제목들을 가져와 출력하는 예제를 작성하겠습니다.

필요한 라이브러리 가져오기

먼저 웹 사이트 다루기에 필요한 라이브러리를 가져옵니다.

📁 **예제 파일** : C:\python\examples\09\auto_web_news.py

```
01 from selenium import webdriver
```

selenium 라이브러리로부터 webdriver 클래스를 가져옵니다. 이 클래스는 브라우저별로 클래스 변수를 생성하여 드라이버와 연결해 주는 역할을 합니다.

크롬 드라이버 연동하기

내려받은 크롬 드라이버와 파이썬 코드에서 사용할 클래스 변수를 연동하도록 하겠습니다.

📁 **예제 파일** : C:\python\examples\09\auto_web_news.py

```
02
03 driver = webdriver.Chrome('./chromedriver')
```

webdriver에서는 여러 브라우저를 지원하기 위한 클래스가 있지만 여기에서는 크롬 드라이버를 사용하기 때문에 내려받은 경로를 지정하여 드라이버를 연동해야 합니다. 크롬 드라이버이기 때문에 당연히 클래스명은 Chrome을 사용해야 하고, 인자값으로 크롬 드라이버의 경로를 입력합니다. 여기서 './'의 의미는 현재 폴더라는 의미입니다. 앞서 드라이버를 내려받은 후에 파이썬 파일과 같은 경로로 옮겨 놓았기 때문에, 이처럼 현재 폴더에 있는 chromedriver를 가리킬 수 있습니다.

3번 줄까지 파이썬 코드의 실행이 진행되면 브라우저가 켜집니다.

네이버 뉴스 페이지로 이동하기

원하는 데이터를 가져오기 위해 웹 페이지로 이동하겠습니다. 네이버 뉴스의 가장 많이 본 뉴스 영역을 가져오기 위해 먼저 http://news.naver.com으로 이동합니다.

그림 9-5 웹사이트 분석과 친해지기 : 가져올 영역

📁 **예제 파일** : C:₩python₩examples₩09₩auto_web_news.py

```
04
05 driver.get('http://news.naver.com')
```

앞서 생성한 driver 클래스 변수가 가진 함수 중에 **get 함수**는 인자값으로 전달한 웹 주소로 이동하는 함수입니다. 따라서 인자값으로 네이버 뉴스 페이지의 주소를 전달하였습니다.

원하는 영역 분석하기

분석을 위해 개발자 도구를 활성화하고, 가져올 영역을 선택해 보겠습니다. 원하는 영역을 마우스로 바로 선택하기가 어려울 수 있기 때문에, 먼저 원하는 글에 커서를 두고 키보드를 사용하여 영역을 선택하겠습니다.

그림 9-6 웹 사이트 분석과 친해지기 : 가져올 영역 선택하기 (1)

요소를 찾을 수 있는 버튼을 클릭한 후, 첫 번째 뉴스 제목을 클릭하여 해당 태그를 HTML 코드에서 확인했습니다. 그 후 HTML 코드의 a 태그를 클릭한 후에 원하는 영역이 선택될 때까지 방향키를 움직여 보겠습니다.

그림 9-7 웹 사이트 분석과 친해지기 : 가져올 영역 선택하기 (2)

방향키로 움직여, 원하는 영역을 선택하면 앞선 그림과 같이 ul 태그가 선택되는데, 이 태그의 class 속성값이 'type14'입니다. ul 태그가 가진 속성값이 class이기 때문에 class 속성값인 'type14'가 유일한 값인지 확인하고 사용해야 합니다. class 속성값이 유일한 값인지 검색하는 방법은 오른쪽 영역인 HTML 코드 영역을 선택하고 검색 단축키를 눌러 검색할 수 있습니다. 검색단축키는 맥을 사용하는 경우에는 'Command + F'이고, 윈도우를 사용하는 경우에는 'Ctrl + F'입니다. 클래스를 검색할 때에는 '.클래스명'으로 검색하면됩니다.

그림 9-8 클래스명 type14 검색 결과

검색해 보니 클래스명이 2개 존재합니다. 이럴 경우에는 id, name, class로 해당 태그를 찾을 수 없기 때문에 앞서 설명했던 분석 방법의 1, 2, 3단계로는 찾을 수가 없습니다. 따라서 상위 태그를 확인하면서 범위를 좁힐 수 있는지 확인해야 합니다. 바로 한 단계 상위 태그인 div 태그에 id 속성이 있고 해당 속성값이 'right.ranking_contents'입니다. 이 태그는 id를 가지고 있기 때문에 바로 찾을 수 있습니다. 따라서 이를 활용하여 div 태그를 찾은 후에, 해당 태그의 하위 태그 중에 class 속성값이 type14인 것을 찾거나 ul 태그인 것을 찾는 등 둘 중 편한 방법을 사용하여 가져올 수 있습니다. 이는 전체 HTML 코드가 아닌 특정 div 태그의 하위 태그에서 찾기 때문에, 유일한 값이 많아서 찾기 쉽다는 점을 이용하는 것입니다.

그림 9-9 웹 사이트 분석과 친해지기 : 가져올 영역 선택하기 (3)

추가로 좀 더 살펴보면 ul 태그는 모든 기사 전체를 가지고 있고, ul 태그의 하위 태그로 여러 개의 li 태그가 있는데 li 태그가 각 기사의 제목을 가지고 있는 것을 확인할 수 있습니다. 이번 예제에서는 li 태그들을 가져와서 각 기사 제목을 한 행씩 출력해 보겠습니다.

원하는 영역을 파이썬 코드로 가져오기

앞에서 분석한 영역을 파이썬 코드로 가져오겠습니다. 앞서 분석한 결과대로 ul 태그의 class 속성값이 유일한 값이 아니기 때문에 id를 가진 div 태그를 활용하여 가져오겠습니다.

📂 **예제 파일** : C:₩python₩examples₩09₩auto_web_news.py

```
06 elem = driver.find_element_by_id('right.ranking_contents')
07 childs = elem.find_elements_by_tag_name('li')
```

6번 줄에서는 id 속성값으로 태그를 찾을 수 있는 find_element_by_id 함수를 사용하여 div 태그를 가져왔습니다. find_element_by_id 함수는 함수의 인자값으로 넣은 id 속성값을 가진 태그를 다룰 수 있는 클래스 변수를 반환합니다. 다룬다는 의미는, 해당 태그가 가진 문자열을 가져오거나 클릭하거나, 또는 해당 태그 하위에서 또다시 태그를 찾는 등의 작업을 수행할 수 있음을 말합니다. selenium 라이브러리는 여기서 사용한 find_element_by_id와 같이 find_element_by_로 시작하는 함수를 다양하게 제공하는데, 이 함수들의 목록은 '10.4 라이브러리 살펴보기'에 정리되어 있습니다.

7번 줄은 6번 줄에서 가져온 **elem 클래스** 변수의 하위 태그 중에서 맞는 조건을 찾는데, find_elements_by_tag_name 함수를 사용하였습니다. 6번 줄과 조금 다른데, 주의해야 할 점은 이름의 find_elements 부분으로 여기서는 element가 복수형입니다. 즉, 해당 조건에 맞는 태그를 하나 가져오는 함수가 아니라 조건에 맞는 모든 태그를 리스트로 반환하는 함수입니다. 다시 한번 이 함수 이름을 보면 뒤쪽이 by_tag_name으로서 태그명으로 검색하는 함수이고, find_elements이기 때문에 이 함수 호출의 의미는 div 태그의 하위 태그 중에 모든 li 태그를 가져온다는 의미입니다.

그림 9-10 div 태그 하위의 모든 li 태그를 가져온다는 의미

앞선 그림과 같이 div 태그 하위의 모든 li 태그를 가져온다는 의미는 이전에 분석했던 것과 같이 '가장 많이 본 뉴스' 영역의 제목들을 의미합니다.

원하는 영역의 내용 출력하기

앞에서 원하는 영역을 모두 가져왔기 때문에 가져온 클래스 변수를 활용하여 내용을 출력할 수 있습니다. 여기서 말하는 내용은 각 태그가 가진 텍스트를 의미합니다.

```
<div>
 <ul>
  <li>1: 텍스트 내용입니다</li>
  <li>2: 텍스트 내용입니다</li>
 </ul>
</div>
```

이러한 HTML 코드를 예로 들면, 각 li 태그들은 '1: 텍스트 내용입니다', '2: 텍스트 내용입니다'라는 내용을 가지고 있고 ul 태그는 이 두 문자열을 합친 내용을 가지고 있습니다.

📁 **예제 파일** : C:\python\examples\09\auto_web_news.py

```
08
09 for child in childs:
10     print(child.text)
```

find_element_by_로 시작하는 함수를 사용하여 가져온 모든 클래스 변수에는 내용을 가진 text 변수가 있습니다. 따라서 7번 줄에서 find_elements_by_tag_name 함수에 의해 리스트로 모든 태그를 받았기 때문에, 이를 8~9번 줄에서 반복문을 수행하며 안의 내용을 출력할 수 있습니다. text 이외에도 사용 가능한 변수나 함수에 대해서는 '10.4 라이브러리 살펴보기'에 정리되어 있습니다.

크롬 드라이버 종료하기

파이썬에서 크롬 드라이버를 사용했기 때문에 파이썬을 종료하기 전에 먼저 크롬 드라이버를 종료해야 합니다. 만약 크롬 드라이버를 종료하지 않고 파이썬을 종료한다면, 크롬 드라이버는 정상적으로 종료할 수 없게 되고 강제로 종료해야만 합니다.

📁 **예제 파일** : C:\python\examples\09\auto_web_news.py

```
11
12 driver.quit()
```

quit 함수는 드라이버를 종료하는 함수로, 실행 중인 브라우저가 종료됩니다.

여기까지 작성하여 실행하면 'Chrome이 자동화된 테스트 소프트웨어에 의해 제어되고 있습니다.'라는 메시지와 함께 웹 브라우저가 실행되고 실행한 터미널 혹은 명령 프롬프트에는 뉴스 제목이 출력됩니다.

```
$ cd C:\python\examples\09
$ python auto_web_news.py
[정치] 北 김정은 위원장, 문 대통령에 방북 초청
[경제] GM 5100억원 지원 요청 … 정부, 30만명 일자리 걸려 고민
[사회] "정현백 장관, 성추행당한 여교수에 '덮자' 했다"…정 장관 반박
[생활/문화] [올림픽] 송승환 총감독 "남북 성화주자 전날 밤 결정…리허설 없이 진행"
[세계] [올림픽]"역사적 악수"…文대통령-김여정 만남에 시선집중(종합2보)
[IT/과학] 올림픽 드론 오륜기, 어떻게 탄생했나
[연예] [리풋@리턴] 네티즌 뒤에 숨은 고현정, 언론 뒤에 숨은 주동민
[스포츠] [올림픽] 송승환의 고민은 김연아가 아니라 '김연아가 어떻게'였다
$
```

실행 결과로 출력되는 기사는 프로그램을 실행한 시간의 뉴스를 가져오기 때문에 본 책의 결과와 다를 수 있습니다.

그림 9-11 웹 사이트 분석과 친해지기 : 자동화로 실행된 브라우저

예외 처리 추가하기

앞선 '크롬 드라이버 종료하기'까지 작성하여 실행한다면 정상적으로 자동화 작업을 수행할 수 있고, 이외에 별도의 파이썬 코드를 작성할 필요는 없습니다. 하지만 이 코드에는 예외 처리가 필요합니다. **예외 처리**란 오류가 날 경우를 대비하여 오류가 나더라도 파이썬이 종료되지 않고 원하는 동작을 하는 코드입니다.

예외 처리 코드가 필요한 이유는, 오류가 발생하면 앞선 '크롬 드라이버 종료하기'에서 설명한 것처럼 크롬 드라이버를 종료하지 못하기 때문입니다. find_element_by_xxxx 함수는 원하는 태그를 찾는 함수인데, 해당 조건에 맞는 태그를 찾지 못하는 경우에 오류가 발생합니다. 즉, 웹 사이트 분석을 잘못하여 원하는 태그를 찾지 못하면 파이썬 코드에서 오류가 발생하고, 오류가 발생한 시점 이후로는 작성한 코드가 실행되지 않기 때문에 크롬 드라이버를 종료하지 못하고 프로그램이 종료됩니다. 따라서 오류가 발생하더라도 크롬 드라이버를 정상적으로 종료할 수 있도록 예외 처리를 해야 합니다.

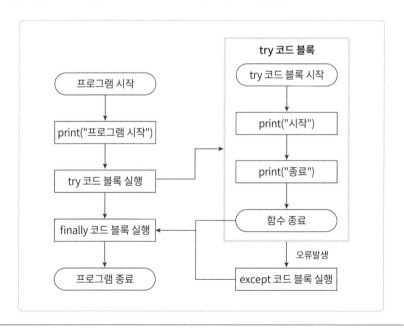

그림 **9-12** 예외 처리 동작 과정

그림 9-12는 예외 처리가 동작하는 과정을 나타낸 그림입니다. try, except, finally의 코드 블록이 있을 때 먼저 try 코드 블록을 실행하고 이 블록 안에서 오류가 발생하면 except 블록의 코드를 실행합니다. 그리고 오류 발생 여부와 관계없이 finally 블록을 실행합니다. 다음 예제를 통해 코드로 확인해 보겠습니다.

📁 **예제 파일** : C:₩python₩examples₩09₩auto_web_news_2.py

```
01 from selenium import webdriver
02
03 driver = webdriver.Chrome('./chromedriver')
04 try:
05     driver.get('http://news.naver.com')
06     elem = driver.find_element_by_id('right.ranking_contents')
07     childs = elem.find_elements_by_tag_name('li')
08
09     for child in childs:
10         print(child.text)
11 except Exception as e:
12     print(e)
13 finally:
14     driver.quit()
```

4번 줄과 11번 줄, 13번 줄에 있는 try, except, finally 구문이 예외 처리에 필요한 코드입니다. 4번 줄에서 try 구문 이후에 들여쓰기한 코드는 그대로 실행됩니다. 그러다가 오류가 발생하면 11번 줄로 이동하여 12번 줄을 실행하게 됩니다. 11번 줄로 이동할 때, 발생한 오류 정보를 전달하는데 이 값을 Exception이 받게 됩니다. 이렇게 전달받은 오류 정보는 변수가 아니기 때문에 사용할 수가 없습니다. 이 오류 정보를 변수로 사용하기 위해 'as e'라는 코드를 추가합니다. 정리하면 Exception으로 오류 정보가 전달되고 전달받은 오류 내용을 e라는 변수로 사용하기 위해 'as e'를 추가하였습니다. 따라서 오류가 발생하면 12번 줄에 있는 print 함수에 의해서 화면에 오류 메시지를 출력합니다. 그리고 나서 13번 줄로 이동하여 14번 줄 코드가 실행됩니다.

즉, try 구문의 코드가 실행되다가 오류가 발생하면 except 구문의 코드가 실행되고, finally 구문의 코드는 오류 발생 여부와 관계없이 항상 실행됩니다.

오류 정보를 표기할 필요가 없을 때는?

try, except, finally 구문은 파이썬에서 오류가 발생했을 때 예외 처리를 하는 구문이지만 오류 정보를 출력할 필요가 없는 경우가 생깁니다. 예를 들어 웹 페이지에 A 데이터가 있을 때도 있고, 없을 때도 있어 A 데이터가 있는 경우에는 A 데이터를 출력하고 A 데이터가 없을 때는 출력하지 않을 수 있습니다. 이러한 경우에 A 데이터를 가져오는 코드를 try 구문에 작성을 하고 A 데이터가 없을 때는 except 구문으로 이동하여 출력을 하지 않게 됩니다. 이러한 경우에는 except 구문에서 오류를 출력할 필요가 없습니다.

이처럼 오류를 출력할 필요가 없을 때는 'Exception as e'를 생략하고 except만 작성할 수 있습니다. 이렇게 사용하는 방법에 대해서는 10.1절의 '좋아요 클릭에 예외 처리 추가하기'에서 다뤄 보도록 하겠습니다.

예외 처리를 좀 더 쉽게 알 수 없을까요?

예외 처리 동작을 간단한 예로 확인해 봅시다. 무조건 오류가 발생하는 코드와 그렇지 않은 코드를 실행해 보며 예외 처리가 어떻게 동작하는지 알아보겠습니다.

📁 **예제 파일** : C₩python₩examples₩09₩exception_1.py

```
01 try:
02     # 숫자로 이루어지지 않은 문자열은 무조건 오류 발생
03     int("abcd")
04     print("Try가 모두 실행되었습니다.")
05 except Exception as e:
06     print("오류가 발생하였습니다.")
07     print(e)
08 finally:
09     print("Finally가 실행되었습니다.")
```

```
$ cd C:\python\examples\09
$ python exception_1.py
오류가 발생하였습니다.
invalid literal for int( ) with base 10: 'abcd'
Finally가 실행되었습니다.
```

앞선 예제는 3번 줄에서 오류가 발생하는 코드이기 때문에 4번 줄에 있는 내용은 출력되지 않고 except 구문의 6, 7번 줄의 내용이 출력된 후에 finally 구문의 9번 줄의 내용이 출력되었습니다.

📁 **예제 파일** : C:\python\examples\09\exception_2.py

```
01 try:
02     # 숫자로 이루어진 문자열은 오류가 발생하지 않음
03     int("100")
04     print("Try가 모두 실행되었습니다.")
05 except Exception as e:
06     print("오류가 발생하였습니다.")
07     print(e)
08 finally:
09     print("Finally가 실행되었습니다.")
```

```
$ cd C:\python\examples\09
$ python exception_2.py
Try가 모두 실행되었습니다.
Finally가 실행되었습니다.
```

앞선 예제는 오류가 발생하지 않기 때문에 4번 줄의 내용이 출력되고 finally 구문의 9번 줄의 내용이 출력되었습니다.

9.4 도전 업무: 네이버 검색 결과 수집하기

평사원

이번 시즌, 회사에서 야심 차게 신제품을 내놓았다. 처음 출시하는 제품이다 보니 소비자의 반응이 가장 궁금한데, 아무래도 소비자의 반응을 가장 잘 엿볼 수 있는 곳은 블로그! 검색창에 우리 제품의 이름을 검색했을 때 노출되는 블로그의 게시물들을 한 파일로 수집해서 보기 편하게 정리하고 싶다. 일일이 블로그에 들어가서 링크를 복사하고 입력하는 등의 번거로운 작업을 줄일 수 있는 방법은 없을까?

키워드가 포함된 블로그 게시물을 검색하고

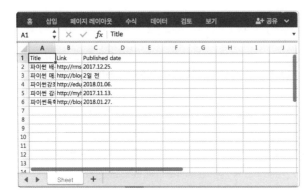

게시물 제목과 링크 주소, 게시물의 게시일자를 엑셀 파일로 수집하여 저장

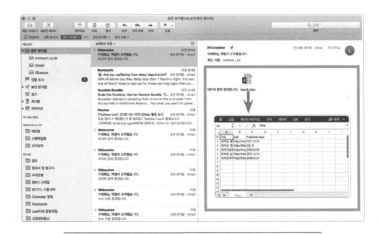

블로그 수집 결과 엑셀 파일을 메일로 자동 전송

포털 사이트에서 원하는 키워드를 검색한 후,
블로그 게시물들을 엑셀 파일로 수집하여 메일로
자동 전송해 보자!

⑨⑤ 자동화로 해결하기

이번 장에서는 앞서 목표를 설명한 것과 같이 네이버에 키워드를 검색하여 해당하는 검색 결과 중, 블로그 검색 결과를 엑셀로 저장하여 이메일로 발송하는 예제를 완성합니다. 블로그 검색 결과는 엑셀에 글 제목, 글 링크, 게시 날짜 순으로 정리합니다. 이 예제 역시 이메일 전송을 위해 앞서 작성한 my_email.py 파일이 같은 폴더에 있어야 합니다.

네이버로 이동하기

먼저 필요한 라이브러리를 가져오고 브라우저를 띄워 네이버로 이동하는 코드를 작성하겠습니다. 9.3 '예외 처리 추가하기'절에서 설명한 대로 예외 처리까지 포함하여 작성하도록 하겠습니다.

📁 **예제 파일** : C:₩python₩examples₩09₩auto_web_naver.py

```
01 from selenium import webdriver
02 from selenium.webdriver.common.keys import Keys
03
04 driver = webdriver.Chrome('./chromedriver')
05
06 try:
07     driver.get('https://naver.com')
```

'9.3 웹 사이트 분석과 친해지기'에서 다룬 코드와 매우 유사한데, 2번 줄에 처음 보는 클래스가 추가되었습니다. Keys 클래스는 코드에서 표현할 수 없는 키를 입력하고자 할 때 사용하는 클래스입니다. 만약 어떤 입력란에 'abcd'라는 문자열을 입력하고 싶다면 파이썬 코드에서 'abcd'를 그대로 표현하면 되지만, 같은 방법으로는 [Enter] 키나 [Esc] 키, [F1] 키 등과 같이 표현할 수 없는 키는 입력할 수 가 없습니다. 이러한 문제를 해결하기 위해 Keys 클래스에는 여러 변수가 미리 만들어져 있어, 이 변수를 사용하여 원하는 키를 입력할 수 있습니다. 자세한 내용은 추후 키를 입력할 때 다시 살펴보겠습니다.

4번 줄에서 크롬 드라이버를 연동하여 브라우저를 띄웠고, 7번 줄에서 네이버 사이트로 이동하였습니다.

검색어 입력받기

네이버에 검색할 검색어를 프로그램을 실행할 때마다 새로 입력하기 위해 사용자로부터 입력을 받겠습니다.

> 📁 **예제 파일** : C:\python\examples\09\auto_web_naver.py

```
08    keyword = input('검색어를 입력하세요: ')
```

input 함수는 while 문을 배울 때 처음 사용했던 함수입니다. 인자값으로 입력한 문자열을 화면에 출력하고 나서 사용자로부터 입력을 기다리고, 사용자가 문자열을 입력한 후 [Enter] 키를 치면 입력한 문자열이 변수로 반환되는 함수입니다.

네이버 검색창에 검색어 입력하기

네이버 검색창에 검색어를 입력하기 위해 검색창 태그를 분석하고, 검색어를 입력해 보겠습니다. 앞서 분석했던 것과 마찬가지로 🔝 버튼을 누른 후, 네이버 검색어 입력창에 마우스를 올려놓은 후에 클릭하면 오른쪽에 해당 태그가 표시됩니다.

그림 9-13 검색창 태그 분석

표시된 태그는 input 태그이고 'id', 'name', 'class' 등 여러 속성을 가지고 있
습니다. id가 있기 때문에 이 id 속성값인 'query'를 활용하여 해당 태그를 가
져온 후, 키워드를 입력하여 검색하는 동작을 자동화해 보겠습니다.

📁 **예제 파일** : C:\python\examples\09\auto_web_naver.py

```
09
10    elem = driver.find_element_by_id('query')
11    elem.send_keys(keyword)
12    elem.send_keys(Keys.RETURN)
```

10번 줄에서는, find_element_by_id 함수를 사용하여 id 속성값이 query인
태그를 가져왔습니다. 이제 이 태그에 문자열을 입력해야 합니다. 이는 11번 줄
과 같이 send_keys 함수를 사용합니다. 이 함수는 인자값으로 넣은 문자를 입
력해 주는 함수입니다. 11번 줄 코드에서는 앞서 입력받은 문자열을 가지고 있
는 keyword 변수를 사용하여 검색어를 전달하였습니다. 그 후, 검색을 위해
[Enter] 키를 전송하기 위해 12번 줄 코드를 작성하였습니다. Keys에 정의된
여러 키 중 RETURN은 [Enter] 키를 의미하는 값입니다.

[Enter] 키 외에는 뭐가 있을까요?

Keys 클래스에는 [F1]~[F12], [Page_down], [Page_up], 숫자 패드, [Shift] 키, [Ctrl] 키 등 여러 키가 정의되어 있습니다. 이는 라이브러리 레퍼런스에 정의되어 있습니다.

표 9-1 Keys 클래스에 정의된 주요 키

정의된 값	연결된 키
ALT	[Alt] 키
CONTROL	[Ctrl] 키
SHIFT	[Shift] 키
ARROW_DOWN	아랫쪽 방향키
ARROW_UP	윗쪽 방향키
ARROW_LEFT	왼쪽 방향키
ARROW_RIGHT	오른쪽 방향키
SPACE	[Space] 바
TAB	[Tab] 키
RETURN	[Enter] 키

상세 주소는 http://selenium-python.readthedocs.io/api.html#module-selenium.webdriver.common.keys입니다.

검색 결과 중 블로그 분석하기

검색 결과 페이지에서 블로그 영역을 분석해 보도록 하겠습니다. 이번 예제에서는 검색어로 '파이썬'을 사용하였습니다. 9.3 '웹 사이트 분석과 친해지기: 네이버 뉴스 일부 제목 가져오기'에서 뉴스 영역을 선택했을 때와 마찬가지로 일부분을 선택한 후에 방향키로 가져올 영역을 선택하겠습니다.

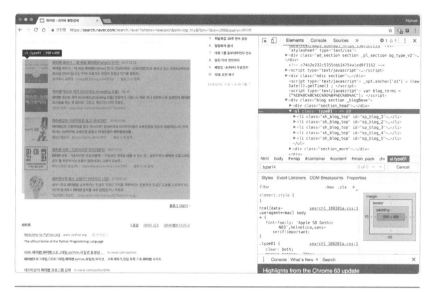

그림 9-14 네이버 검색 결과 중 블로그 영역 분석

검색 결과 중 가지고 올 블로그 영역을 지정하니 ul 태그이고, class 속성값으로 'type01'을 가지고 있습니다. class 속성값은 파이썬 코드에서 활용하기 전에 유일한 값인지 확인해야 합니다. 앞서 설명했던 대로, class 속성값을 검색할 때에는 '.클래스명'으로 검색해야 합니다. class 속성값인 'type01'로 검색하면 여러 요소가 이와 같은 class 속성값을 가지고 있는 것을 확인할 수 있습니다.

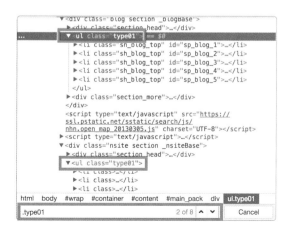

그림 9-15
블로그 영역 분석 : class 속성값
이 'type01'인 태그 검색 결과

따라서 'type01'을 사용하지 않고 상위 태그를 확인하여 범위를 좁혀 보겠습니다. ul 태그의 상위 태그는 div 태그로 다른 속성은 없고, class 속성만 세 가지 값이 있습니다. 'blog', 'section', '_blogBase' 세 가지가 있고, 이 중에 제일 일반적이지 않은 문자열인 '_blogBase'를 검색하여 유일한 값인지 확인해 보겠습니다.

그림 9-16 블로그 영역 분석 : class 속성값이 '_blogBase'인 태그 검색 결과

앞선 그림을 보면, 검색 결과가 2개이지만 원하는 검색 결과는 1개인 것을 확인할 수 있습니다. 왼쪽은 직접 확인했던 '_blogBase'를 class 속성값으로 사용 중인 태그이고, 오른쪽은 태그가 아닌 데다가 class 속성으로 가진 결과가 아니라 "._blogBase" 그대로 검색된 결과입니다. 따라서 '_blogBase'를 class 속성값으로 가진 태그는 유일하다고 볼 수 있습니다.

따라서 class 속성값으로 '_blogBase'를 가진 div 태그를 가져온 후, 하위 태그에서 앞서 가져오려고 했던 ul 태그를 가져오겠습니다.

📁 **예제 파일** : C:\python\examples\09\auto_web_naver.py

```
13
14    div = drvier.find_element_by_class_name('_blogBase')
15    elem = div.find_element_by_tag_name('ul')
```

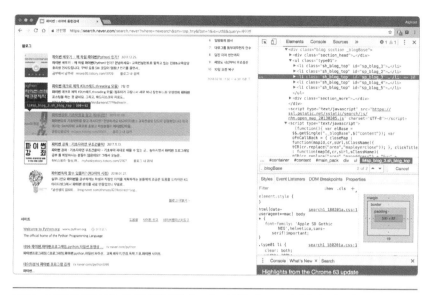

그림 9-17 블로그 영역 분석 : 각 게시글이 어떻게 ul 태그의 하위 태그로 구성되어 있는지 분석

14번 줄에서 class 속성값 '_blogBase'를 가진 태그를 가져오고, 15번 줄에서 해당 태그 하위에서 ul 태그를 가져왔습니다. 현재 가져오려는 영역은 ul 태그로 감싸져 있지만, ul 태그 전체 내용을 한 번에 가져오는 것이 아니라, 각 게시글의 정보를 따로따로 가져와야 합니다. 따라서 ul 태그에서 각 게시글이 어떻게 분류되어 있는지 분석해야 합니다.

ul 태그 하위를 확인해 보면 li 태그가 5개 있고, 각각이 게시글 하나를 의미합니다. 즉, 9.3 '웹 사이트 분석과 친해지기: 네이버 뉴스 일부 제목 가져오기'에서와 마찬가지로 모든 li 태그를 가져와 분석하여 원하는 결과를 가져올 수 있습니다. 이와 같이 검색 결과나 글 목록과 같이 나열된 콘텐츠의 경우, 같은 태그로 이루어져 있고 해당 태그 안의 하위 태그가 동일한 모습인 경우가 많습니다. 이럴 때는 앞서 연습한 예제와 지금 해 볼 예제와 같이 하나의 태그만 분석하고 반복문을 수행하면 됩니다. 이번 예제를 예로 들면 li 태그를 모두 가져왔지만 하나의 li 태그만 분석하고, 반복문을 수행하면서 하나의 li 태그를 분석한 결과로 원하는 동작을 수행하면 됩니다.

기존에 ul 태그로 가져오는 부분은 필요 없으니 주석으로 변경하겠습니다. 여기서는 li 태그를 전부 가져오는 데 앞서 사용했던 find_element_by_tag_name 함수를 사용하지 않고 다른 함수를 사용해 보겠습니다.

📁 **예제 파일** : C:\python\examples\09\auto_web_naver.py

```
13
14    div = drvier.find_element_by_class_name('_blogBase')
15    #elem = div.find_element_by_tag_name('ul')
16    blogs = div.find_elements_by_xpath('./ul/li')
```

먼저 find_elements와 같이 조건에 만족하는 모든 태그를 가져오기 위해 복수형으로 사용했습니다. 그리고 처음 접해 보는 xpath를 사용했습니다. xpath는 태그를 가리키기 위한 방법 중의 하나로, 여러 표현 방법을 가지고 있지만 가장 간단한 상/하위 관계 표현만 사용하도록 하겠습니다. 16번 줄의 인자값인 './ul/li'의 의미는 하위 관계를 나타냅니다. '.'은 현재 태그의 위치로, 여기서는 div 태그에서 함수를 사용했으니 div 태그를 의미합니다. 그 다음 /ul/li는 하위 관계를 표현합니다. 즉, 현재 태그인 div 태그의 하위 태그 중에 ul 태그, 그리고 그 ul 태그의 하위 태그 중에 li 태그를 의미합니다.

이와 같이 태그를 표현해야 하는 이유는 간단합니다. find_elements_by_tag_name('li')로 사용하게 되면 의도한 li 외에 분석 과정에서 발견하지 못한 하위 태그 중에 있는 li 태그까지 모두 가져오게 됩니다. 그렇게 되면 의도치 않은 오류가 발생할 수 있고, 오류를 찾기도 쉽지 않습니다. 따라서 가져오고 싶은 태그가 li 태그지만, div 태그 하위 중의 ul 태그 하위에 있는 li 태그를 명시하여 가져와야 합니다.

제대로 태그를 가져오고 있는지 확인하고 싶다면?

가져온 태그의 내용을 출력해 보면서 제대로 가져오고 있는지 확인해 볼 수 있습니다. 예를 들어 앞선 find_elements_by_xpath 함수로 가져온 태그가 의도했던 태그인지 확인해 보려면, 코드에 다음 내용을 추가하여 확인할 수 있습니다.

```
14      div = drvier.find_element_by_class_name('_blogBase')
15      #elem = div.find_element_by_tag_name('ul')
16      blogs = div.find_elements_by_xpath('./ul/li')
17      print(blogs[0].text)
```

blogs.text가 아니라 blogs[0].text인 blogs가 조건을 만족하는 모든 태그를 가져오는 find_elements_by_xpath 함수를 사용하여 가져와, 리스트 자료형이기 때문입니다. 만약 14번 줄에 있는 div 태그를 확인하고 싶다면 div.text로 출력해 볼 수 있습니다.

```
$ cd C:₩python₩examples₩09
$ python auto_web_naver.py
검색어를 입력하세요:파이썬
파이썬기초, 한달안에 끝내세요!! 2017.09.21. 보내기
파이썬기초 , 한달안에 끝내세요!! - 시간낭비없는 효율적인 공부. 안녕하세요, 교육대통령 서균쌤입니다. 오늘은 파이썬기초를 주제로 이야기를 해 보렵니다. 요즘...
공부해서 남주랴 rmsep39.tistory.com/3194 블로그 내 검색
```

이와 같은 결과를 보면 정상적으로 태그를 분석했다는 것을 확인할 수 있습니다.

검색 결과 중 블로그 결과 세부 분석하기 : 글 제목 및 글 링크

각 게시글 태그인 li 태그까지 분석을 완료하여 가져왔습니다. 이제 각 게시글의 정보를 가져오기 위해 li 태그의 하위 태그를 분석하겠습니다. 이러한 분석을 통해 글 제목과 글 링크, 게시 날짜 중 글 제목과 글 링크부터 가져오도록 하겠습니다. 먼저 글 제목을 가져오겠습니다.

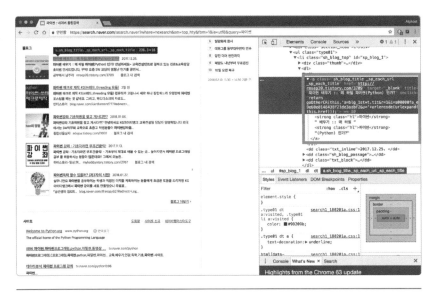

그림 9-18 블로그 영역 세부 분석 : 글 제목 분석

글 제목을 분석하니, id와 name이 없는 a 태그이고 class 속성값에 'sh_blog_title'과 '_sp_each_url'이 있습니다. 이 class 속성값 중에서 li 태그의 하위 태그 중에 유일한 값이 있는지 확인해 보도록 하겠습니다. 검색할 때 앞에서 범위를 줄였던 class 속성값과 태그명을 함께 검색하면 앞에서 범위를 줄였던 class 속성값이 _blogBase div 태그의 하위의 하위 태그인 li 태그 안에서 검색해볼 수 있습니다. 말이 조금 어렵지만 다음 그림을 참고하면 이해하기 쉽습니다.

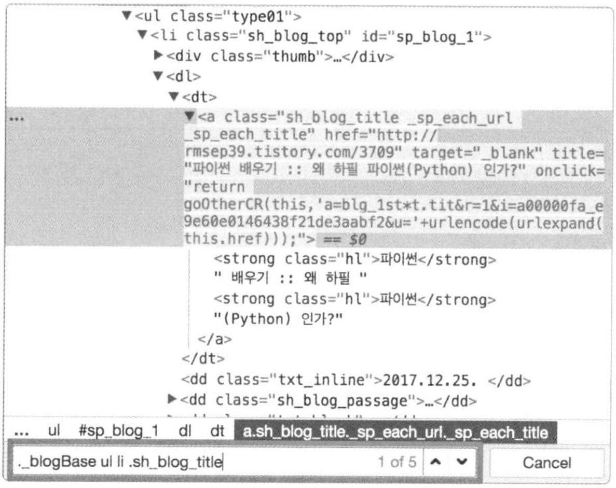

```
▼<ul class="type01">
    ▼<li class="sh_blog_top" id="sp_blog_1">
        ▶<div class="thumb">…</div>
        ▼<dl>
            ▼<dt>
...         ▼<a class="sh_blog_title _sp_each_url
                _sp_each_title" href="http://
                rmsep39.tistory.com/3709" target="_blank" title=
                "파이썬 배우기 :: 왜 하필 파이썬(Python) 인가?" onclick=
                "return
                goOtherCR(this,'a=blg_1st*t.tit&r=1&i=a00000fa_e
                9e60e0146438f21de3aabf2&u='+urlencode(urlexpand(
                this.href)));"> == $0
                    <strong class="hl">파이썬</strong>
                    " 배우기 :: 왜 하필 "
                    <strong class="hl">파이썬</strong>
                    "(Python) 인가?"
                </a>
            </dt>
            <dd class="txt_inline">2017.12.25. </dd>
            ▶<dd class="sh_blog_passage">…</dd>
```
```
...   ul   #sp_blog_1   dl   dt   a.sh_blog_title._sp_each_url._sp_each_title
```
```
._blogBase ul li .sh_blog_title          1 of 5   ∧  ∨      Cancel
```

그림 9-19 블로그 영역 세부 분석 : 글 제목의 class 속성값이 유일한 값인지 확인

검색할 때 앞선 그림처럼 '._blogBase', 'ul', 'li', '.sh_blog_title' 네 가지를 모두 입력하면 해당 조건을 만족하는 태그를 찾기 때문에 원하는 검색을 수행할 수 있습니다.

검색 결과를 확인해 보면 5개가 있는 것을 알 수 있는데, 이로 인해 유일한 값이 아니라고 오해하면 안 됩니다. 검색 결과를 하나하나 확인해 보면 알 수 있듯이, 각 게시글마다 제목을 가지고 있어서 5개의 결과가 나온 것입니다. 즉, 각 li 태그들이 하나씩 가지고 있기 때문에 li 태그 안에서는 유일한 것을 알 수 있습니다. 따라서 class 속성값이 'sh_blog_title'인 태그를 가져와 글 제목을 가져올 수 있습니다. 정상적으로 가져오는 것을 확인하기 위해 가져온 후에 내용을 출력해 보겠습니다.

```
17
18    for blog in blogs:
19        title_tag = blog.find_element_by_class_name('sh_blog_title')
20        print(title_tag.text)
```

16번 줄에서 가져온 li 태그들에 대해 반복문을 수행하면서 제목을 class 속성

값으로 가져와 출력합니다.

```
$ cd C:\python\examples\09
$ python auto_web_naver.py
검색어를 입력하세요:파이썬
파이썬기초, 한달안에 끝내세요!!
파이썬강좌 기초부터 스펙쌓기
파이썬강좌 기초부터 응용까지 배우자
구글 어시스턴트에 파이썬 코드로 사용자 명령어 쉽게...
[파이썬 강좌] 아나콘다 설치하기
```

실행하면 브라우저가 실행되고 검색어를 입력하면 이처럼 제목이 출력되는 것을 확인할 수 있습니다.

다음으로는 글 링크인데, 글 링크라는 것은 이 글 제목을 클릭했을 때 이동할 주소를 의미합니다. 이러한 링크 주소는 대개 a 태그가 가지고 있습니다.

```
▼<a class="sh_blog_title _sp_each_url _sp_each_title"
href="http://rmsep39.tistory.com/3709" target=
"_blank" title="파이썬 배우기 :: 왜 하필 파이썬(Python) 인
가?" onclick="return
goOtherCR(this,'a=blg_1st*t.tit&r=1&i=a00000fa_e9e60e
0146438f21de3aabf2&u='+urlencode(urlexpand(this.href)
));">
```

그림 9-20 a 태그가 가진 링크 주소 : href

앞선 그림처럼 a 태그는 다른 태그가 가지고 있지 않은 일부 속성값이 있습니다. 그 중에 href 속성은 이 a 태그를 클릭했을 때 이동할 주소를 의미합니다. 즉, 글의 주소입니다. selenium 라이브러리에서는 이러한 속성값을 가져올 수 있는 함수를 제공하고 있어, 이를 활용하여 글 링크를 가져올 수 있습니다.

```
21        link = title_tag.get_attribute('href')
22        print(link)
```

21번 줄은 get_attribute 함수를 사용하여 속성값을 가져오는 코드입니다. 앞서 살펴본 대로 href 속성이 링크 주소를 가지고 있었으므로, 이 속성값을 가져오기 위해 'href'를 인자값으로 사용하였습니다.

```
$ cd C:₩python₩examples₩09
$ python auto_web_naver.py
검색어를 입력하세요:파이썬
파이썬기초, 한달안에 끝내세요!!
http://rmsep39.tistory.com/3194
파이썬강좌 기초부터 스펙쌓기
http://erke2000.blog.me/221107106624
파이썬강좌 기초부터 응용까지 배우자
http://edujoa.tistory.com/2515
구글 어시스턴트에 파이썬 코드로 사용자 명령어 쉽게...
http://cosmosjs.blog.me/221110969331
[파이썬 강좌] 아나콘다 설치하기
http://blog.naver.com/roboholic84?Redirect=Log&logNo=221094107323
```

실행한 결과를 보면 글 제목과 글 링크가 정상적으로 출력되는 것을 확인할 수 있습니다.

글 제목에 있는 말 줄임표(...)를 없애고 전부 가져오고 싶다면?

모든 글의 제목에 있는 말 줄임표(...)를 없앨 수 있는 것은 아닙니다. 웹 사이트를 만든 개발자가 원본 제목을 사용자에게 다른 방법(마우스 오버 등)을 통해 알려주고 싶을 때 사용하는 속성값이 있습니다. 바로 'title'이라는 속성값인데, 이는 말 그대로 제목을 가지고 있어서 해당 속성값이 있다면 제목의 모든 문자를 출력할 수 있습니다. 하지만 이는 무조건 가진 속성값이 아니기 때문에 속성값이 있으면 사용하고, 값이 없을 땐 기존과 동일하게 웹 사이트에 표현되는 문자 그대로를 가지고 있는 내용(text 변수)을 사용해야 합니다.

```
18    for blog in blogs:
19        title_tag = blog.find_element_by_class_name('sh_
          blog_title')
20        # 태그가 가진 title 속성값을 가져옴
21        title = title_tag.get_attribute('title')
22        # 만약 title 속성값이 없어서, 내용이 비어 있을 경우에는
23        if not title:
24            # 해당 태그가 가진 문자열을 title 변수에 넣음
25            title = title_tag.text
26        print(title)
```

이는 주석으로 설명한 것과 같이 21번 줄에서 먼저 title 속성의 값을 가져온 후, 해당 값이 비어 있을 경우에는 해당 태그가 가진 내용을 가져오는 코드입니다.

```
$ cd C:\python\examples\09
$ python auto_web_naver.py
검색어를 입력하세요:파이썬
파이썬기초, 한달안에 끝내세요!!
파이썬강좌 기초부터 스펙쌓기
파이썬강좌 기초부터 응용까지 배우자
구글 어시스턴트에 파이썬 코드로 사용자 명령어 쉽게 추가하는 방법
[파이썬 강좌] 아나콘다 설치하기
```

앞선 코드를 실행하면 모든 제목이 출력되는 것을 확인할 수 있습니다.

검색 결과 중 블로그 결과 세부 분석하기 : 게시 날짜

글 제목과 글 링크를 가져왔으니, 이번에는 게시 날짜를 분석해 보겠습니다. 게시 날짜는 제목 옆에 있는 날짜를 의미합니다.

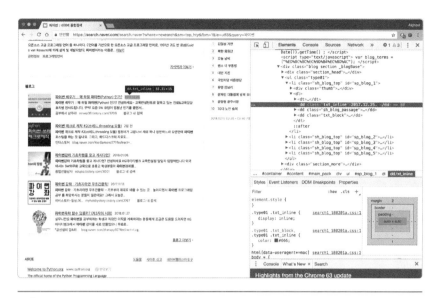

그림 9-21 블로그 영역 세부 분석 : 게시 날짜 분석

게시 날짜는 class 속성값이 'txt_inline'인 dd 태그입니다. 이 class 속성값이
유일한지 확인해 보겠습니다.

그림 9-22 블로그 영역 세부 분석 : 게시 날짜의 class 속성값이 유일한 값인지 확인

앞서 글 제목을 확인했을 때와 동일하게 5개의 값이 나왔고 이 역시 마찬가지로 게시글마다 날짜를 가지고 있어 5개의 결과가 확인되었습니다. 따라서 각 li 태그의 하위 태그 중 해당 class 속성값은 유일한 값이므로, 이를 활용하여 태그를 가져오겠습니다.

```
23        pub_date_tag = blog.find_element_by_class_name('txt_inline')
24        print(pub_date_tag.text)
```

이와 같이 class 속성값을 가진 태그를 가져와 내용을 출력합니다.

```
$ cd C:₩python₩examples₩09
$ python auto_web_naver.py
검색어를 입력하세요:파이썬
파이썬 배우기 :: 왜 하필 파이썬(Python) 인가?
http://rmsep39.tistory.com/3709
2017.12.25.
파이썬 매크로 제작 #2(쓰레드,threading 모듈)
http://blog.naver.com/kkrdiamond77?Redirect=Log&logNo=221204080534
2일 전
파이썬강좌 기초학원을 찾고 계시다면?
http://edujoa.tistory.com/3001
2018.01.06.
파이썬 강좌 : 기초자라면 무조건클릭!
http://myhobbystory.tistory.com/2767
2017.11.13.
파이썬독학 할수 있을까? (제3자의 시점)
http://blog.naver.com/therapy92?Redirect=Log&logNo=221194689891
2018.01.27.
```

실행한 결과를 보면 날짜를 정상적으로 가져온 것을 확인할 수 있습니다.

```
23          pub_date_tag = blog.find_element_by_class_name('txt_inline')
24          print(pub_date_tag.text)
25
26 except Exception as e:
27     print(e)
28 finally:
29     driver.quit()
```

마지막으로 26~29번 줄에서 예외 처리 코드인 except 구문과 finally 구문을 작성하여 크롬 드라이버를 종료합니다.

```
$ cd C:₩python₩examples₩09
$ python auto_web_naver.py
검색어를 입력하세요:파이썬
파이썬 배우기 :: 왜 하필 파이썬(Python) 인가?
http://rmsep39.tistory.com/3709
2017.12.25.
…
```

검색 결과를 엑셀 파일로 저장하기

수집한 결과를 엑셀 파일로 저장하기 위해서는 작성한 코드 중간에 새로운 코드를 추가해야 합니다. 이는 반복문으로 블로그 게시글을 수집하기 때문에 해당 반복문에서 엑셀 파일에 한 행씩 정보를 추가할 수 있기 때문입니다. 따라서 웹 자동화를 시작하기 전에 먼저 Workbook 클래스 변수를 생성하고, 결과를 수집하면서 시트에 내용을 채우겠습니다. 그리고 자동화가 끝난 후에 엑셀로 저장하고 이메일로 발송하도록 코드를 변경하겠습니다.

```
01 from selenium import webdriver
02 from selenium.webdriver.common.keys import Keys
03
04 driver = webdriver.Chrome('./chromedriver')
05
 + from openpyxl import Workbook
 + xlsx = Workbook()
 + sheet = xlsx.active
 + sheet.append(['Title', 'Link', 'Published date'])
 +
06 try:
07     driver.get('https://naver.com')
08     keyword = input('검색어를 입력하세요: ')
09
10     elem = driver.find_element_by_id('query')
11     elem.send_keys(keyword)
12     elem.send_keys(Keys.RETURN)
13
14     div = driver.find_element_by_class_name('_blogBase')
15     #elem = div.find_element_by_tag_name('ul')
16     blogs = div.find_elements_by_xpath('./ul/li')
17
18     for blog in blogs:
19         title_tag = blog.find_element_by_class_name('sh_blog_title')
20
21         link = title_tag.get_attribute('href')
22
23         pub_date_tag = blog.find_element_by_class_name('txt_inline')
24         sheet.append([title_tag.text, link, pub_date_tag.text])
25
26 except Exception as e:
27     print(e)
28 finally:
29     driver.quit()
 +
 + file_name = 'result.xlsx'
 + xlsx.save(file_name)
 + from my_email import send_mail
 + send_mail('이태화', 'alghost.lee@gmail.com', '네이버 검색 결과입니다.',
   file_name)
```

코드가 새롭게 추가된 부분은 '+'로 표기를 하였고, print 함수를 사용하여 출력하던 부분은 삭제했습니다. 삭제한 부분은 붉은 색으로 순번을 표기했습니다. 24번 줄은 기존에 print 함수로 날짜를 출력하던 줄이었으나, 글 제목, 글링크, 게시 날짜를 엑셀에 추가하는 append 함수를 호출하도록 변경했습니다.

먼저 try 구문으로 들어가 웹 사이트를 다루기 전에 엑셀 파일을 생성하고 시트를 선택한 후, 해당 시트에 헤더로 사용할 문자열을 추가하였습니다.

그림 9-23 네이버 검색 결과 수집하기 실행 결과

이번 장에서는 네이버 뉴스 제목을 가져오는 간단한 예제를 작성하여 웹 사이트의 분석과 코드 작성이 어떻게 이루어지는지 확인하였고, 네이버 검색 결과를 수집하는 예제를 통해 간단한 웹 사이트 자동화를 완성했습니다. 이 자동화를 완성하면서, 파이썬의 예외 처리를 살펴보았고 앞서 다뤘던 엑셀, 이메일 자동화도 활용하였습니다.

10 웹 사이트 다루기: 심화편

이번 장에서는 9장 '웹 사이트 다루기: 기초편'에서 사용한 방법으로는 자동화할 수 없는 웹 사이트를 다루는 방법을 알아보겠습니다. 지금까지 웹 사이트를 다룰 때에는 분석 과정을 통해 태그를 찾고, 해당 태그에 키를 전달하거나 클릭하거나 값을 가져왔습니다. 하지만 태그는 보이는 것과 달리 여러 태그가 한 위치에 겹쳐 있을 수 있기 때문에 종종 잘못된 태그를 분석하게 됩니다. 말로는 이해하기 어려울 수 있으므로 인스타그램 예제를 통해 문제가 발생하는 부분과 이를 해결하기 위해 어떤 방법을 사용할 수 있는지 알아보도록 하겠습니다.

그리고 이어서 iframe 태그가 있을 때 분석하는 방법을 소개해 드리겠습니다. iframe 태그는 웹 문서 안에 또 다른 웹 문서를 포함시키는 태그로, 기존에 배운 방법과 아예 다른 방법으로 접근해야 합니다. 이를 실습하기 위해 네이버 카페 중 중고나라 카페의 게시글을 검색하여 결과를 가져오는 예제를 작성해 보도록 하겠습니다.

웹 문서 안의 또 다른 웹 문서, iframe이란?

웹 문서 안의 또 다른 웹 문서라고 설명을 했지만, 사용자가 웹 사이트에 접속하여 볼 때 차이를 알 수 없습니다. 먼저, 웹 문서 안의 또 다른 웹 문서라는 것은 예를 들면, 'http://abcdqwerqwer.com'라는 웹 문서(사이트)에 'http://abcdqwerqwer.com/otherpage' 라는 다른 웹 문서가 포함되어 있는 것입니다. 이렇게 다른 웹 문서를 포함하는 경우 기존 웹 문서와 이질감이 생길 것 같지만, 실제로는 다른 웹 문서에 포함시키기 위한 웹 문서를 따로 작성하여 포함시키므로 자연스러운 편입니다.

iframe을 이해하기 가장 쉬운 예시는 유튜브의 동영상이 유튜브가 아닌 다른 사이트에 포함된 경우를 들 수 있습니다. 유튜브는 다른 웹 사이트에서 유튜브의 동영상을 제공할 수 있도록 iframe 형태로 사용할 수 있는 웹 페이지를 제공합니다. 다음은 유튜브에서 제공하는 iframe 태그의 예시입니다. 다음 예시에 포함된 동영상은 프리렉 출판사에서 제공하는 강의 중 하나입니다.

```
<iframe type="text/html" width="640" height="360"
  src="https://www.youtube.com/embed/
dXpBD27cI5Y?autoplay=1" frameborder="0"/>
```

iframe 태그는 앞 예시와 같이 화면에 보일 페이지와 해당 페이지의 크기를 지정할 수 있습니다. 앞의 예시에서는 유튜브의 iframe용 주소를 입력하였습니다. 실제로 https://www.youtube.com/embed/dXpBD27cI5Y?autoplay=1주소로 접속하면 유튜브 동영상 플레이어가 재생되는 것을 확인할 수 있습니다.

그림 10-1 iframe이 사용되는 유튜브 웹 페이지 확인

🔟.1 도전 업무 (1):
인스타그램 태그 검색 후 인기 게시글에 '좋아요' 누르기

마케팅 담당

최근 우리 회사가 인스타그램을 통한 마케팅을 시작했다. 런칭 기념으로 해시태그 이벤트를 열었는데, 우리 회사명을 해시태그로 걸고 게시물을 올린 몇 명의 인원을 선정하여 소정의 상품을 주는 이벤트이다. 업무 중간에 틈틈이 태그를 검색하며 확인하고 있지만, 모든 게시물에 '좋아요'를 누르는 건 무리다. 인기 게시물 9개만이라도 놓치지 않고 '좋아요'를 누르고 싶은데, 어떻게 하면 될까?

인스타그램에 원하는 키워드 태그 검색

'좋아요' 수가 많은
인기 게시물 9개가
상단에 노출

인스타그램으로 이동하기

이번 절에서는 인스타그램에서 원하는 해시태그 키워드를 검색하여 나온 결과 중, 인기 게시글 9개를 클릭하여 '좋아요' 버튼을 누르는 예제를 만들어 보겠습니다. 이는 기존에 다뤘던 방법으로는 자동화하기 어려운 예제로, 문제 확인과 해결을 같이 진행하기 때문에 중간에 코드 수정이 여러 번 있으니 유의하면서 진행하길 바랍니다.

9.5 '네이버로 이동하기'절에서 네이버 사이트로 이동한 내용과 마찬가지로, 먼 저 인스타그램 사이트로 이동하는 코드를 작성하겠습니다.

> 📁 **예제 파일**: C:₩python₩examples₩10₩auto_web_instagram.py

```
01 from selenium import webdriver
02 from selenium.webdriver.common.keys import Keys
03 from selenium.webdriver.common.action_chains import ActionChains
04 import time
05
06 opts = webdriver.ChromeOptions()
07 opts.add_argument('user-data-dir=' + './Chrome')
08 driver = webdriver.Chrome('./chromedriver', options=opts)
09
```

1, 2번 줄은 앞선 예제에서 사용했던 클래스입니다. 드라이버와 연결하기 위해 webdriver 클래스를 가져왔으며, 이번 예제에서는 사용 중인 크롬 드라이버를 연동하여 사용하고 있습니다. 또한, Keys 클래스는 [Page_down] 키, [Esc] 키, [Enter] 키와 같은 특수키를 입력하기 위해 사용합니다.

3번 줄에 ActionChains라는 클래스가 새롭게 추가되었습니다. 이는 말 그대로 어떠한 동작을 Chain처럼 연결하여 정의해놓고 한 번에 실행할 수 있는 클래스입니다. 로그인할 때를 예로 들자면, 아이디 입력란에 아이디 입력, 비밀번호 입력란에 비밀번호 입력, 그리고 확인 버튼 클릭이라는 동작을 저장하고 나서 실행 함수를 호출하면 순차적으로 한 번에 실행됩니다. 이러한 설명을 들어도,

사실 기존에 개발했던 방식도 순차적으로 실행되기 때문에 큰 차이가 없습니다. 이 클래스 변수를 사용하는 이유는 사실 다른 데 있습니다.

기존 방법에선 특정 태그를 찾고 해당 태그에 직접 원하는 동작을 전달하였습니다. 예를 들어 9.5 '네이버 검색창에 검색어 입력하기'절에서 검색어를 입력하기 위해 태그를 가져온 후 태그의 send_keys 함수를 호출하였습니다. 또한 아직 클릭하는 동작을 다뤄 보진 않았지만 미리 살펴본다면, send_keys 함수와 마찬가지로 태그의 click 함수를 호출하여 해당 태그를 클릭할 수 있습니다. 하지만 ActionChains 클래스를 사용하면 해당 태그를 클릭하거나 키를 전달하는 것이 아니라, 브라우저를 켜 놓은 상태에서 단순히 키를 입력하거나 해당 태그가 있는 '위치'를 클릭합니다.

이 과정의 차이를 이해하기 위해 웹 사이트의 태그의 특징을 조금 더 살펴보겠습니다. 웹 사이트에는 단순히 태그들이 잘 배치된 경우도 있지만, 일부 웹 사이트는 태그들이 겹쳐 있습니다. 즉, 분석해서 가져온 태그와 실제 사용자가 클릭하거나 문자열을 보내는 태그가 다를 수 있다는 것입니다. 예를 들어 분석해서 어떤 a 태그를 가져와 클릭을 수행했는데, 실제로 a 태그 위에 또 다른 태그인 div 태그가 겹쳐 있어서 클릭할 수 없다는 오류가 발생할 수 있습니다. 하지만 웹 사이트에 접속하여 사용자가 직접 이 a 태그를 클릭하면 오류가 발생하지 않습니다. 왜냐하면 사용자가 a 태그를 클릭하는 동작은 실제로 a 태그를 클릭한 것이 아니라 a 태그가 있는 위치를 클릭했기 때문입니다. 설명이 조금 어렵지만 이번 절의 '해시태그 검색하기'절에서 자세히 알아보겠습니다.

4번 줄의 time 라이브러리는 웹 페이지가 모두 표현될 때까지 기다리기 위한 함수입니다. 자세한 내용은 실제 코드를 작성하면서 다시 살펴보겠습니다.

6~8번 줄은 크롬을 실행할 때 원하는 크롬 옵션을 전달할 시 사용하는 코드입니다. 6번 줄에서는 크롬 옵션을 담을 수 있는 클래스 변수를 생성하였고 7번 줄에서는 사용자 데이터의 경로를 지정합니다. 사용자 데이터란 크롬을 사용

하면서 방문한 사이트나 로그인 정보 등을 말합니다. 8번 줄에서는 6~7번 줄에서 생성한 크롬 옵션을 전달하여 크롬을 실행합니다.

사용자 데이터의 경로를 지정하는 이유는, 최근에 인스타그램과 같은 웹 서비스들이 반복된 로그인이나, 실제 서비스를 이용할 때와 다른 행동 패턴을 보이면 접근을 제한하는 경우가 있기 때문에 사전에 로그인 정보를 기억해놓기 위해서입니다.

로그인하기

로그인하기 위해 기존 방법과 같이 속성, 태그명 등으로 분석하고 코드를 작성할 수 있지만, '인스타그램으로 이동하기'절에서 언급한 것처럼 웹 서비스에서 로그인을 제한시키는 경우가 많기 때문에 로그인 과정은 수동으로 진행합니다. 이때 수동으로 진행한 로그인 정보를 브라우저에 저장함으로써 차후 실행 시에는 로그인되어 있도록 설정합니다.

따라서 자동화 과정은 다음과 같습니다.

1. 파이썬 코드로 크롬 실행
2. 인스타그램 사이트로 이동
3. (첫 실행 시에만 활성화) input() 함수를 사용하여 코드 진행을 막음
4. (첫 실행 시에만 활성화) 인스타그램 로그인
5. 원하는 동작(자동화) 실행

첫 실행 이후에는 로그인되어있기 때문에 3, 4단계는 첫 실행 시에만 코드를 작성하고 향후에는 삭제합니다.

📁 **예제 파일**: C:\python\examples\10\auto_web_instagram.py

```
10 try:
11     driver.get('https://www.instagram.com/')
12     input()
13 except Exception as e:
14     print(e)
15 finally:
16     driver.quit()
```

11번 줄에서 인스타그램에 접속하고, 12번 줄에서 input 함수를 사용하여 코드가 진행되지 못 하도록 막았습니다. 로그인 정보가 의도한 대로 저장되는지 확인해보기 위해 16번 줄까지 코드를 작성하고 실행해보겠습니다. 실행 후 나오는 인스타그램에 로그인한 후, 명령 프롬프트(맥은 터미널)로 돌아와 [Enter]를 눌러 파이썬을 종료합니다. 이후에 다시 실행해보면 로그인된 것을 확인할 수 있습니다. 확인했다면 12번 줄에 있는 input 함수를 주석 처리하여 로그인을 마무리합니다.

로그인할 때 '알림 설정' 팝업이 뜬다면?

로그인을 마치면 간혹 '알림 설정' 팝업이 뜨는 경우가 있습니다. 이 팝업이 띄워져있는 동안에는 인스타그램을 이용할 수 없기 때문에 닫아야만 합니다. 하지만 뜨지 않는 경우도 있죠. 이처럼 뜰 수도, 안 뜰 수도 있는 경우에는 예외처리 코드를 활용하여 자동화 코드를 작성합니다.

그림 10-2 로그인 후 간헐적으로 발생하는 '알림 설정' 팝업

팝업에 있는 [나중에 하기] 버튼을 분석하여 클릭해 보겠습니다.

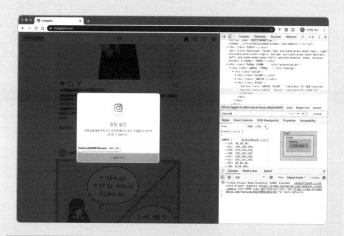

그림 10-3 [나중에 하기] 버튼 분석

[나중에 하기] 버튼의 class 속성값을 확인하면 2개의 값을 가진 것을 알 수 있습니다. 그 중 'HoLwm' 값이 위 [설정] 버튼과 겹치지 않습니다. 또한 페이지에서 검색해 보아도 단일 태그만 나오기 때문에 이 속성값을 사용할 수 있습니다.

```
time.sleep(1)
try:
    elem = driver.find_element_by_class_name('HoLwm')
    elem.click()
except:
    pass
```

이 팝업은 발생할 수도, 발생하지 않을 수도 있기 때문에 try ~ except 구문을 활용하였습니다. 팝업이 뜰 때까지 기다려야 하기 때문에 time.sleep(1)으로 기다리는 코드도 추가하였습니다. 이 코드를 로그인 이후에 추가하여 팝업이 뜨는 경우에도 대처할 수 있습니다.

해시태그 검색하기

해시태그를 검색하기 위해 검색어 입력란을 분석하여 값을 전달해 보겠습니다. 이 과정에서 time 라이브러리와 ActionChains 클래스가 필요하게 되지만, 먼저 이를 사용하지 않을 때 어떤 문제가 발생하는지 확인해 보겠습니다.

그림 10-4 해시태그 검색어 입력란 분석

검색어를 입력하기 위해 검색어 입력란을 분석해 보니 div 태그이고 class 속성값으로 'eyXLr'와 'wUAXj'이 있습니다. 이 속성값이 유일한지 확인해 보겠습니다.

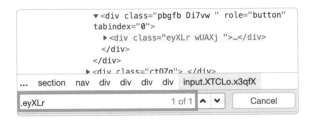

그림 10-5 검색어 입력란의 class 속성값이 유일한지 확인

검색 결과에 1개가 나오니 태그의 class 속성값으로 사용된 곳은 한 곳뿐입니다. 따라서 유일한 속성값이므로, 이를 이용하여 태그를 가져와 검색어를 입력해 보겠습니다.

📁 **예제 파일**: C:\python\examples\10\auto_web_instagram.py

```
12      # input()
13
14      elem = driver.find_element_by_class_name('eyXLr')
15      elem.send_keys('#파이썬')
```

class 속성값으로 태그를 가져와서 원하는 검색어를 전달하고 실행해 보면 다음과 같은 오류가 발생합니다. 이 오류는 대개 모든 사용자에게 발생하지만 일부 사용자는 인터넷 속도와 컴퓨터 성능에 의해 발생하지 않을 수 있습니다. 오류가 발생하지 않더라도 언제 다시 발생할지 알 수 없는 오류이니 꼭 확인해야 합니다.

```
$ cd C:\python\examples\10
$ python auto_web_instagram.py
Message: no such element: Unable to locate element: {"method":"class
name","selector":"eyXLr"}
  (Session info: chrome=80.0.3987.116)
  (Driver info: chromedriver=2.44.609545 (c2f88692e98ce7233d2df7c724465e
cacfe74df5),platform=Mac OS X 10.15.2 x86_64)
```

이는 'eyXLr'라는 class 속성값을 가진 태그를 찾을 수 없다는 오류입니다. 분석할 때는 분명히 해당 태그가 있었는데, 찾을 수 없다니 문제가 있는 것 같습니다. 이는 웹 사이트가 아직 다 로딩되지 않은 상태에서 분석을 시도하여 나타나는 오류입니다. 따라서 페이지가 로딩될 때까지 일정 시간 기다려야 합니다. 이번 예제에서는 time 라이브러리를 사용하여 2초를 기다리도록 하겠습니다. 기다리는 시간이 2초인 이유는 태그가 준비되는 데까지 여유롭게 지정한 값으로 경험에 의해 결정된 시간입니다. 따라서 환경에 따라 충분한 시간이 아닐 수도 있습니다. 만약, 최대 대기 시간을 지정하고 최대 대기 시간 내에 원하는 태그가 준비되면 프로그램을 지정하도록 개발하고 싶은 경우에는 이번 장, 10.4의 '태그 준비까지 대기하기'절을 참고하길 바랍니다.

웹 페이지가 로딩될 때까지 왜 기다려야 하나요?

이전에 살펴본 예제에서는 로딩될 때까지 기다리는 동작이 필요 없었는데, 갑자기 필요하다고 하니 의문이 생길 수 있습니다. 기존에는 웹 사이트의 모든 태그가 준비되면 웹 사이트가 로딩이 끝났다고 알려주던 방식이었지만, 최근 웹 사이트는 웹 사이트에 접속하는 사용자의 사용자 경험(User eXperience, UX)를 향상시키기 위해, 웹 사이트가 로딩이 끝날 때까지 흰 화면만 보고 있는 것이 아니라, 준비된 태그부터 화면에 보여주는 방식을 사용하기 때문입니다.

종종 웹 사이트를 돌아다니다 보면 둥근 모양으로 된 로딩 표시 같은 이미지가 나오고 기다리면 화면이 표시되는 등의 사이트를 많이 볼 텐데, 이 경우가 바로 그런 경우입니다.

따라서 이번 예제는 selenium 라이브러리에서 사용하는 크롬 드라이버가 웹 사이트 로딩이 끝났다고 하여 원하는 태그를 찾으려고 했는데, 아직 그 태그는 나오지 않은 것입니다.

📁 **예제 파일**: C:₩python₩examples₩10₩auto_web_instagram.py

```
12    # input()
13
14    time.sleep(2)
15    elem = driver.find_element_by_class_name('eyXLr')
16    elem.send_keys('#파이썬')
```

따라서 이처럼 14번 줄을 추가합니다. 여기서 사용한 time 라이브러리에 있는 sleep 함수는 인자값으로 전달한 초만큼 기다리는 함수입니다. 그러므로 14번 줄에서 2초 동안 기다린 후 15번 줄을 실행하게 되어 찾을 수 있게 됩니다. 하지만 이렇게 수정한 후에 실행해도, 사실 다음과 같은 오류가 발생합니다.

```
$ cd C:₩python₩examples₩10
$ python auto_web_instagram.py
Message: unknown error: cannot focus element
  (Session info: chrome= 80.0.3987.116)
  (Driver info: chromedriver=2.44.609545 (c2f88692e98ce7233d2df7c724465e
cacfe74df5),platform=Mac OS X 10.15.2 x86_64)
```

이는 잘못된 태그에 send_keys 함수를 전달해서 발생한 오류입니다. 사실 검색어와 같이 무언가를 입력할 수 있는 태그는 input 태그입니다. 하지만 분석 과정에서 이 태그는 div 태그였습니다. 이는 웹 사이트에 보이는 것은 하나의 태그같이 보여도 실제론 여러 태그가 겹쳐있기 때문입니다. 사실 분석 과정에서 찾은 div 태그 근처에 문자를 입력할 수 있는 input 태그가 있습니다. **그림 10-4**를 다시 살펴보면 div 태그 상위 태그와 함께 input 태그가 있는 것을 확인할 수 있습니다.

사용자로부터 입력을 받는 태그, input?

input 태그는 사용자로부터 입력받는 태그입니다. 입력의 형태는 바로 앞에서 살펴본 문자인 경우도 있고, 라디오 버튼이나 체크 박스, 파일일 수도 있습니다. 따라서 input 태그는 사용자로부터 입력받기 위한 태그라는 점을 알고 웹 사이트를 분석한다면 조금 더 쉽게 접근할 수 있습니다.

input 태그 외에도 입력을 위한 태그에는 textarea 태그나 select 태그 등이 있습니다. textarea 태그는 본문 작성과 같이 여러 줄의 많은 문자를 작성할 때 사용하는 태그이고 select 태그는 정해진 옵션 중에 하나를 선택할 수 있도록 옵션이 펼쳐지는 태그입니다.

태그에 대해 잘 알아서 이 태그를 찾아갈 수 있다면 더 좋지만, 그러기엔 태그의 특징이나 역할을 알아야 하기 때문에 알아야 할 것이 훨씬 많아집니다. 따라서 앞서 설명했던 ActionChains 클래스를 사용하여 태그에 직접 문자를 전달하는 것이 아니라 해당 태그로 마우스 포인터의 위치를 이동시킨 상태에서 클릭을 수행한 뒤 키를 입력하여 해시태그 검색어를 입력하겠습니다. 즉, 어떤 태그에 값을 전달하는 것이 아니라 사용자가 실제 웹 사이트를 이용할 때와 같은 방법으로 자동화를 수행합니다. 이 과정에서 마우스 포인터의 위치를 이동시킨다고 설명했지만 실제로 사용 중인 마우스 포인터의 위치를 움직이지는 않고 크롬 드라이버 내부에서 해당 동작이 수행됩니다.

📁 **예제 파일**: C:₩python₩examples₩10₩auto_web_instagram.py

```
12    # input()
13
14    time.sleep(2)
15    elem = driver.find_element_by_class_name('eyXLr')
16    action = ActionChains(driver)
17    action.move_to_element(elem)
18    action.click()
19    action.send_keys('#파이썬')
20    action.perform()
```

15번 줄까지는 앞에서와 동일하게 분석한 태그를 가져왔습니다. 그 후에 16번 줄에서 ActionChains 클래스 변수를 생성하는데, 이때 driver를 추가하여 현재 페이지에 대해 동작하도록 알려줍니다. 그 뒤로는 action 변수를 사용하여 동작을 정의합니다. 17번 줄에서는 앞서 15번 줄에서 찾은 태그 위치로 이동하고, 18번 줄은 클릭을 수행합니다. 19번 줄은 검색어를 입력합니다. 잘 생각해 보면 사용자가 웹 사이트를 이용할 때 접근하는 방식과 동일한 방법입니다.

그 후 20번 줄에 있는 **perform 함수**를 호출하면 17~19번 줄까지의 동작이 한 번에 수행됩니다. 즉, 17~19번 줄은 해당 동작이 실제로 수행되는 것이 아니라 perform 함수가 호출될 때 실행할 동작을 저장해놓는 과정입니다.

이제 검색어까지 입력을 완료하였고, 검색어를 입력하면 일정 시간이 지난 후
에 검색어 입력란 밑에 리스트로 여러 해시태그가 검색되는 것을 볼 수 있습니
다. 이제 이러한 검색 결과를 클릭해 보도록 하겠습니다.

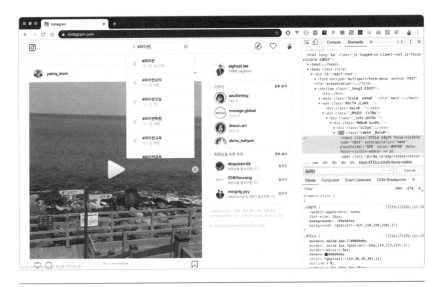

그림 10-6 검색어 입력 후 나오는 리스트

이러한 리스트를 선택하기 위해 별도의 분석은 수행하지 않고, 앞서 입력란을
클릭했던 과정을 활용하여 원하는 해시태그를 클릭해 보도록 하겠습니다. 만
약 별도로 분석할 경우, 리스트가 펼쳐진 상태에서 분석한 후에 원하는 해시
태그를 가진 태그를 가져와서 클릭해야 합니다.

📁 **예제 파일**: C:₩python₩examples₩10₩auto_web_instagram.py

```
21
22      time.sleep(2)
23
24      action = ActionChains(driver)
25      action.move_by_offset(0,50)
26      action.click()
27      action.perform()
```

22번 줄에서는 리스트가 모두 표시될 때까지 2초간 기다리는 코드를 추가하였습니다. 그 후 새로운 동작을 추가하기 위해 24번 줄에서 새로운 ActionChains 클래스 변수를 생성합니다. 이전 동작에서 검색어 입력란을 클릭하기 위해 move_to_element 함수를 호출했기 때문에 마우스 포인터의 위치가 검색어 입력란에 남아 있습니다. 따라서 아래로 조금만 움직인 후에 클릭하면 원하는 해시태그를 선택할 수 있습니다. 따라서 33번 줄에서 현재 위치로부터 마우스 포인터의 위치를 움직일 수 있는 **move_by_offset 함수**를 호출하였고 첫 번째 인자값은 좌우, 두 번째 인자값은 위아래 값을 의미합니다. 따라서 50만큼 아래로 이동한다는 의미인데, 이 50은 테스트를 통해 시행착오를 거쳐 확인해야 합니다. 사용자의 사용 환경에 따라 위치가 조금씩 다르기 때문입니다. 이렇게 이동한 뒤엔 click 함수까지 호출하고 perform을 호출하여 원하는 해시태그를 클릭할 수 있습니다.

move_by_offset 함수에 전달할 인자값은 어떻게 테스트하나요?

이 과정은 프로그램을 실행하면서 클릭한 위치가 원하는 위치인지 확인하는 방법이 가장 쉽습니다. 하지만 마우스 왼쪽 버튼을 클릭한 위치에 특정 동작을 하는 태그가 없어, 아무런 동작을 하지 않을 때는 클릭한 위치를 알기 어렵습니다. 따라서 마우스 오른쪽 버튼을 클릭하여 클릭한 위치를 확인할 수 있습니다.

```
21
22      time.sleep(2)
23
24      action = ActionChains(driver)
25      action.move_by_offset(0,50)
26      action.context_click()
27      action.perform()
28      input()
```

26번 줄에서 click 함수가 아닌 context_click 함수를 호출했습니다. 이 함수가 마우스 오른쪽 버튼을 클릭하는 함수입니다. 또, 브라우저가 바로 종료되어 확인하지 못할 수 있기 때문에 28번 줄에 input 함수를 추가하였습니다. input 함수는 사용자로부터 입력을 받는 함수로, 터미널(명령 프롬프트)에 [Enter] 키를 입력하기까지 기다리기 때문에 브라우저를 확인할 수 있습니다. 확인이 끝난 뒤엔 터미널(명령 프롬프트)에 [Enter] 키를 입력하면 프로그램이 정상적으로 종료됩니다.

이렇게 클릭한 위치를 확인하여 적절한 값을 찾은 후에 context_click 함수를 click 함수로 다시 변경하여 자동화를 이어서 진행할 수 있습니다.

인기 게시물 클릭하기

검색 후에는 인기 게시물과 최근 게시물이 나오는데, 이번 예제에서는 인기 게시물 9개를 클릭해 보도록 하겠습니다. 따라서 우선 가져올 인기 게시물 영역을 분석해 보겠습니다.

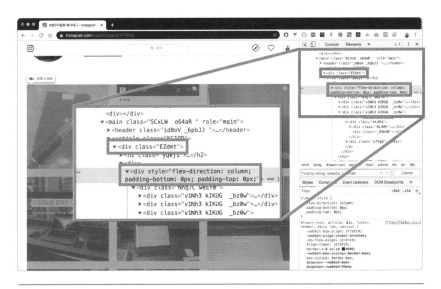

그림 **10-7** 인기 게시물 영역 분석

분석 과정은 앞서 했던 과정과 동일하게, 오른쪽 창에 있는 왼쪽 상단 버튼을 누른 후, 원하는 영역의 일부를 선택한 뒤 방향키로 원하는 영역 전체가 선택될 때까지 움직이면 됩니다. 분석을 수행해 보니 div 태그이고 활용할 속성값이 없습니다. 따라서 상위 태그의 class 속성값인 'EZdmt'를 사용해야 합니다.

> 📁 **예제 파일**: C:\python\examples\10\auto_web_instagram.py

```
28
29    time.sleep(5)
30
31    elem = driver.find_element_by_class_name('EZdmt')
```

29번 줄에서 검색한 뒤 검색한 결과가 나올 때까지 기다리기 위해 5초 동안 대기합니다. 검색 결과가 나오는 데 시간이 기존보다 오래 소요됩니다. 31번 줄에서는 앞서 분석했던 대로 class 속성값이 'EZdmt'인 태그를 가져왔습니다.

이제 전체 영역을 가져왔으니 해당 영역 안에서 게시물을 하나하나 클릭해야 합니다. 따라서 게시물 하나하나가 어떤 태그로 이루어져 있는지 분석해 보겠습니다.

그림 **10-8** 게시물 클릭을 위한 각 게시물 분석

게시물 하나를 분석해 보니 div 태그이고 class 속성값이 '_9AhH0'입니다. 이
속성값을 검색해 보니 27개가 나옵니다. 검색한 태그를 확인해 보면 모두 게시
물인 것을 알 수 있습니다. 심지어 최근 게시물에 있는 게시물도 포함되어 기대
한 9개보다 많은 수가 검색되었습니다. 먼저, 해당 class 속성값을 가진 태그로
검색했을 때 각 게시물이 검색되는 것은 확인했습니다. 이제 최근 게시물에 있
는 게시물을 제외해야 하는데, 사실 이 작업은 이미 수행했습니다. 이전 단계에
서 이미 인기 게시물 영역을 분석해서 가져왔기 때문에 해당 영역의 하위 태그
로 검색하면 원하는 게시물만 검색됩니다.

class 속성값이 '_9AhH0'인 태그가 각 게시물임을 확인했으니, 해당 조건에 일
치하는 태그를 모두 가져온 후에 반복문에서 이 게시물을 클릭하도록 하겠습니
다. 이 동작도 앞서 활용했던 ActionChains 클래스를 사용해 보겠습니다.

📁 **예제 파일**: C:\python\examples\10\auto_web_instagram.py

```
32      posts = elem.find_elements_by_class_name('_9AhH0')
33      for post in posts:
34          action = ActionChains(driver)
35          action.move_to_element(post)
36          action.click()
37          action.perform()
38
39          time.sleep(1)
```

32번 줄에서 분석한 결과에 따른 모든 태그를 가져왔습니다. 그리고 현재 페
이지에서 각 게시글을 클릭할 때마다 ActionChains 클래스를 사용하기 위해
반복문 안에서 ActionChains 클래스 변수를 생성하였습니다. 32번 줄에서
가져온 posts를 반복문으로 순회하면서 action 클래스 변수로 해당 게시물을
클릭합니다. 45~37번 줄은 해당 게시물로 마우스를 옮긴 후에 클릭하는 동작
을 수행합니다. 마지막으로 39번 줄에서 게시물이 팝업될 때까지 1초 기다리
는 코드를 추가하였습니다.

'좋아요'를 클릭하는 코드를 개발하기 전에 모든 게시물이 정상적으로 클릭되
는지 확인해 보기 위해 클릭한 뒤에 게시물을 닫는 코드까지 작성해 보겠습니
다. 게시물을 보고 있는 화면에서 게시물을 닫는 동작은 [X] 버튼을 누르거나,
게시물 이외의 영역을 클릭하거나 [Esc] 키를 누르는 등의 여러 가지 방법이 있
습니다. 이 중에 가장 쉬운 방법인 [Esc] 키를 누르는 방법으로 코드를 작성하
겠습니다.

> 📁 **예제 파일**: C:\python\examples\10\auto_web_instagram.py

```
40
41          action = ActionChains(driver)
42          action.send_keys(Keys.ESCAPE)
43          action.perform()
44
45          time.sleep(1)
```

이번에도 새로운 동작을 저장하기 위해 41번 줄에서 ActionChains 클래스
변수를 새로 생성하였습니다. 그 후 send_keys 함수를 사용하여 [Esc] 키를
입력하고 perform 함수를 호출했습니다. 이 동작 역시 특정 태그에 키를 보내
는 것이 아니라 브라우저가 켜진 상태에서 그저 키를 누르는 동작이기 때문에
ActionChains 클래스를 활용했습니다. 마지막으로 45번 줄에서 게시물 팝업
이 종료될 때까지 1초 기다리는 코드를 추가하였습니다.

'좋아요' 클릭하기

게시물 클릭과 종료 사이에 게시물에 있는 '좋아요' 버튼을 클릭하는 코드를
추가해 보겠습니다. '좋아요' 버튼을 분석해 보면 바로 활용한 속성값이 보이지
않고, 상위 태그를 분석해야 한다는 것을 알 수 있습니다.

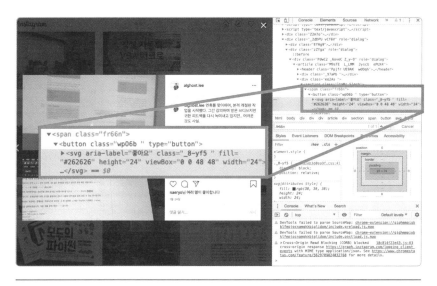

그림 10-9 '좋아요' 버튼 분석

'좋아요' 버튼은 svg 태그로 되어있습니다. 이 태그가 가진 class 속성값을 검
색해보면 여러 개의 태그가 검색되어 활용할 수 없습니다. svg의 상위 태그
인 button 태그의 class 속성값을 검색해도 마찬가지입니다. 따라서 button
태그의 상위 태그인 span 태그를 분석합니다. span 태그의 class 속성값인
'fr66n'으로 검색해보면 하나의 태그만 검색되는 것을 확인할 수 있습니다. 이
태그 또한 ActionChains를 활용하여 클릭해보겠습니다.

SVG 태그의 aria-label 속성값인 '좋아요'를 활용할 수는 없을까?

처음 svg 태그를 발견했을 때 '좋아요'가 쓰여진 속성값을 확인했을 것입니다. 직관적으로 이 문자열을 바로 사용할 수는 없을까요? 앞서 사용했던 XPATH를 활용하여 이 속성값을 사용할 수 있습니다. 이 내용은 이번 장 10.3 '11번가 검색 결과 정리하기'절에서 자세히 다루지만, 먼저 간단히 살펴보겠습니다.

앞서 찾은 '좋아요' 버튼을 XPATH로 표현하면 '//*[@aria-label="좋아요"]'입니다. '//'는 문서 전체를 의미하고 '*'는 모든 태그를 의미합니다. 즉 '//*'는 문서 전체에 있는 모든 태그를 의미합니다. 이때 '[]'로 묶인 부분은 조건을 쓰는 부분으로, '[@aria-label="좋아요"]'는 aria-label속성값이 '좋아요'인 태그를 의미합니다. 즉 '//*[@aria-label="좋아요"]'는 문서 전체 태그 중 aria-label 속성값이 '좋아요'인 태그를 말합니다.

예제 파일: C:\python\examples\10\auto_web_instagram.py

```
40
41    elem = driver.find_element_by_class_name('fn66n')
42    action = ActionChains(driver)
43    action.move_to_element(elem)
44    action.click()
45    action.perform()
46    time.sleep(1)
```

이러한 코드는 게시물 클릭과 종료 코드 사이에 위치해야 합니다. 41번 줄에서 class 속성값으로 '좋아요' 버튼 태그를 가져옵니다. 이 버튼을 클릭하기 위해 42번 줄에서 ActionChains 클래스를 새로 만들고 43~45번 줄에서 클릭합니다. 46번 줄에서는 '좋아요' 클릭이 반영될 때까지 기다립니다.

이미 '좋아요'가 클릭된 게시물 건너뛰기

앞서 작성한 코드를 실행할 때, 만약 게시물이 이미 '좋아요'를 클릭한 게시물이라면 앞서 분석한 버튼이 '좋아요' 버튼이 아니라 '좋아요 취소' 버튼으로 바뀌어, 좋아요 취소가 됩니다.

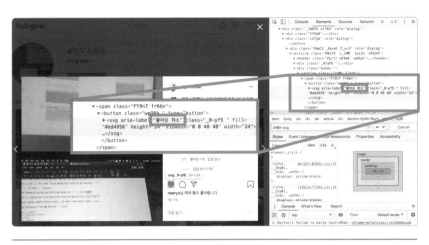

그림 10-10 '좋아요'가 이미 클릭된 게시물 분석

따라서 '좋아요'가 이미 눌린 게시물일 경우 건너뛰는 코드를 작성하겠습니다. 이는 앞서 분석한 span 태그 하위에서 svg 태그를 찾고, svg 태그가 가진 aria-label 속성값이 '좋아요'인지 확인하여 클릭 여부를 결정합니다.

📁 **예제 파일**: C:\python\examples\10\auto_web_instagram.py

```
40
41        elem = driver.find_element_by_class_name('fr66n')
42        svg = elem.find_element_by_tag_name('svg')
43        if svg.get_attribute('aria-label') == '좋아요':
44            action = ActionChains(driver)
45            action.move_to_element(elem)
46            action.click()
47            action.perform()
48            time.sleep(1)
49
50        action = ActionChains(driver)
51        action.send_keys(Keys.ESCAPE)
52        action.perform()
53
54        time.sleep(1)
55 except Exception as e:
56    print(e)
57 finally:
58    driver.quit()
```

42번 줄에서 svg 태그를 가져왔습니다. 43번 줄에서 svg 속성값 중 aria-label 속성값을 확인하여 현재 게시글에 대해 이미 '좋아요'가 눌린 지 확인합니다. '좋아요'가 눌리지 않은 상태의 aria-label 속성값이 '좋아요'이기 때문에, 이를 조건문으로 작성하였습니다. 그리고 이 경우에만 클릭하도록 기존에 작성했던 코드 중에 클릭하는 코드를 조건문에 속하도록 들여 썼습니다.

이번 절에서는 인스타그램에서 원하는 해시태그로 검색을 하여 나온 게시글 중, 인기 게시글의 '좋아요' 버튼을 클릭하는 자동화를 수행했습니다. 이 과정에서 웹 사이트의 태그가 겹쳐 있을 수 있다는 점을 살펴보고, 이를 해결하기 위해 ActionChains 클래스를 사용하였습니다.

⑩.2 도전 업무 (2): 중고나라 검색 결과 가져오기

나는 회사 업무가 많아서 매일 야근을 한다. 평일에는 야근을 하고, 주말에는 잠만 자다 보니 자꾸 몸이 여기저기 아프다. 주말에 한강에서 운동이라도 할까 싶어서 자전거 동호회에 들었다. 하지만 막상 자전거를 사려니 뭐가 좋은지도 모르겠고 가격도 너무 비싸다. 이대로 운동을 포기할 수 없어서 저렴한 중고 자전거를 구입하기로 했다. 자주 이용하는 중고나라 사이트에서 자전거를 검색해 보자.

야근왕

원하는 키워드 '자전거' 검색 후 키워드를 포함한 게시물 검색 결과 화면

```
$ cd C:\python\examples\2.6
$ python auto_web_joonggonara.py
(해외아서로 팝니다) 티티카카 플라이트 P7,P8 ,알론 자전거트레일러
대구 로드 자전거 2015 메리다 스컬트라 400 급처 (어느정도 예눌가능)
리틀타익스 유아자전거 아기자전거 수치 직거래
유아용 세발 자전거 피셔 프라이스 — 대전
삼천리자전거 새제품 13만원에 팝니다.(명수증지참)
중고 자전거 아동용 어린이 자전거 팝니다.
중고 자전거 미니벨로 자전거 팝니다.
수원/봉담) 조코 유아용 세발자전거/ 퀴니 제프 엑스트라 접이식 유모차 싸게 팔아요
중고 자전거 MTB 하이브리드 자전거 팝니다.
[공식앱] [SSS 급] DTR 자전거 팝니다. 28만원
조코자전거
20인치 핑크 자전거
[MTB 자전거]하이바이크(독일) SL 팝니다.
(업소,동호회용) 자전거 전시 거치대
콤포타운 접이식 유아용 세발자전거, 서울 강서구 직거래
```

검색 결과 중 게시물의 제목을 프로그램에 출력

원하는 키워드를 포함한 게시물의 제목만 일괄 수집해 보자!

중고나라 네이버 카페로 이동하기

이번 절에서는 iframe 태그를 활용하여 중고나라에서 상품을 검색하고 검색 결과를 가져오는 작업을 다뤄 보겠습니다. iframe은 앞서 살펴본 웹 문서 안에 또 다른 웹 문서를 포함하는 태그로, iframe 태그 안에 있는 하위 태그에는 바로 접근할 수 없습니다. 앞선 인스타그램 예제와 같은 방식으로 먼저 문제점을 확인해 보고 이를 수정하면서 코드를 작성해 보겠습니다.

먼저 중고나라 네이버 카페로 이동하겠습니다.

📁 **예제 파일**: C:₩python₩examples₩10₩auto_web_joonggonara.py

```
01 from selenium.webdriver.common.keys import Keys
02 from selenium import webdriver
03
04 driver = webdriver.Chrome('./chromedriver')
05
06 try:
07     driver.get('http://cafe.naver.com/joonggonara')
```

앞서 진행했던 웹 자동화와 동일한 코드로, 필요한 라이브러리를 가져오고 크롬 드라이버와 연동하고 나서 중고나라 페이지로 이동했습니다.

상품 검색하기

원하는 상품을 검색하기 위해 검색어 입력란을 분석해 보겠습니다. 카페 메인 페이지에 접속하면 왼쪽 중앙에 검색할 수 있는 입력란이 있습니다. 이 입력란을 분석하여 검색어를 전달해 보도록 하겠습니다.

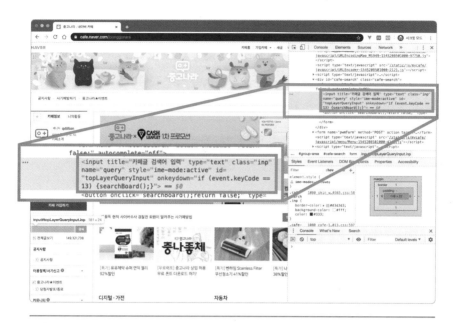

그림 10-11 중고나라 검색어 입력란 분석

분석해 보니 input 태그이고 id 속성과 name 속성을 다 가지고 있습니다. 따라서 id 속성을 활용하여 태그를 가져오도록 하겠습니다. 앞서 반복하여 작성했던 코드와 같이 send_keys 함수를 사용하여 원하는 검색어를 전달하겠습니다. 이번 예제에서는 검색어로 '자전거'를 사용하였습니다.

📁 예제 파일: C:\python\examples\10\auto_web_joonggonara.py

```
08
09    elem = driver.find_element_by_id('topLayerQueryInput')
10    elem.send_keys('자전거')
11    elem.send_keys(Keys.RETURN)
```

9번 줄에서 id 속성값으로 태그를 가져온 후에 10~11번 줄에서 검색어와 [Enter] 키를 입력하여 검색합니다.

검색 결과 분석하기: iframe으로 들어가기

검색 결과 페이지를 분석하겠습니다. 이번 절에서는 검색 결과를 분석하여 제목을 출력하겠습니다. 앞서 잠깐 언급했듯이, 분석하고 나서 코드를 실행해 보면 오류가 발생하는데, 일단 분석부터 수행해 보겠습니다.

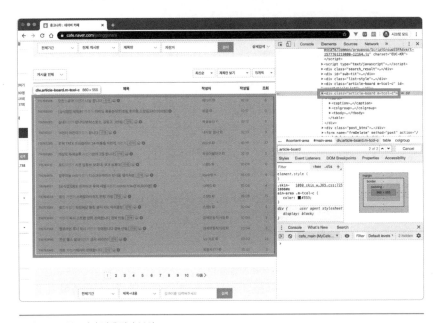

그림 10-12 중고나라 검색 결과 분석

가져오고 싶은 부분은 각 게시글의 제목이지만, 먼저 게시글 영역을 가져온 후에 각 게시글을 분석해 보겠습니다. 게시글이 있는 영역을 분석해 보니 table 태그지만 아무런 속성값이 없어, 상위 태그를 분석했습니다. 이 태그는 div 태그이고 class 속성값에 'article-board'가 있습니다. 'article-board' 값을 검색해 보면, 검색 결과는 2개입니다.

그림 **10-13** 'borad-box' class 속성값이 유일한지 확인

2개의 태그를 확인해보면 바로 위에 '제목', '작성자', '작성일' 등과 같은 표의 헤더를 나타내는 태그와 게시글 리스트를 나타내는 태그가 있습니다. 'article-board'를 가진 첫 번째 div 태그는 헤더이고, 두 번째 div 태그가 게시글 리스트이니, 이 조건을 만족하는 태그를 전부 가져오고 그중 두 번째 태그를 사용하도록 코드를 작성하겠습니다.

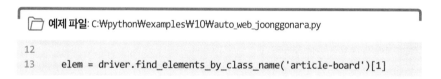

```
12
13    elem = driver.find_elements_by_class_name('article-board')[1]
```

여기까지 작성 후 실행하면 다음과 같은 오류가 발생합니다.

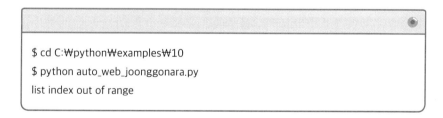

```
$ cd C:\python\examples\10
$ python auto_web_joonggonara.py
list index out of range
```

이는 class 속성값이 'article-board'인 태그를 찾지 못해서 13번 줄 마지막에 있는 [1] 인덱싱에 실패했다는 오류입니다. 이는 인스타그램 예제에서 발생했던 것과 같이 페이지가 로딩 중이라 발생한 문제가 아닙니다. 이유는 바로 앞서 찾

은 태그가 iframe 태그 안에 있기 때문입니다. 이를 확인해 보도록 하겠습니다.

```
▼<iframe name="cafe_main" id="cafe_main" title="카페 메인"
src="/ArticleSearchList.nhn?
search.clubid=10050146&search.searchBy=0&search.query=%C0%DA
%C0%FC%B0%C5" width="860" height="100%" frameborder="0"
scrolling="no" marginwidth="0" marginheight="0"
allowtransparency="true" allowfullscreen style="height:
1243px;">
   ▼#document
      <!doctype html>
   ▼<html lang="ko">
      ▶<head>…</head>
      ▼<body marginwidth="0" marginheight="0">
         ▼<div id="content-area">
            ▼<div id="main-area" class="skin-1080 fl">
               <script type="text/javascript" src="/static/js/
               mycafe/common/groupssp/ScriptGroupSSPAdvert-
               1577761219000-12164.js" charset="EUC-KR">
               </script>
               ▶<script type="text/javascript">…</script>
               ▶<div class="search_result">…</div>
               ▶<div id="sub-tit">…</div>
               ▶<div class="list-style">…</div>
               ▶<div class="article-board m-tcol-c" id=
               "upperArticleList">…</div>
               ▼<div class="article-board m-tcol-c">
                  ▼<table>
                     ▶<caption>…</caption>
```

그림 10-14 iframe 태그 하위에 있는 태그 분석

그림을 보면 분석했던 div 태그가 iframe 태그의 하위에 있는 것을 확인할 수
있습니다. iframe 태그 안은 또 다른 문서이므로 driver가 하위 태그를 찾을
수 없습니다. 따라서 iframe 태그를 가져온 후 driver를 iframe 안의 문서로
들어가도록 한 후 분석을 진행해야 합니다. 이렇게 iframe 태그를 가져오고자
분석해 보니, id 속성을 가지고 있고 'cafe_main'이라는 값을 가지고 있습니다.

📁 **예제 파일**: C:\python\examples\10\auto_web_joonggonara.py

```
12
13    iframe = driver.find_element_by_id('cafe_main')
14    driver.switch_to.frame(iframe)
15
16    elem = driver.find_elements_by_class_name('article-board')[1]
```

13번 줄에서 iframe 태그를 가져왔습니다. 분석 과정에서 id 속성값이 있는 것을 확인하였으므로, 이를 활용하여 태그를 가져왔습니다. 14번 줄이 바로 해당 iframe 태그 안으로 들어가는 코드입니다. switch_to가 가진 frame 함수의 인자값으로 원하는 iframe 태그를 넣어 호출하면, 그 이후로는 driver 변수가 iframe 내부의 태그에 접근할 수 있게 됩니다. 따라서 16번 줄에서 div 태그를 가져올 때, 기존에는 오류가 발생하였으나 여기서는 오류가 발생하지 않습니다.

검색 결과 분석하기: 게시글의 제목 가져오기

이제 iframe 안으로 들어왔으니, 원하는 정보인 게시글의 제목을 가져오겠습니다. 물론, 먼저 웹 사이트 분석부터 진행해야 합니다. 게시글마다 제목을 추출하기 위해 먼저 게시글 한 행이 어떤 태그로 이루어져 있는지 확인해 보겠습니다.

이 역시 이전과 마찬가지로 분석을 위해 왼쪽 상단 버튼을 누르고 제목을 클릭한 뒤, 방향키를 통해서 한 행이 선택될 때까지 움직여 보겠습니다.

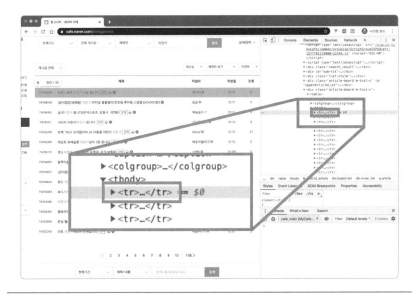

그림 **10-15** 게시글을 출력하기 위해 한 행 분석

게시글의 제목을 출력하기 위해 게시글 한 행이 어떤 태그로 이루어졌는지 분석해 보겠습니다. 추후 이 한 행을 표현하는 태그의 하위 태그 중 제목을 가져올 예정입니다.

분석해 보면 각 행은 tr 태그로 이루어져 있습니다. 따라서 xpath를 활용하여 각 tr 태그를 전부 가져오는 코드를 작성하겠습니다.

```
17    rows = elem.find_elements_by_xpath('./table/tbody/tr')
18    for row in rows:
          # 이 부분의 row 변수는 내용이 있는 tr 태그
```

먼저, 17번 줄에서 xpath를 사용하여 모든 tr 태그를 가져왔습니다. elem 변수가 가진 div 태그의 하위 태그로 table, 그 하위에 tbody, 그 하위에 tr 태그가 있기 때문에 './table/tbody/tr'로 표현했습니다. 당연히 모든 tr 태그를 가져오기 위해 find_elements인 복수형을 사용하였습니다.

코드에 있는 주석과 같이 18번 줄 뒤에서 사용하는 row 변수는 게시글 제목이 있는 tr 태그를 의미하게 됩니다. 이제 tr 태그의 하위 태그에 제목이 어떤 태그로 이루어져 있는지 분석하여 제목을 출력하겠습니다.

그림 10-16 중고나라 게시글 제목 분석

제목은 a 태그이고 class 속성값이 'article'입니다. 'article' 속성값을 검색해
보면 18개가 나오는데, 이는 게시글 수가 18개이기 때문입니다. 이미 앞서 범
위를 tr 태그까지 좁혀 놨기 때문에 이 class 속성값을 활용하여 태그를 가져
오겠습니다.

```
19          elem = row.find_element_by_class_name('article')
20          print(elem.text)
21
22 except Exception as e:
23      print(e)
24 finally:
25      driver.quit()
```

19번 줄의 row 변수가 각 게시글의 tr 태그를 의미하므로 row에서 class 속
성값이 'article'인 태그를 가져왔습니다. 20번 줄에서는 가져온 태그의 내용을
출력합니다. 마지막으로 22~24번 줄에서 예외 처리 코드를 추가하여 자동화
프로그램을 종료합니다.

```
$ cd C:₩python₩examples₩10
$ python auto_web_joonggonara.py
인천 ) 유아 자전거 나눔 합니다
[공식앱][[새제품] 자전거 라이딩 용품정리(전조등,후미등,스팟등)[40,000원]
실내자전거 팝니다(반석스포츠, 강동구, 3만원)
14인치 어린이자전거 팝니다
트렉 TREK 프리칼리버 24 아동용 어린이 자전거
데상트 듀에슬론 자전거상의 2장 팝니다
로드자전거 시콘 탑튜브 보호대, 포크 보호대
알루미늄 mtb자전거 디스크브레이크 전시품 떨이처분
[공식앱][콤포 트라이크 유아 세발자전거 comfo trike][10,000원]
로드 자전거 스페셜라이즈드 안장 가방
로드자전거 타임페달 클릿 클릭 iclic 아이클릿
자전거 픽시 스트랩 양쪽 판매합니다 경북 안동
벨로라인 루시 픽시 자전거 판매합니다 경북 안동
은성 헬스 실내자전거 급처 49000
미토 자전거케리어 판매합니다
```

실행하면 이처럼 검색 결과의 제목이 출력되는 것을 확인할 수 있습니다.

iframe 안으로 들어간 뒤에 다시 나오려면 어떻게 해야 할까요?

iframe 안으로 들어간 뒤에는 iframe 밖에 있는 태그에 대해 접근할 수 없습니다. 만약 iframe 밖에 있는 태그에 다시 접근하고자 한다면 다시 밖으로 나오는 함수를 호출해야 합니다.

```
driver.switch_to.default_content()
```

이처럼 switch_to가 가진 default_content 함수를 호출하면 다시 원래의 웹 사이트로 돌아오게 됩니다. 그 후로는 iframe에 들어가기 전과 동일하게, iframe 내부의 태그는 접근할 수 없고, iframe 밖에 있는 태그만 접근할 수 있게 됩니다.

이번 절에서는 iframe 태그를 살펴보기 위해 중고나라에서 상품을 검색하여 검색 결과를 가져오는 예제를 작성해 보았습니다. 분석 과정과 예제 코드를 확인해 보면, iframe 태그가 있는 웹 문서는 iframe 태그를 다룰 수만 있다면 오히려 분석이 쉬울 수 있습니다.

⑩.③ 도전 업무 (3): 11번가 검색 결과 정리하기

이번에 우리 회사에서 야심 차게 새로운 자전거 라인을 런칭하였다. 허나 시장 경쟁이 워낙 치열하고, 종류가 워낙 많기 때문에 가격 경쟁을 할 수밖에 없는 상황이다. 현재 다른 브랜드 자전거의 가격은 얼마 정도에 형성되어 있는지 알고 싶은데, 일일이 검색하고 다니기엔 시간이 부족하다. 11번가(오픈 마켓)에서 '자전거'를 키워드로 다른 상품들의 정보를 수집하여 엑셀 파일로 받아본다면 업무 효율성이 높아질 것 같다. 어떻게 해야 할까?

마케팅 사원

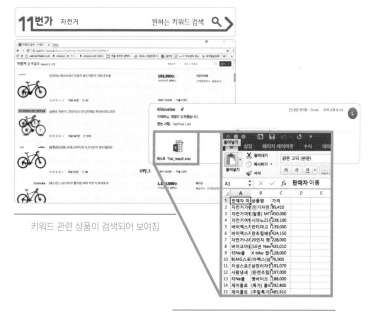

키워드 관련 상품이 검색되어 보여짐

키워드 검색 후 검색 결과(판매자명, 상품명,
가격)가 엑셀 파일에 수집되어 메일로 전송됨

11번가(오픈 마켓)에서 원하는 키워드를 검색하고, 상품 검색 결과를 수집하여 메일로 자동 전송해 보자!

11번가로 이동하기

이번 절에서는 앞서 다뤘던 '엑셀 다루기'와 '이메일 다루기'를 결합하여 '웹 사이트 다루기'와 함께 하나의 예제를 작성하겠습니다.

1. 11번가 웹 사이트에 접속한다.

2. 원하는 상품을 검색한다.

3. 검색된 상품 목록을 분석하여 파이썬으로 수집한다.

4. 수집된 상품 목록을 엑셀 파일에 정리한다.

5. 정리된 엑셀 파일을 메일의 첨부 파일로 추가하여 원하는 메일로 발송한다.

이번 절에서 작성하는 예제는 앞서 나열한 단계를 참고하여 실제 업무에서 활용할 수 있는 데이터 수집, 수집된 데이터 정리, 공유 형태로 작성하겠습니다. 이번 예제에서는 기존 분석 방법에서 단순한 경로를 표현하기 위해 사용하던 xpath를 좀 더 복잡한 조건으로 활용해 보도록 하겠습니다.

먼저 11번가로 이동하겠습니다.

📁 **예제 파일** : C:₩python₩examples₩10₩auto_web_11st.py

```
01 from selenium import webdriver
02 from selenium.webdriver.common.keys import Keys
03
04 driver = webdriver.Chrome('./chromedriver')
05
06 try:
07     driver.get('http://11st.co.kr')
```

앞서 진행했던 웹 자동화와 동일한 코드로, 필요한 라이브러리를 가져오고 크롬 드라이버를 연동하고 나서 11번가로 이동했습니다.

상품 검색하기

원하는 상품을 검색하기 위해 검색어 입력란을 분석해 보겠습니다.

그림 10-17 11번가 검색어 입력란 분석

검색어 입력란을 분석하니 class 속성값이 'search_text search_text_ad'입
니다. class 속성값 중 'search_text' 값을 검색하면 해당 태그만 이 class 속성
값을 가진 것을 확인할 수 있습니다 이 class 속성값을 사용하여 중고나라 예
제와 마찬가지로 '자전거'를 검색하겠습니다.

📁 **예제 파일** : C:\python\examples\10\auto_web_11st.py

```
08
09    elem = driver.find_element_by_id('AKCKwd')
10    elem.send_keys('자전거')
11    elem.send_keys(Keys.RETURN)
```

9번 줄에서 class 속성값으로 태그를 가져온 후에 10, 11번 줄에서 검색어와 [Enter] 키를 입력하여 검색합니다.

검색 결과를 저장하기 위한 엑셀 클래스 변수 만들기

먼저 검색 결과를 분석하기에 앞서 엑셀에 원하는 결과를 저장하기 위해 Workbook 클래스 변수를 생성하도록 하겠습니다.

📁 **예제 파일** : C:₩python₩examples₩10₩auto_web_11st.py

```
12
13    from openpyxl import Workbook
14    result_xlsx = Workbook()
15    worksheet = result_xlsx.active
16    worksheet.append(['상품명', '가격'])
```

13번 줄에서 필요한 라이브러리를 가져오고 14번 줄에서 빈 클래스 변수를 생성합니다. 그리고 16번 줄에서 기본 시트에 헤더로 사용할 내용을 추가합니다.

검색 결과 분석하기

검색 결과로 나온 모든 상품을 가져와서 분석해 보도록 하겠습니다. 웹 사이트는 수많은 태그로 이루어져 있기 때문에 찾는 방법이 다양합니다. 이번에는 xpath를 활용해서 가져오도록 하겠습니다. 먼저 분석 버튼을 누르고, 아무 상품이나 클릭한 뒤 방향키로 원하는 영역을 찾습니다.

그림 10-18
상품 리스트를 분석하
기 위해 영역 지정

상품 리스트를 가진 태그는 ul 태그이고 사용할 수 있는 속성으로는 class가
있고, 'c_listing'과 'c_listing_view_type_list'라는 값을 가지고 있습니다. 이
중에서 'c_listing_view_type_list'가 고유한 값인지 검색해 보겠습니다.

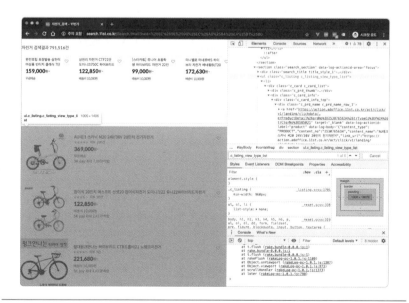

그림 10-19 class 속성이 'tt_listbox'인 태그 검색 결과

검색해 보면 고유한 class 속성값이 아닙니다. 하지만 검색 결과로 선택된 ul 태그를 확인해 보면 모든 ul 태그가 각각 상품 리스트임을 알 수 있습니다. 바로 HOT 클릭 상품, 파워 상품, 플러스 상품 등입니다. 즉, 이 모든 리스트가 상품 리스트이기 때문에 가져와야 하는 값들입니다.

지금까지 배운 대로라면 find_elements_by_class_name('c_listing_view_type_list')라는 코드로 모든 ul 태그를 가져온 뒤 분석하여 리스트를 가져올 수 있습니다. 물론 이렇게 가져올 수도 있지만, 여기서는 xpath를 사용하여 조금 더 편리하게 상품들을 가져오도록 하겠습니다.

앞선 그림에서 ul 태그 하위에 있는 각 li 태그들이 상품을 의미하고, 'c_listing_view_type_list' 라는 클래스 속성값이 포함되어 있습니다. xpath에는 이러한 속성값을 활용할 수 있도록 속성, 내용 등에 일부 문자열이 포함되어 있는지 확인하여 가져오는 표현 방법이 있습니다. 각 ul 태그의 class 속성값에 'c_listing_view_type_list'가 포함되어 있으니, class 속성값에 'c_listing_view_type_list'를 포함하는 ul 태그의 자식 태그 중 모든 li 태그를 가져오겠습니다. 이러한 xpath는 크롬 브라우저에서 '.class'명으로 검색한 것과 동일한 방법으로 검색할 수 있습니다.

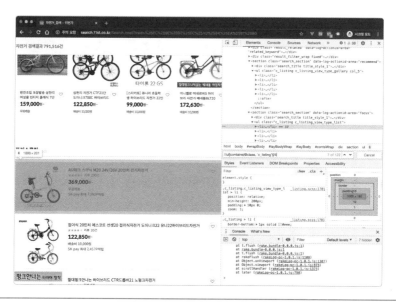

그림 10-20 xpath를 이용하여 모든 상품을 가져오기

그림 10-20과 같이 검색창에 xpath 표현을 입력하여 검색할 수 있는데, 여기
서 검색할 xpath는 '//ul[contains(@class, 'c_listing_view_type_list')]/li'입
니다. 이러한 **xpath**의 의미를 살펴보겠습니다.

먼저 '//ul'의 의미는 모든 경로에 있는 ul 태그를 의미합니다. 이전 예제에서
사용했던 xpath를 떠올려 보자면 './tag/tag/'와 같은 형태로 상대 경로를 표
시했었습니다. 이처럼 xpath를 상대 경로로도 사용할 수 있지만 '//ul'과 같
이 모든 경로에 있는 ul 태그, 즉 모든 ul 태그를 의미하도록 사용할 수도 있습
니다.

그 뒤로 따라나오는 대괄호 [ ]는 조건을 의미합니다. 이때 대괄호 안의 조건
을 만족하는 태그를 찾게 되는데, 이러한 조건에는 수많은 표현 방법이 있습니
다. 이번에는 그중 가장 간단한 두 가지만 소개하겠습니다.

첫 번째는 태그의 속성값, 혹은 태그 안의 문자열이 특정 값과 일치하는 조건

입니다. 예를 들어 ul 태그들 중에 id가 myid인 태그를 찾고 싶다면 //ul[@ id='myid']라고 표현할 수 있습니다. 이처럼 속성값에 대한 조건을 표현할 때 '@'를 붙여 사용할 수 있습니다. 만약 **그림 10-20**에서 ul 태그가 아닌 부모 태그인 section 태그를 찾고 싶다면 찾으려는 속성값을 활용하여 //section[@ class='search_section] 또는 //section[@data-log-actionid-area='focus'] 와 같이 표현할 수 있습니다. 이처럼 xpath를 활용하면 id, name 등과 같이 정해진 속성값뿐만 아니라 모든 속성값에 대해 조건을 사용할 수 있습니다.

두 번째는 특정 속성값, 혹은 태그 안의 문자열이 특정 값을 포함하는 조건입니다. 앞서 ul 태그를 찾을 때 사용했던 방법으로, 조건문에 contains라는 함수를 사용하는 방법입니다. 이 함수는 xpath에서 사용할 수 있는 함수이며, 두 개의 인자값을 받아, 앞의 인자값에 뒤의 인자값 내용이 포함되는지 확인하는 함수입니다. 따라서 앞서 ul 태그를 찾을 때 사용한 xpath인 //ul[contains(@ class, 'c_listing_view_type_list')]는 class 속성값에 'c_listing_view_type_list'가 포함된 ul 태그를 의미합니다.

앞서 속성값에 대해서만 설명했지만 두 조건문 모두 '@' 속성 외에 text라는 함수를 통해 태그 안의 문자열에 대해서도 조건문을 수행할 수 있습니다. 만약 <span>안녕하세요</span>이라는 태그가 있다고 가정하면, 이 태그는 // span[text( ) ='안녕하세요']와 같이 찾을 수 있습니다. 또한, 특정 태그명을 지정하고 싶지 않을 때에는 //*[조건문]과 같이 표현하여 모든 태그에 대해 조건을 확인할 수도 있습니다.

xpath에서 사용할 수 있는 조건?

xpath에서 사용할 수 있는 조건은 매우 다양합니다. 앞서 사용했던 contains 함수와 같은 함수를 살펴보기 전에 기본적인 조건문에 대해 간단히 살펴보겠습니다. 기본적으로 사용할 수 있는 조건은 '=', '<'와 같은 연산자입니다. xpath에서 사용할 수 있는 연산자는 '=', '<', '>', '!=', '<=', '>=', 'or', 'and'와 같은 비교 연산자와 여러 연산자를 쓰기 위한 'or', 'and'가 있습니다. 간단한 예로, id 속성값이 'freelec'인 li 태그를 찾고 싶은 경우 //li[@id='freelec'] 형태로 사용할 수 있습니다.

이 외에 contains 함수와 같은 많은 함수가 있지만 그중에서 일부만 살펴보겠습니다. starts-with 함수는 특정 문자열로 시작하는지 확인하는 함수로, id 속성값이 'thisClick_'으로 시작하는 li 태그를 찾고 싶다면, //li[starts-with(@id, 'thisClick_')]으로 사용할 수 있습니다. 같은 사용법의 함수로는, 특정 문자열로 끝나는지 확인하는 함수인 **ends-with** 함수가 있습니다. 이 외에도 많은 함수가 있는데, 이 함수들의 목록은 https://www.w3schools.com/xml/xsl_functions.asp에 정리되어 있습니다.

다시 돌아와서 조건에 부합하는 ul 태그를 가져온 후 그 ul 태그의 자식 태그인 li 태그들을 검색하여 가져오도록 하겠습니다.

📁 **예제 파일** : C:₩python₩examples₩10₩auto_web_11st.py

```
17
18    elems = driver.find_elements_by_xpath("//ul[contains(@class, 'c_
      listing_view_type_list')]/li")
19    for elem in elems:
```

18번 줄에서 xpath 조건에 맞는 모든 태그를 가져옵니다.

이제 각 li 태그 안에서 상품명, 상품 가격 정보를 가져오도록 하겠습니다.

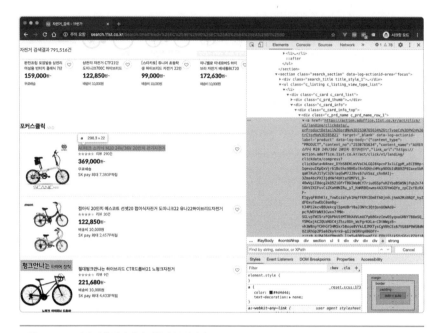

그림 10-21 11번가 검색 결과에서 상품명 분석하기

상품명을 분석하기 위해 태그를 확인하니 a 태그이고 가지고 있는 속성값을 보면 id, name 등의 정보가 없습니다. 따라서 'data-log-actionid-label'과 같은 속성값을 xpath로 //a[@data-log-actionid-label='product']와 같이 확인해 보니 고유하지 않기 때문에, 상위 태그로 올라가 해당 태그를 가져오도록 하겠습니다. 바로 한 단계 상위에 있는 div 태그의 class 속성이 'c_prd_name'입니다. 이 태그의 속성값이 고유한지 확인해 보도록 하겠습니다.

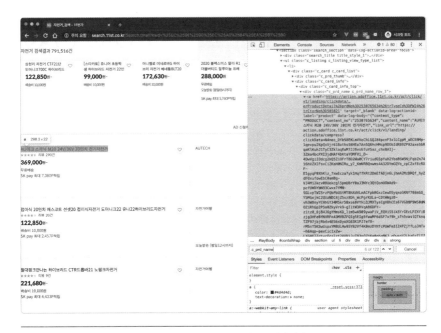

그림 10-22 11번가 검색 결과에서 상품명 분석하기 : div 태그가 고유한지 확인

검색하니 여러 개가 검색되지만 각 li 태그 안에서는 c_prd_name가 고유한것을 확인할 수 있습니다. 이를 코드로 반영하여 정상적으로 분석되었는지 실행해 보도록 하겠습니다.

> 앞서 c_prd_name으로 검색하여 확인했을 때와 같이 고유한 값이 아니지만, 좁혀 놓은 범위 안에서는 고유한 값인 경우가 많이 있습니다. 따라서 태그를 찾기 위해 범위를 좁혀가면서 자동화를 할 때에는 찾은 태그가 좁혀 놓은 범위 안에서 고유한지 확인하고 사용해야 합니다.

 예제 파일 : C:\python\examples\10\auto_web_11st.py

```
20    title_tag = elem.find_element_by_class_name('c_prd_name')
21    print(title_tag.text)
```

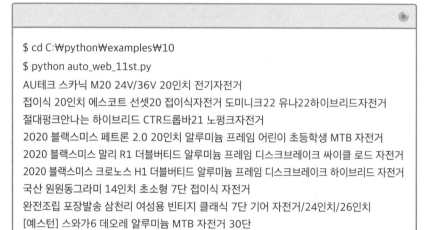

```
$ cd C:₩python₩examples₩10
$ python auto_web_11st.py
AU테크 스카닉 M20 24V/36V 20인치 전기자전거
접이식 20인치 에스코트 선셋20 접이식자전거 도미니크22 유나22하이브리드자전거
절대펑크안나는 하이브리드 CTR드롭바21 노펑크자전거
2020 블랙스미스 페트론 2.0 20인치 알루미늄 프레임 어린이 초등학생 MTB 자전거
2020 블랙스미스 말리 R1 더블버티드 알루미늄 프레임 디스크브레이크 싸이클 로드 자전거
2020 블랙스미스 크로노스 H1 더블버티드 알루미늄 프레임 디스크브레이크 하이브리드 자전거
국산 원원동그라미 14인치 초소형 7단 접이식 자전거
완전조립 포장발송 삼천리 여성용 빈티지 클래식 7단 기어 자전거/24인치/26인치
[예스턴] 스와가6 데오레 알루미늄 MTB 자전거 30단
...
```

실행해 보니 정상적으로 분석되었음을 알 수 있습니다. **정상적으로 분석된 것을**
확인하였으니 21번 줄의 print 코드는 주석으로 처리하겠습니다.

다음으로 상품 가격을 가져오도록 하겠습니다.

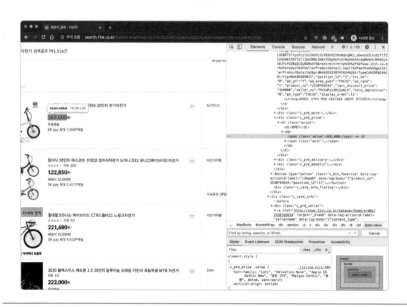

그림 10-23 11번가 검색 결과에서 판매자명 분석하기

상품 가격을 분석하니 span 태그이고 class 속성값으로 'value'를 가지고 있습니다. 이 class 속성값이 고유한지 확인해 보도록 하겠습니다.

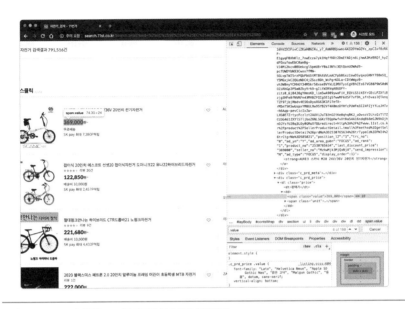

그림 10-24 class 속성이 'value'인 태그가 고유한지 확인하기

'.value'로 검색하여 확인해 보니 기존에 검색했던 결과보다 많은 수가 나옵니다. 검색어 입력란 옆에 있는 화살표를 클릭해서 결과를 직접 확인해 보면 리스트에 있는 가격뿐만 아니라 가격 비교 리스트에 있는 비교 가격에도 같은 속성값을 가지고 있는 것을 알 수 있습니다. 이 때문에 부모 태그 중 'c_prd_price' class 속성값을 가진 태그로 범위를 좁힌 후에 'value' class 속성값을 가진 태그를 가져와 가격을 수집해보도록 하겠습니다. 이 수집에서도 XPATH를 활용해보겠습니다. class 속성값으로 'c_prd_price'를 가진 div 태그를 가져오고 그 태그의 자식 태그들 중에 class 속성값으로 'value'를 가진 span 태그를 가져오는 XPATH는 './/div[@class='c_prd_price']//span[@class='value']'가 됩니다. 이 XPATH를 활용하여 가격을 수집하겠습니다.

📁 **예제 파일** : C:₩python₩examples₩10₩auto_web_11st.py

```
22    price_tag = elem.find_element_by_xpath (".//div[@class='c_prd_
      price']//span[@class='value']")
23    print(title_tag.text, price_tag.text)
```

```
$ cd C:₩python₩examples₩10
$ python auto_web_11st.py
AU테크 스카닉 M20 24V/36V 20인치 전기자전거 369,000
접이식 20인치 에스코트 선셋20 접이식자전거 도미니크22 유나22하이브리드자전거 122,850
절대펑크안나는 하이브리드 CTR드롭바21 노펑크자전거 221,680
2020 블랙스미스 페트론 2.0 20인치 알루미늄 프레임 어린이 초등학생 MTB 자전거 222,000
2020 블랙스미스 말리 R1 더블버티드 알루미늄 프레임 디스크브레이크 싸이클 로드 자전거 288,000
2020 블랙스미스 크로노스 H1 더블버티드 알루미늄 프레임 디스크브레이크 하이브리드 자전거 288,000
국산 원원동그라미 14인치 초소형 7단 접이식 자전거 396,000
완전조립 포장발송 삼천리 여성용 빈티지 클래식 7단 기어 자전거/24인치/26인치 159,000
...
```

정상적으로 수집되었는지 확인하기 위해 가져온 태그들을 출력해 보았습니다.
이제 수집은 정상적으로 완료되었으니, 엑셀 파일로 정리해 보도록 하겠습니다.

엑셀로 정리하여 이메일 발송하기

수집한 내용과 함께 이해를 돕기 위해 이전 코드를 다시 확인해 보도록 하겠습니다.

```
18    elems = driver.find_elements_by_xpath("//ul[contains(@class, 'c_
      listing_view_type_list')]/li")
19    for elem in elems:
20        title_tag = elem.find_element_by_class_name('c_prd_name')
21        # print(title_tag.text)
22        price_tag = elem.find_element_by_class_name('.//div[@class="c_
          prd_price"]//span[@class="value"]')
23        print(mall_tag.text, title_tag.text, price_tag.text)
24        worksheet.append([title_tag.text, price_tag.text])
```

```
25
26      file_name = 'C:\\python\\examples\\10\\11st_result.xlsx'
27      result_xlsx.save(file_name)
```

18번 줄부터 23번 줄까지는 웹 사이트에서 원하는 정보를 가져오는 코드입니다. 24번 줄에서 분석에 앞서 미리 생성한 Workbook 클래스 변수의 시트에 내용을 추가합니다. 한 행씩 누적해서 추가하기 위해 append 함수를 사용하였습니다.

26번 줄에서는 파일명을 포함하는 경로를 지정하였고 27번 줄에서 이 파일명으로 저장합니다. 파일명을 변수로 만든 이유는 이메일을 보낼 때 해당 파일을 전달하기 위해서입니다.

마지막으로 기존 예제에서 작성한 my_email.py 파일의 send_mail 함수를 가져와 이메일을 발송하도록 하겠습니다.

```
28
29      from my_email import send_mail
30      send_mail('이태환', '.......@gmail.com', '테스트', file_name)
```

29번 줄에서 send_mail 함수를 가져오고 30번 줄에서 이메일을 발송하였습니다. 30번 줄에서 사용한 인자값은 '이름', '수신 메일', '내용', '파일 경로'이며, 이때 제대로 테스트하려면 수신을 원하는 이메일 주소를 올바르게 입력해야 합니다.

```
31 except Exception as e:
32     print(e)
33 finally:
34     driver.quit()
```

마지막으로 31~34번 줄에 예외 처리 코드를 추가하여 자동화 프로그램을 종료합니다. 프로그램을 실행하면 결과가 출력되고 이메일이 도착한 것을 확인할 수 있습니다.

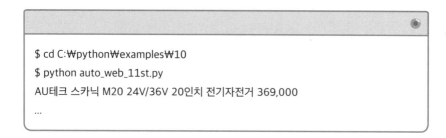

```
$ cd C:\python\examples\10
$ python auto_web_11st.py
AU테크 스카닉 M20 24V/36V 20인치 전기자전거 369,000
...
```

그림 10-25 11번가 예제 실행 결과로 발송된 이메일

그림 10-26
11번가 예제 실행 결과로 발송된
첨부 파일 내용

이번 절에서는 이전에 다뤘던 '엑셀 다루기'와 '이메일 다루기'를 활용한 '웹 사이트 다루기' 예제를 작성했습니다. 실제 업무와 유사한 예제를 작성하기 위해 오픈 마켓 사이트인 11번가 사이트로부터 원하는 데이터를 수집하고, 수집한 데이터를 엑셀 파일에 정리한 후 이메일로 발송했습니다. 이 과정에서 단순히 경로를 표현하기 위해 xpath를 사용한 것이 아니라, 다양한 조건으로 xpath를 사용하는 방법에 대해 다뤘습니다.

⑩.④ 라이브러리 살펴보기

앞선 예제를 진행하면서 사용한 라이브러리에 있는 유용한 함수들을 정리하면 다음과 같습니다. 이 밖에 추가적인 함수나 변수는 각 절에 있는 상세 주소를 참고하길 바랍니다.

태그 관련 함수와 변수

앞서 웹 사이트 다루기에서 사용한 라이브러리 함수 중, 태그와 관련된 함수와 변수를 표로 정리하였습니다. 태그와 관련된 함수와 변수는 앞서 사용했던 find_element_by_id 함수와 같이 태그를 찾거나 찾은 태그를 활용할 때 사용하는 함수와 변수를 말합니다. 아래 나열된 함수와 변수 외에 다른 함수와 변수를 확인하려면 다음 사이트를 참고하길 바랍니다.

**http://selenium-python.readthedocs.io/api.html#module-selenium.
webdriver.remote.webelement**

표 10-1 태그와 관련된 함수와 변수 목록

함수명 혹은 변수명	동작	예시 혹은 태그
find_element_by_id('myid')	id 속성으로 태그를 선택한다.	<tag id="myid"></tag>
find_element_by_name('myname')	name 속성으로 태그를 선택한다.	<tag name="myname"></tag>
find_element_by_class_name ('myclass')	class 속성으로 태그를 선택한다.	<tag class= 'myclass otherclass'> </tag>
find_element_by_tag_name('a')	태그명으로 태그를 선택한다.	<a href="http://..."></a>
find_element_by_link_text('로그인')	a 태그의 내용으로 태그를 선택한다.	<a href="http://..."> 로그인</a>
find_element_by_xpath('./td')	xpath로 태그를 선택한다.	현재 위치에서 하위 td 태그
click( )	태그를 클릭한다.	–
text	태그의 내용을 담고 있다.	<tag>내용</tag>
get_attribute('href')	속성을 반환한다.	–
send_keys('abcd')	태그에 키를 전달한다.	–

드라이버 관련 함수와 변수

앞서 웹 사이트 다루기에서 사용한 라이브러리 함수 중, 드라이버와 관련된 함수와 변수를 표로 정리하였습니다. 드라이버와 관련된 함수와 변수는 특정 웹 페이지로 이동하거나 드라이버를 종료하는 동작과 같이 크롬 드라이버와 관련된 함수와 변수를 말합니다. 아래 나열된 함수와 변수 외에 다른 함수와 변수를 확인하려면 다음 사이트를 참고하길 바랍니다.

http://selenium-python.readthedocs.io/api.html#module-selenium. webdriver.remote.webdriver

표 10-2 드라이버와 관련된 함수와 변수 목록

함수명 혹은 변수명	동작
get('http://naver.com')	특정 웹 페이지로 이동한다.
switch_to.frame(iframe)	크롬 드라이버를 특정 프레임으로 변경한다.
switch_to.default_content( )	크롬 드라이버를 원본 프레임으로 변경한다.
quit( )	크롬 드라이버를 종료한다.
current_url	현재 접속하고 있는 웹 사이트의 주소를 담고 있다.
windows	현재 열려있는 창의 리스트를 담고 있다.

ActionChains 클래스가 가진 함수

앞서 웹 사이트 다루기에서 사용한 라이브러리 함수 중, ActionChains 클래스가 가진 함수를 표로 정리하였습니다. 아래 나열된 함수 외에 다른 함수를 확인하려면 다음 사이트를 참고하길 바랍니다.

http://selenium-python.readthedocs.io/api.html#module-selenium.webdriver.common.action_chains

표 10-3 ActionChains 클래스가 가진 함수 목록

함수명	동작
click( )	현재 위치에서 마우스 왼쪽 버튼 클릭 동작을 저장한다.
context_click( )	현재 위치에서 마우스 오른쪽 버튼 클릭 동작을 저장한다.
double_click( )	현재 위치에서 마우스 왼쪽 버튼 더블 클릭 동작을 저장한다.
move_by_offset(x, y)	현재 위치에서 인자값만큼 마우스 이동 동작을 저장한다.
move_to_element(elem)	인자값으로 넣은 태그 위치로 마우스 이동 동작을 저장한다.
send_keys('key')	키 전송 동작을 저장한다.
perform( )	저장된 동작을 수행한다.

XPATH 활용법

xpath에서 class 속성에 대한 조건문을 사용할 때에는 contains 함수의 사용을 권장합니다. class 속성은 여러 가지 속성값을 가질 수 있는데, //*[@ class='test']와 같이 사용하면 실제로 class 속성값으로 'test'를 가진 태그이더라도 다른 속성값을 가지고 있는 경우 찾지 못할 수도 있기 때문입니다.

표 10-4 XPATH 활용 방법

XPATH	의미
./li	현재 태그의 바로 하위에 있는 li 태그
../li	바로 상위에 있는 태그의 하위에 있는 li 태그
//li	문서 전체 중 모든 li 태그
//li//li	문서 전체 중 모든 li 태그의 하위에 있는 모든 li 태그
//li[@id='myid']	문서 전체 중 id 속성이 'myid'인 li 태그
//*[@id='myid']	문서 전체 중 id 속성인 모든 태그
//input[@class!='myclass']	문서 전체 중 class 속성에 'myclass'가 없는 모든 태그
//a[text( )='2']	문서 전체 중 태그 내용이 '2'인 a 태그
//a[contains(text( ), '다음')}	문서 전체 중 태그 내용에 '다음'이 포함되는 a 태그
//a[contains(@id, 'this')]	문서 전체 중 id 속성에 'this'가 포함된 a 태그
//a[starts-with(@id, 'this')]	문서 전체 중 id 속성이 'this'로 시작하는 a 태그

태그 준비까지 대기하기

이번 장에서 다룬 웹 사이트 중, 인스타그램 예제에서 웹 사이트가 준비되지 않은 채로 분석을 시작하지 않도록 time 라이브러리에 있는 sleep 함수를 사용하여 대기를 했습니다. 하지만 sleep 함수는 인자값으로 주어진 시간 동안 기다리는 함수이기 때문에 만약에 해당 시간 안에 웹 사이트가 준비되지 않는다면 오류가 발생하면서 프로그램이 종료됩니다. 이를 위해서 sleep 함수를 사

용하여 충분히 여유 있는 시간 동안 대기할 수도 있지만 조금 더 편리한 방법
이 있습니다. 최대로 대기할 시간을 정해 놓고 이 시간 안에 원하는 태그가 준
비된다면 대기를 멈추고 태그를 가져와 프로그램을 진행하는 방법입니다.

다음 예제는 인스타그램 예제에서 로그인 링크를 클릭하는 코드만 가져와 수
정한 예제입니다. 이전에 설명했던 부분에 대한 설명은 생략하고, 새롭게 추가
되고 변경된 코드에 대해서만 살펴보겠습니다.

📁 **예제 파일** : C:₩python₩examples₩10₩auto_web_wait.py

```
01 from selenium import webdriver
02 from selenium.webdriver.common.keys import Keys
03 from selenium.webdriver.common.action_chains import ActionChains
04 import time
05 from selenium.webdriver.support.ui import WebDriverWait
06 from selenium.webdriver.common.by import By
07 from selenium.webdriver.support import expected_conditions as EC
```

5~7번 줄에서 태그를 대기시키기 위해 필요한 라이브러리를 가져왔습니다. 5
번 줄에서 가져온 **WebDriverWait 클래스**는 태그를 찾을 때까지 실제 대기를 수
행하는 함수를 가진 클래스입니다. 6번 줄에서 가져오는 By 클래스는 원하는
태그를 가져오기 위해 사용할 속성의 종류 정보를 가지고 있습니다. 예를 들어
id 속성값으로 찾을 경우 By.ID를 사용할 수 있고, name 속성값으로 찾을 경
우 By.NAME을 사용할 수 있습니다. 7번 줄에서 가져오는 **expected_conditions**
는 원하는 태그를 기다리기 위한 조건 클래스를 가지고 있습니다. 예를 들
어 특정 태그가 클릭이 가능할 때까지 기다릴 때는 expected_conditions.
element_to_be_clickable 클래스를 사용할 수 있습니다.

7번 줄에서 expected_conditions를 가져오는 코드에 처음 보는 'as EC'라
는 코드가 추가되었습니다. as 구문은 라이브러리를 가져올 때는 처음 사용하
지만 이전에 예외 처리를 할 때 'Exception as e'라는 코드를 작성했을 때 사

용했습니다. 예외 처리를 할 때 사용할 때와 동일하게 as 구문은 라이브러리의 이름을 명명하는 구문입니다. 즉 7번 줄과 같이 as 구문을 사용하여 라이브러리를 가져온 경우, expected_conditions.XXXX가 아닌 EC.XXXX와 같은 형태로 클래스와 함수를 사용할 수 있습니다.

📁 **예제 파일** : C:₩python₩examples₩10₩auto_web_wait.py

```
08
09 driver = webdriver.Chrome('./chromedriver')
10
11 try:
12     driver.get('https://www.instagram.com/')
13
14     wait = WebDriverWait(driver, 60)
15
16     cond = EC.element_to_be_clickable((By.LINK_TEXT, '로그인'))
17     btn = wait.until(cond)
18     btn.click()
19
20 except Exception as e:
21     print(e)
22 finally:
23     driver.quit()
```

9~12번 줄에서 인스타그램 사이트로 이동하였고, 14번 줄에서 WebDriverWait 클래스 변수를 생성하였습니다. WebDriverWait 클래스 변수를 생성할 때, 인자값으로 drvier 변수와 60을 넣었습니다. driver 변수는 현재 페이지에서 대기하기 위해 필요하고, 60은 최대로 대기할 시간을 의미합니다.

16번 줄에서는 페이지를 대기하기 위한 조건을 생성합니다. 여기서 조건은 단순히 특정 태그가 화면에 보일 때까지를 의미할 수도 있지만, 특정 태그가 클릭이 가능한지 혹은 제목에 특정 문자열이 포함되는지 등 다양한 조건을 의미합니다. 이 예제에서는 특정 태그를 클릭하기 위한 대기이므로, 태그가 클릭 가능할 때까지 기다리는 클래스를 사용하도록 하겠습니다. expected_conditions 를 EC로 명명했기 때문에 EC로 사용했고 element_to_be_clickable

클래스를 사용하였습니다. element_to_be_clickable 클래스가 함수처럼 쓰이고 있는데, 이는 selenium 라이브러리에서 내부적으로 클래스를 함수처럼 사용할 수 있도록 구현했기 때문입니다. 따라서 기존에 함수를 사용하는 것과 동일한 방법으로 사용할 수 있습니다.

element_to_be_clickable 클래스에 전달한 인자값은 하나의 튜플이고, 튜플에는 By.LINK_TEXT 값과 '로그인'이라는 값이 들어 있습니다. 이처럼 태그를 찾을 때 원하는 방법과 그 방법에 필요한 값을 튜플 형태로 전달하여, 특정 태그에 대한 원하는 조건을 생성할 수 있습니다.

17번 줄에서는 14번 줄에서 생성한 WebDriverWait 클래스 변수의 함수인 until 함수를 사용하여 대기를 합니다. until 함수의 인자값에 16번 줄에서 생성한 조건을 넣어, 해당 조건이 만족할 때까지 기다리고, 이는 14번 줄에서 지정했듯이 최대 60초까지 대기하게 됩니다. 원하는 태그가 클릭이 가능한 상태가 되어 조건을 만족하면 until 함수는 태그를 다루는 클래스를 반환합니다. 그 이후부터는 기존 예제와 동일한 방법으로 웹 사이트를 다룰 수 있습니다. 따라서 18번 줄과 같이 click 함수를 호출할 수 있습니다.

다음에 나오는 두 표는 By 클래스에 정의된 태그를 찾는 방법들과 조건을 생성할 수 있는 함수 중 유용한 함수를 정리한 표입니다. 표 10-5 에 정리된 조건 외에 더 많은 목록을 확인하고 싶다면 다음 사이트를 참고하길 바랍니다.

http://selenium-python.readthedocs.io/api.html#module-selenium.
webdriver.support.expected_conditions

표 10-5 By 클래스에 정의된 태그를 찾는 방법 목록

By 클래스에 정의된 변수	의미
By.ID	id 속성값을 의미한다.
By.XPATH	XPATH를 의미한다.
By.LINK_TEXT	a 태그의 내용을 의미한다.
By.PARTIAL_LINK_TEXT	a 태그의 내용 일부를 의미한다.
By.NAME	name 속성값을 의미한다.
By.TAG_NAME	태그명을 의미한다.
By.CLASS_NAME	class 속성값을 의미한다.

표 10-6 expected_conditions에 정의된 조건 목록

조건 클래스	의미	예시
title_is	웹 사이트 제목이 특정 문자열과 일치하는지 확인한다.	EC.title_is('네이버')
title_contains	웹 사이트 제목의 일부에 특정 문자열이 포함되는지 확인한다.	EC.title_contains('네이버')
url_contains	웹 사이트 주소의 일부에 특정 문자열이 포함되는지 확인한다.	EC.url_contains('abcd')
visibility_of_element_located	특정 태그가 화면에 표시되었는지 확인한다.	EC.visibility_of_element_located((By.ID, 'idtest'))
text_to_be_present_in_element	특정 태그 내용에 특정 문자열이 포함되는지 확인한다.	EC.text_to_be_present_in_element_value((By.ID, 'idtext'), '원하는문자열')
element_to_be_clickable	특정 태그가 클릭 가능한지 확인한다.	EC.element_to_be_clickable((By.ID, 'idtext'))

알림창 다루기

본 책에서 다룬 '웹 사이트 다루기' 예제는 알림창을 다루지 않았습니다. 따라서 웹 사이트에서 원하는 자동화를 수행하다가 알림창이 뜬다면 나머지 자동화를 진행할 수 없습니다. 이처럼 웹 사이트에서 알림창이 뜨는 경우, 이를 처리하는 방법에 대해 다뤄 보겠습니다.

알림창이란 사용자에게 메시지나 알림을 주거나, 동의 여부 등을 확인할 때 사용되는 창입니다. 브라우저마다 표시되는 모습이 조금 다르지만 모두 같은 알림창입니다.

다음 그림은 크롬 브라우저와 사파리 브라우저에서 나오는 알림창의 모습입니다.

그림 10-27 크롬 브라우저에서 알림창의 모습

그림 10-28 사파리 브라우저에서 알림창의 모습

앞선 그림처럼 알림창이 뜨면 알림창을 닫기 전까지 웹 사이트에서 아무런 동작을 할 수가 없습니다. 따라서 알림창이 뜨면 이 알림창을 닫는 예제를 작성하겠습니다. 알림창을 생성하는 예제 사이트에 접속하여 알림창이 뜨도록 한후, 이 알림창을 닫겠습니다.

📁 **예제 파일** : C:₩python₩examples₩10₩auto_web_alert.py

```
01 import time
02 from selenium import webdriver
03 from selenium.webdriver.common.alert import Alert
04
05 driver = webdriver.Chrome('./chromedriver')
06
07 try:
08     driver.get('https://www.w3resource.com/javascript/alert-example1.
       html')
09
10     time.sleep(1)
11
12     alert = Alert(driver)
13     alert.accept()
14
15     input()
16
17 except Exception as e:
18     print(e)
19 finally:
20     driver.quit()
```

1번 줄은 알림창이 닫히기 전에 대기하기 위해 time을 가져온 코드이고 2번 줄은 크롬 드라이버로 브라우저를 띄우기 위해 가져온 코드, 3번 줄이 새롭게 추가된 클래스입니다. Alert라는 클래스는 알림창을 다루는 클래스입니다. 5번 줄에서 브라우저를 띄우고, 8번 줄에서 알림창이 뜨는 예제 사이트로 이동했습니다.

알림창이 뜨는 것을 확인하기 위해 10번 줄에서 1초 대기를 합니다. 이는 실제로 알림창이 뜨는지 확인하기 위한 코드이기 때문에, 실제 업무 자동화 프로그램에서 적용할 때는 기다리지 않아도 됩니다.

12번 줄에서 Alert 클래스 변수로 alert 변수를 생성하였습니다. WebDriverWait 클래스 변수를 생성했을 때와 동일하게 현재 페이지에 뜬 알림창을 다루기 위해 driver를 인자값으로 넣었습니다. 13번 줄에서는 alert 클래스 변수가 가진 accept 함수를 호출하여 알림창을 닫았습니다. 이는 확인 버튼을 누르는 함수로 알림창을 닫도록 합니다.

확인과 취소 버튼이 있는 알림창은 어떻게 다룰 수 있을까요?

예제에서 다룬 알림창 외에 확인과 취소 버튼이 같이 있는 알림창도 있습니다. 이러한 경우에 확인 버튼과 취소 버튼을 구분하기 위해 selenium 라이브러리는 accept 함수와 dismiss 함수를 제공합니다.

```
alert = Alert(driver)
alert.accept( ) # 확인 버튼 누르기
alert.dismiss( ) # 취소 버튼 누르기
```

앞 예제와 같이 확인 버튼을 누르기 위해서 accept 함수를 사용했지만 취소 버튼을 누르기 위해서는 dismiss 함수를 사용할 수 있습니다.

예제에서 확인했듯이 알림창이 뜨는 경우에도 Alert 클래스를 사용하여 알림 창을 닫고 웹 자동화를 진행할 수 있습니다.

새 창 다루기

본 책에 나오는 웹 사이트 다루기 예제는 새 창으로 웹 페이지가 출력되는 웹 사이트를 다루지 않았습니다. 따라서 웹 사이트에서 원하는 자동화를 수행하다가 다루고 싶은 웹 페이지가 새 창으로 출력된다면 나머지 자동화를 진행할 수 없었습니다. 이처럼 웹 사이트에서 새 창으로 웹 페이지가 생성될 때, 새 창으로 이동하여 자동화를 진행하는 예제를 작성하겠습니다. 새 창으로 웹 페이지가 생성되는 사이트를 테스트하기 위해, 새 창 생성을 학습하는 사이트에 들어가 새 창을 생성하고 새로 생성된 창으로 이동하여 창의 제목을 출력해 보도록 하겠습니다.

예제 파일 : C:\python\examples\10\auto_web_window.py

```
01 from selenium import webdriver
02
03 driver = webdriver.Chrome('./chromedriver')
04
05 try:
06     driver.get('https://www.quirksmode.org/js/popup.html#create')
07
08     btn = driver.find_element_by_link_text("Open popup")
09     btn.click()
10
11     wins = driver.window_handles
12     driver.switch_to_window(wins[1])
13
14     print(driver.title)
15
16     input()
17
18 except Exception as e:
19     print(e)
20 finally:
21     driver.quit()
```

1~6번 줄은 예제 사이트로 이동하기 위한 코드입니다. 8번 줄은 예제 사이트에서 팝업(새로운 창)을 생성하기 위한 태그를 분석한 결과로, 'Open popup'이라는 내용을 가진 a 태그입니다. 따라서 find_element_by_link_text 함수를 사용하여 해당 태그를 가져왔습니다. 9번 줄에서는 가져온 태그를 클릭하였습니다.

11번 줄에서 windows 변수의 값을 가져왔습니다. windows 변수는 현재 크롬 드라이버에 열려 있는 창들의 클래스 변수를 담고 있는 리스트를 반환합니다. 9번 줄에서 버튼을 클릭하여 새 창이 생성되었기 때문에 wins 변수는 다룰 수 있는 클래스를 2개 가진 리스트 변수입니다. 리스트에서 각 값의 순서는 창이 열린 순서이기 때문에 새롭게 생성된 창은 두 번째 값입니다. 따라서 12번 줄에서 wins[1]을 사용하였습니다. 12번 줄에서 switch_to_window 함수를 사용하였는데, 이는 창을 다룰 수 있는 클래스를 인자값으로 받아 해당 창으로 이동하는 함수입니다. 이 장의 10.2 '중고나라 검색 결과 가져오기'절에서 사용했던 switch_to_frame과 유사하게 동작합니다. switch_to_window 함수를 사용한 후 driver 변수는 변경된 창에서 동작하게 됩니다. 따라서 13번 줄에서 출력한 값은 프리렉 출판사 사이트의 제목이 아니라 새로 열린 창의 제목이 출력됩니다.

다음은 예제를 실행한 결과입니다.

```
$ cd C:₩python₩examples₩10
$ python auto_web_window.py
JavaScript - Popup example
```

이번 예제에서 알 수 있듯이, 12번 줄과 같이 창을 변경한 뒤에는 기존에 웹사이트를 분석하고 자동화 코드를 작성했던 것과 같이, 새 창에서 태그를 분석하고 프로그램을 작성하면 됩니다.

PART 3
컴퓨터가 스스로 일하게 하기

Part 3에서는 프로그램의 스케줄링에 대해서 다룹니다.
프로그램의 스케줄링이란, Part 2에서 만든 자동화
프로그램들을 직접 실행하는 것이 아니라, 정해진 시간과
날짜에 컴퓨터가 자동으로 실행하도록 설정하는 것입니다.
매일 같은 시간에 같은 동작을 반복하는 경우, Part 3에서
다루는 스케줄링을 통해 나만의 비서처럼 자동으로 업무가
처리되는 것을 확인할 수 있습니다.

CHAPTER 11 메신저 연동하기

이번 장에서는 앞에서 만든 자동화 프로그램 결과를 텔레그램(https://telegram.org/)과 연동하여 공유하는 방법에 대해 알아보겠습니다. 텔레그램은 봇 생성이 쉬운 메신저 중 하나로 모바일, PC, 웹 등 모든 환경에서 사용할 수 있는 메신저입니다.

11.1 텔레그램 봇 만들기

텔레그램 봇을 생성하기에 앞서, 독자분이 텔레그램 서비스에 가입했다고 가정하고 진행하겠습니다. 텔레그램은 봇을 만드는 과정을 봇으로 제공하기 때문에 메신저 안에서 만들 수 있습니다.

BotFather 봇 시작하기

텔레그램 메신저를 켜면 왼쪽 상단에 검색할 수 있는 입력 칸이 있는데, 이 곳에 "@BotFather"를 검색합니다.

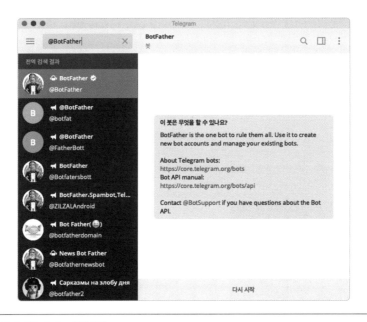

그림 11-1 @BotFather 검색 결과

검색하면 유사한 봇이 많이 나오지만 가장 상단에 나오는 @BotFather 봇을 선택합니다. 그림에는 [다시 시작] 버튼이 있지만, [시작]이라고 적혀 있거나 언어에 따라 [Start] 버튼이 있기도 합니다. 이 버튼을 클릭합니다.

봇 생성하기

버튼을 클릭하면 여러 명령어를 소개하는데, 메시지를 작성하는 공간에 새로운 봇을 만들겠다는 의미로 '/newbot'을 입력한 후 [Enter] 키를 누릅니다. 입력 후에 "Alright, a new bot. How are we going to call it? Please choose a name for your bot."이라는 메시지가 출력됩니다. 새로운 봇의 이름을 정해 달라는 메시지인데, 필자는 'FreelecAuto'를 입력했습니다. 만약 이미 있는 이름을 사용한 경우 다른 이름을 작성하라고 메시지가 나올 수 있습니다. 그 이후에는 "Good. Now let's choose a username for your bot. It must end in `bot`. Like this, for example: TetrisBot or tetris_bot."라는 메시지가 나옵니다. 봇의 이름을 정했으니 이제 'bot'으로 끝나는 이름을 알려 달라는 메시지입니다. 필자는 'FreelecAutoBot'을 입력했습니다.

여기까지 입력하면 봇 생성이 완료되고, HTTP API에 접근할 수 있는 토큰을 생성해서 알려줍니다. 이 토큰은 후에 사용되니, 잘 숙지해두길 바랍니다.

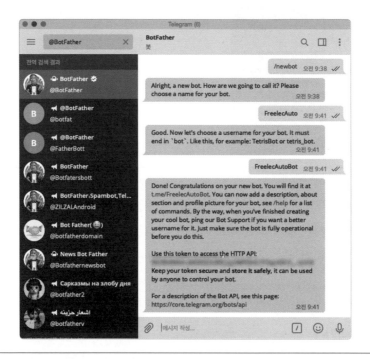

그림 11-2 텔레그램 봇 생성 과정

생성된 토큰은 추후 메시지를 발송할 때 사용하기 위해, 따로 보관합니다.

⑪.² 라이브러리 소개

텔레그램을 활용하기 위해 필요한 라이브러리는 'python-telegram-bot'이라는 라이브러리로, 이 외에도 'telepot'이라는 라이브러리도 있지만 최근에 지원이 중단됐습니다. 이 라이브러리는 최근 텔레그램에 추가되는 기능들도 지원할 수 있도록 지속적으로 업데이트되고 있습니다. 따라서 여기에서는 'python-telegram-bot'을 사용합니다.

라이브러리명	python-telegram-bot
파이썬 지원 버전	3.5 or higher
레퍼런스	https://python-telegram-bot.readthedocs.io/en/stable/
사용 버전	12.4.2

라이브러리 설치

라이브러리를 설치할 때는 앞서 openpyxl 라이브러리를 설치할 때 사용했던 pip라는 프로그램을 사용합니다.

```
$ python -m pip install python-telegram-bot
Collecting python-telegram-bot
  Downloading python_telegram_bot-12.4.2-py2.py3-none-any.whl (360 kB)
(중략)
Successfully installed decorator-4.4.2 future-0.18.2 python-telegram-bot-12.4.2
tornado-6.0.3
```

라이브러리 설치 확인

먼저 라이브러리가 정상적으로 설치되었는지 확인해 보겠습니다. 명령 프롬프트(윈도우)나 터미널(맥)을 실행하여, 파이썬을 실행하고 나서 다음과 같이 라이브러리를 import하여 확인합니다. 명령을 실행할 수 있는 '>>>' 부분이 시작되기 전의 내용은 실행 환경에 따라 다를 수 있습니다.

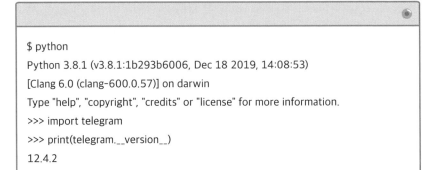

```
$ python
Python 3.8.1 (v3.8.1:1b293b6006, Dec 18 2019, 14:08:53)
[Clang 6.0 (clang-600.0.57)] on darwin
Type "help", "copyright", "credits" or "license" for more information.
>>> import telegram
>>> print(telegram.__version__)
12.4.2
```

다음은 라이브러리가 정상적으로 설치되지 않았을 때 나오는 오류입니다. 이러한 메시지가 출력된다면 pip를 사용하여 라이브러리를 다시 설치하기 바랍니다.

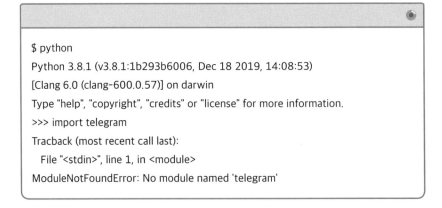

```
$ python
Python 3.8.1 (v3.8.1:1b293b6006, Dec 18 2019, 14:08:53)
[Clang 6.0 (clang-600.0.57)] on darwin
Type "help", "copyright", "credits" or "license" for more information.
>>> import telegram
Tracback (most recent call last):
  File "<stdin>", line 1, in <module>
ModuleNotFoundError: No module named 'telegram'
```

11.3 도전 업무: 네이버 검색 결과 메신저로 받기

평사원

사내 메신저로 텔레그램을 쓰는데, 매번 자료를 정리해서 메신저로 공유하기가 번거롭다. 자동으로 수집하고 정리해서 공유까지 할 수는 없을까?

네이버 검색 결과를 수집해서

메신저로 전달해 보자!

네이버 검색 결과를 일괄 수집하여
메신저로 자동 전송해 보자!

네이버 검색 결과 수집하기

이번 절에서는 9장에서 다뤘던 네이버 검색 결과 수집을 활용합니다.

📁 **예제 파일**: C:₩python₩examples₩11₩auto_telegram.py

```python
01 import telegram
02 from selenium import webdriver
03 from selenium.webdriver.common.keys import Keys
04
05 driver = webdriver.Chrome('chromedriver')
06
07 msg = ''
08 try:
09     driver.get('https://naver.com')
10
11     elem = driver.find_element_by_id('query')
12     elem.send_keys('파이썬')
13     elem.send_keys(Keys.RETURN)
14
15     div = driver.find_element_by_class_name('_blogBase')
16     blogs = div.find_elements_by_xpath('./ul/li')
17     for blog in blogs:
18         title_tag = blog.find_element_by_class_name('sh_blog_title')
19         msg += title_tag.text + '\n'
20
21 except Exception as e:
22     print(e)
23 finally:
24     driver.quit()
```

1번 줄에서 앞서 설치한 라이브러리를 가져옵니다. 2~3번 줄에서는 네이버 검색 결과를 수집하기 위한 라이브러리 selenium을 가져옵니다. 7번 줄과 19번 줄에 msg 변수 관련 코드를 제외하고 9장에서 다뤘던 예제와 동일한 코드입니다.

7번 줄에서 네이버 검색 결과로 메시지 내용을 만들기 위한 변수를 생성합니다. 19번 줄에서는 msg 변수에 검색 결과 중 블로그의 제목을 추가합니다. 이때 각 제목이 한 줄에 나타날 수 있도록 '₩n' 문자도 함께 추가합니다.

텔레그램 채팅 ID 조회

이번 절에서는 잠시 다른 예제 파일을 활용하여 텔레그램 채팅 ID를 구해 보겠습니다. 이 과정이 필요한 이유는 메시지를 발송하기 위해서 채팅 ID가 필요하기 때문입니다. 채팅 ID를 구하기 위해서 먼저 앞서 생성한 봇을 활성화하고 테스트 메시지를 발송해야 합니다.

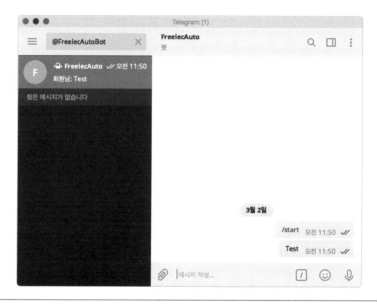

그림 11-3 생성한 봇 활성화와 테스트 메시지 발송

봇을 검색한 후 [시작]을 눌러 봇을 활성화합니다. 이때 자동으로 '/start'가 입력되고 그 이후에 테스트 메시지를 발송합니다.

📁 **예제 파일**: C:\python\examples\11\view_chatid.py

```
01 import telegram
02
03 token = '발급받은 토큰'
04 bot = telegram.Bot(token)
05 updates = bot.getUpdates()
06 print(updates[-1].message.chat.id)
```

1번 줄에서 텔레그램을 사용하기 위한 라이브러리를 가져옵니다. 3번 줄은 11.1절에서 봇 생성 시 발급받은 토큰을 입력합니다. 본 예제에서는 이 토큰을 이용하여 봇을 제어합니다. 4번 줄에서 토큰으로 봇을 제어하기 위한 클래스 변수를 생성하고 5번 줄에서 봇의 최근 업데이트 정보를 가져옵니다. 6번 줄에서 최근 업데이트 중, 메시지 정보를 읽어와 채팅 ID를 출력합니다. 가장 최근 정보를 출력하기 위해 -1 인덱스를 사용합니다.

```
$ cd C:₩python₩examples₩11
$ python view_chatid.py
57841042
```

view_chatid.py 파일을 실행하면 채팅 ID가 출력되고, 이 채팅 ID를 보관합니다.

텔레그램 메시지 보내기

앞선 '네이버 검색 결과 수집하기'에서 작성 중이던 auto_telegram.py 파일로 돌아와 메시지를 보내 보겠습니다.

📁 **예제 파일**: C:₩python₩examples₩11₩auto_telegram.py

```
25
26 token = '발급받은 토큰'
27 bot = telegram.Bot(token)
28 bot.sendMessage(57841042, msg)
```

26번 줄과 27번 줄은 앞선 '텔레그램 채팅 ID 조회'에서 채팅 ID를 조회할 때와 같은 방법으로 클래스 변수를 생성합니다. 28번 줄에서는 같은 절에서 조회한 채팅 ID와 메시지를 인자값으로 전달하여 텔레그램 메신저로 메시지를 보냅니다.

```
$ cd C:₩python₩examples₩11
$ python auto_telegram.py
```

여기까지 작성한 후 실행하면 수집된 블로그 제목들을 텔레그램 메신저로 전달받을 수 있습니다.

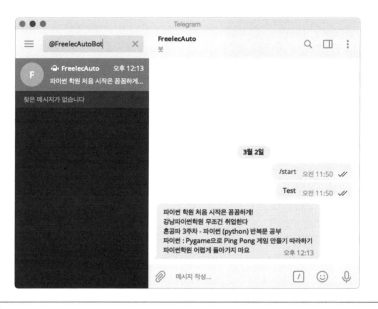

그림 11-4 자동으로 수집된 블로그 내용을 메신저로 수신

이번 절에서는 텔레그램 메신저를 자동화하기 위해 간단한 웹 사이트 다루기 예제를 활용하여 예제를 작성했습니다. 예제에서 알 수 있듯이 메신저로 연동하는 방법이 매우 쉽고 간단하기 때문에 쉽게 활용할 수 있습니다.

11.4 라이브러리 살펴보기

다른 채팅방에서 봇 활용하기

다른 채팅방에 봇을 초대하여 활용하는 방법입니다.

그림 11-5 봇을 그룹에 추가하기

봇 채팅방 메뉴에 있는 [그룹에 추가] 버튼을 누르면 특정 그룹에 봇을 추가할 수 있습니다. 봇 채팅방의 채팅 ID를 구할 때와 마찬가지로 그룹에 추가한 이후로 그룹에 테스트 메시지를 추가한 후에 11.3절 '텔레그램 채팅 ID 조회'에서 작성한 view_chaid.py를 실행하면 그룹의 채팅 ID를 확인할 수 있습니다. 그룹의 채팅 ID는 음수일 수도 있습니다.

문자 메시지 보내기

특정 채팅방으로 문자 메시지를 보내는 방법입니다. 발급받은 토큰과 채팅 ID는 올바른 값을 넣어야 합니다.

📁 **예제 파일**: C\python\examples\11\11.4-1.py

```
01 import telegram
02 token = '발급받은 토큰'
03 bot = telegram.Bot(token)
04 bot.send_message(채팅ID, '메시지')
```

사진 보내기

특정 채팅방으로 사진을 보내는 방법입니다. 발급받은 토큰과 채팅 ID는 올바른 값을 넣어야 합니다.

📁 **예제 파일**: C\python\examples\11\11.4-2.py

```
01 import telegram
02 token = '발급받은 토큰'
03 bot = telegram.Bot(token)
04 bot.send_photo(채팅ID, open('사진 파일 경로', 'rb'))
```

send_photo 함수의 두 번째 인자값에 파일을 open하여 전달하면 이 파일을 읽어 전달합니다. 이때 주의해야할 점은 'rb'로 읽어야 한다는 점입니다.

오디오 보내기

특정 채팅방으로 오디오를 보내는 방법입니다. 발급받은 토큰과 채팅 ID는 올바른 값을 넣어야 합니다.

📁 **예제 파일**: C\python\examples\11\11.4-3.py

```
01 import telegram
02 token = '발급받은 토큰'
03 bot = telegram.Bot(token)
04 bot.send_audio(채팅ID, open('오디오 파일 경로', 'rb'))
```

send_audio 함수의 두 번째 인자값에 파일을 open하여 전달하면 이 파일을 읽어 전달합니다. 이때 주의해야할 점은 'rb'로 읽어야 한다는 점입니다.

비디오 보내기

특정 채팅방으로 비디오를 보내는 방법입니다. 발급받은 토큰과 채팅 ID는 올바른 값을 넣어야 합니다.

📁 **예제 파일**: C\python\examples\11\11.4-4.py

```
01 import telegram
02 token = '발급받은 토큰'
03 bot = telegram.Bot(token)
04 bot.send_video(채팅ID, open('비디오 파일 경로', 'rb'))
```

send_video 함수의 두 번째 인자값에 파일을 open하여 전달하면 이 파일을 읽어 전달합니다. 이때 주의해야할 점은 'rb'로 읽어야 한다는 점입니다.

CHAPTER 12
내가 만든 프로그램 스케줄링하기

이번 장에서는 앞에서 만든 자동화 프로그램을 원하는 시간에 자동으로 실행되게끔 하는 '**스케줄링**'에 대해 알아보겠습니다. 따라서 이번 장에서는 스케줄링을 하기 위한 프로그램 설정 방법 등을 알아보고, 기존의 파이썬 코드를 스케줄링으로 실행하려면 어떻게 변경해야 하는지 살펴보겠습니다.

12.1 cron이란?

cron은 유닉스 계열의 운영체제에서 사용되는 잡 스케줄러(Job Scheduler)입니다. 쉽게 설명하면 일반 사용자가 사용하는 운영체제인 윈도우(Windows)가 있고, 서버 등에서 쓰이는 유닉스(Unix) 계열의 운영체제가 있는데, 이 유닉스 계열의 운영체제는 cron이라는 잡 스케줄러를 가지고 있습니다. 잡 스케줄러라는 말은 말 그대로 특정 동작(Job)을 스케줄링해 주는 프로그램이라는 의미입니다. 이는 날짜, 시간, 요일 등의 정보를 넣어 원하는 때에 원하는 프로그램을 주기적으로 실행할 수 있도록 스케줄링합니다.

cron을 사용하는 이유는 아주 간단하게 설정을 편집할 수 있고 모든 운영체제에서 동일한 설정 정보를 사용하기 때문입니다. 하지만 유닉스 계열의 운영체제를 사용하는 맥(Mac)에는 cron이 기본적으로 탑재되어 있지만, 윈도우에는 cron이 없기 때문에 별도로 설치해야 합니다. 다행히 무료 소프트웨어로 윈도우용 cron을 배포하는 곳이 있어, 이를 활용하여 스케줄링을 진행해 보도록 하겠습니다.

⑫.② cron 설치하기

이번 절에서는 cron을 설치하는데, 앞서 설명한 것처럼 윈도우 사용자만 설치를 진행하면 됩니다. 먼저, 설치 파일을 내려받고자 nncron 사이트(http://www.nncron.ru)로 이동합니다.

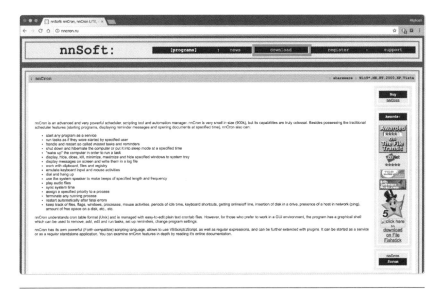

그림 **12-1** nncron 사이트 : 내려받기 링크

그림을 참고하여 다운로드 페이지로 이동하면 nncronlt117.exe 파일이 있습니다. nncron은 상용 소프트웨어지만 lite 버전인 nncronlt는 무료 소프트웨어입니다. 따라서 nncronlt117.exe 파일을 내려받겠습니다.

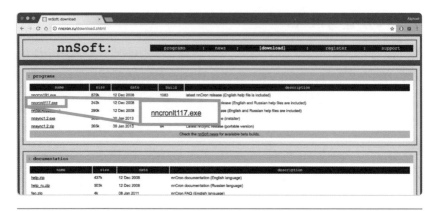

그림 **12-2** nncronlt117.exe 파일 내려받기

내려받은 파일을 실행하고 화면에 나오는 지시대로 진행하면 설치가 완료됩니다.

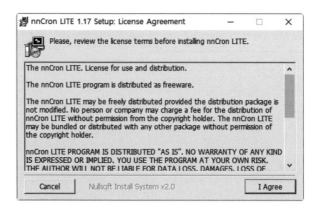

그림 **12-3** nncron lite 1.17 설치

설치를 완료하면 nnCron LITE라는 서비스 프로그램이 자동으로 실행됩니다. 이 프로그램은 사용자에게는 보이지 않고 백그라운드에서 실행되는 프로그램 입니다. 스케줄링을 설정하면 이 프로그램이 스케줄링한 대로 원하는 파이썬 프로그램을 실행하는 것을 확인할 수 있습니다.

⑫.③ cron 설정하기

cron 설치를 완료하였다면, 이제 각 운영체제별로 설정 파일을 편집하는 방법에 대해 알아보겠습니다. 설정 방법은 윈도우와 맥, 둘 다 같지만 편집기 사용 방법은 서로 다릅니다.

윈도우에서 cron 설정 준비하기

윈도우에서는 특정 파일을 텍스트 편집기로 열어서 수정하면 됩니다. 하지만 편집할 때 주의해야 할 부분이 있습니다. 편집기로는 워드패드 사용을 권장하며, 실행 시 꼭 관리자 권한으로 실행해야 한다는 점입니다. 왜냐하면 설정을 위한 파일에는 일반 사용자가 접근할 수 없도록 권한이 설정되어 있기 때문입니다.

먼저, 워드패드를 관리자 권한으로 실행하겠습니다. 시작 버튼을 누른 후에 '워드패드'를 입력합니다. 입력할 수 있는 별도의 창이 뜨는 것은 아니고, 시작 버튼을 누르고 문자를 입력하면 됩니다. 워드패드를 검색해서 메뉴가 나오면, 마우스 오른쪽 버튼을 클릭하여 [관리자 권한으로 실행] 메뉴를 누릅니다. 이렇게 하면 관리자 권한으로 워드패드가 실행됩니다.

그림 12-4
시작 메뉴에서 '워드패드'를 검색

워드패드가 실행되면 설정 파일을 열어야 합니다. 설정 파일을 열기 위해 [파일] 메뉴를 누르고 [열기] 버튼을 누릅니다.

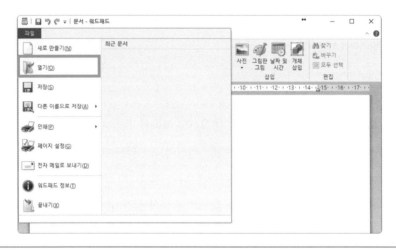

그림 12-5 [파일] 메뉴의 [열기] 버튼 누르기

[열기] 창에서 설정 파일을 열려면 모든 파일을 볼 수 있어야 합니다. 따라서 [파일 형식]을 [모든 문서(*.*)]로 지정하고, nncron이 설치되어 있는 폴더로 이동한 후에 cron.tab 파일을 열어 보겠습니다.

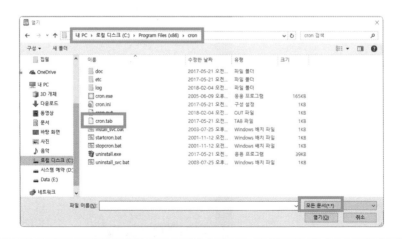

그림 12-6 [열기] 창에서 [파일 형식]을 [모든 문서(*.*)]로 지정하기

cron.tab 파일을 열면 '#'으로 시작하는 내용이 일부 있습니다. '#'으로 시작하는 내용은 주석으로, 실제 동작과 관계없는 내용이기 때문에 사실은 아무것도 설정되지 않은 상태입니다.

그림 **12-7** cron.tab 파일

앞으로 모든 cron 설정은 이 설정 파일에 작성하고 저장하면 됩니다.

맥에서 cron 설정 준비하기

맥에서도 윈도우와 동일하게 설정 파일을 편집해야 하지만, 이때는 일반적으로 사용하는 편집기를 사용할 수 없습니다. 파이썬을 실행할 때 사용했던 터미널 안에서 편집기를 사용해야 합니다. 따라서 조작 방법이 조금 어려울 수 있습니다.

먼저, 터미널을 실행하여 다음 명령어를 입력합니다.

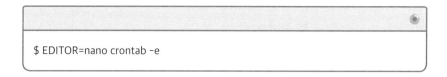

```
$ EDITOR=nano crontab -e
```

이 명령어의 의미는 편집기로 nano라는 프로그램을 사용하여 crontab -e 라는 명령어를 실행하겠다는 의미입니다. 'crontab -e'는 현재 사용 중인 사용자를 위한 cron 설정 파일을 여는 명령입니다.

다른 터미널 텍스트 편집기를 사용하고 싶어요.

다른 텍스트 편집기로는 vi(혹은 vim)가 있습니다. 이 편집기는 일반 사용자들이 사용하기에 명령어들이 까다롭기 때문에 따로 설명하지 않았지만, vim이 친숙한 사용자들은 'EDITOR=vim crontab -e'명령을 실행하면 vim으로 cron 설정을 편집할 수 있습니다.

```
$ EDITOR=vim crontab -e
```

그림 12-8 맥에서 crontab -e 실행 결과

빈 화면과 일부 명령어를 설명하는 문자들이 있어, 잘못 실행되고 있는 것처럼 오해할 수 있지만 실제로 텍스트 편집기가 실행된 화면입니다. 현재 아무런 설정도 하지 않았기 때문에 빈 상태로 나오는 것입니다. 즉, 이 상태로 cron을 설정할 수 있고, 저장하려면 [Ctrl] + [X] 키를 누른 후 저장 여부를 물어볼 때 [Y] 키를 누르면 됩니다. 이때 저장할 파일명을 물어보는데, 수정하지 않고 그대로 [Enter] 키를 누르면 됩니다.

그림 12-9 [Ctrl] + [X] 키를 누른 후 저장 여부를 물어보는 화면

그림 12-10 저장 여부를 물어볼 때 [Y] 키를 누른 후, 저장할 파일명을 물어보는 화면

이때 설정하고 나서 저장하고 종료하면 편집기가 종료되고, 설정을 완료했다는 메시지가 나옵니다.

그림 12-11 맥에서 crontab 설정 완료 후 화면

cron 설정 방법

운영체제별로 편집 방법이 달라서 조금 어려워 보일 수 있지만 사실 설정 방법은 매우 간단합니다. 윈도우 설정 파일의 주석에 그 방법이 표현되어 있습니다.

분 시 일 월 요일 실행프로그램

이처럼 한 줄에 스케줄링 하나를 설정할 수 있습니다. 여기 있는 값들은 띄어쓰기로 구분하고, 모든 값들을 만족하는 날짜와 시간에 스케줄링 됩니다. 예를 들어 '일'과 '월'을 모든 '일'과 '월'에 대해 설정하더라도, 요일을 '월요일'로 설정해 놓으면 월요일에만 해당 프로그램이 실행됩니다.

표 12-1 각 필드가 가질 수 있는 값

	가능한 값	의미
분, 시, 일, 월	10	매 10분 / 매 10시 / 매 10일 등을 의미한다.
	1,2,3,4,5	매 1,2,3,4,5분 / 매 1,2,3,4,5시 등을 의미한다.
	1-12	매 1,2,3,…,12분 / 매 1,2,3,…,12시 등을 의미한다.
	*/10,	매 10분마다, 매 10시간마다 등을 의미한다.
	1-12/3	1-12분동안 3분마다, 1-12시동안 3시간마다 등을 의미한다.
	*	모든 분 / 모든 시 / 모든 일 / 모든 월 등을 의미한다.
요일	0	일요일을 의미한다. (0~6 : 일, 월, 화, 수, 목, 금, 토)
	1-5	'월, 화, 수, 목, 금'을 의미한다.
	*	모든 요일을 의미한다.
프로그램 실행 부분	명령 프롬프트 / 터미널에서 실행가능한 프로그램	해당 프로그램을 실행한다.

앞선 표와 같이 분, 시, 일, 월은 숫자로 나타낼 수 있는데, 이 숫자는 콤마로 여러 개를 표현하거나 1-12와 같이 범위로 표현할 수도 있습니다. 그 외에도 '모든'이라는 의미로 *를 사용할 수 있습니다. 요일은 0~6까지 값을 가질 수 있고, 일요일부터 시작합니다. 예를 들어 매일 월~금요일 오전 9시 정각에 프로그램을 실행하고자 할 때는 다음과 같이 설정할 수 있습니다. 다음 설정 중 ...로 표기된 부분은 경로를 생략한 부분으로, 실제 파일의 모든 경로를 전부 작성해야 합니다.

```
0 9 * * 1-5 python "C:₩...₩auto.py"
```

요일을 지정하기 때문에 월과 일은 따로 설정하지 않고 '모든'을 의미하는 *를 사용해도 상관없습니다.

⑫④ cron 실습하기

이번 절에서는 cron을 직접 설정하여 실습해 보겠습니다. 하지만 실습에 앞서 유의해야 될 사항과 유용한 사항들이 있습니다. 직접 설정하기 전에 이를 먼저 살펴보고 나서 실습을 진행하겠습니다.

절대 경로 사용하기

cron이 파이썬 프로그램을 실행할 때는 내부에 정해진 경로에서 실행하기 때문에 상대 경로를 사용하면 해당 파일을 찾지 못하는 경우가 생깁니다. 따라서 cron에 파이썬 프로그램을 등록할 때에는 해당 파이썬 프로그램과 관련된 모든 경로에 절대 경로를 사용해야 합니다. 간혹 절대 경로로 사용하지 않아도 동작하는 경우가 있으나, 모든 경우에 정상적으로 동작하기 위해서는 사용하는 경로를 모두 절대 경로로 사용해야 합니다. 심지어 파이썬 프로그램 자체의 경로도 절대 경로를 사용해야 하는 경우도 있습니다.

예를 들어 웹 자동화를 할 때 chromedriver의 경로에 './chromedriver'로 상대 경로를 사용했지만, cron에서 실행하기 위해서는 모든 경로를 전부 표현해야 합니다. 저장하고자 하는 엑셀 파일이 있을 때, 저장할 경로도 당연히 절대 경로로 사용해야 합니다. 파이썬 코드 안에서 사용하는 절대 경로는 실습을 통해 확인해 보도록 하겠습니다.

그 전에 먼저, 파이썬 프로그램 자체의 경로도 절대 경로를 사용해야 한다고 했는데 이를 확인해 보겠습니다.

    0 9 * * 1-5 python "C:₩...₩auto.py"

앞서 사용했던 cron 설정 정보인데, 실행할 파이썬 파일명의 경로를 절대 경로로 사용하고 있습니다. 여기서 python 프로그램 자체도 절대 경로를 사용해야

하는 경우가 있습니다. 여러 버전의 파이썬 프로그램이 설치된 경우나 맥 운영
체제에서는 대개 의도대로 프로그램이 실행되지 않는 문제가 발생할 수 있는
데, 이럴 때에는 python 프로그램 자체의 경로도 절대 경로를 사용하면 해결
할 수 있습니다.

```
0 9 * * 1-5 "C:₩Users₩alghost₩AppData₩...₩python.exe C:₩...₩
auto.py"
```

이처럼 python 프로그램 자체의 경로도 절대 경로를 사용하게 되면 잠재적으
로 발생할 수 있는 모든 문제를 해결할 수 있습니다. 이 경로는 설치 과정에서
입력한 경로인데, 기억이 나지 않는다면 각 운영체제별로 다음 명령어를 입력
해서 확인할 수 있습니다.

윈도우의 경우

```
$ where python
C:₩Users₩alghost₩AppData₩Local₩Programs₩Python₩Python36-32₩
python.exe
```

맥의 경우

```
$ which python3
/usr/local/bin/python3
```

이렇게 윈도우는 'where' 명령어, 맥은 'which' 명령어를 통해 경로를 확인
할 수 있습니다. 맥의 경우 python이 아닌 python3인 이유는 1.3절의 '맥

(MacOS)에서 설치하기'에서 설명했듯이, 맥에서는 python의 버전이 3.x인 경우 python3으로 실행해야 하기 때문입니다. 추가로, 절대경로를 사용할 때는 디렉터리에 공백이 있을 수 있으므로 경로를 큰따옴표(" ")로 감싸야 합니다.

웹 브라우저 띄우지 않기

웹 자동화를 직접 실행할 때는 브라우저가 자동으로 실행되고 자동화 작업을 진행하는데, cron에 의해 실행될 때는 PC를 사용하던 도중에 자동으로 브라우저가 떠서 PC 사용이 불편할 수 있습니다. 이러한 불편을 막기 위해 크롬 드라이버는 백그라운드로 동작할 수 있는 옵션을 제공합니다. 간단하게 네이버로 접속하여 사이트 제목을 출력하는 예제를 백그라운드로 동작하도록 코드를 작성해 보겠습니다.

📁 **예제 파일** : C:₩python₩examples₩12₩background.py

```
01 from selenium import webdriver
02
03 opts = webdriver.ChromeOptions()
04 opts.add_argument('headless')
05 opts.add_argument('window-size=1920,1080')
06
07 driver = webdriver.Chrome('/Users/Alghost/Downloads/chromedriver',
   options=opts)
08
09 try:
10     driver.get('http://naver.com')
11     print(driver.title)
12 except Exception as e:
13     print(e)
14 finally:
15     driver.quit()
```

3~5번 줄이 크롬 드라이버에 옵션을 적용하기 위한 클래스 변수입니다. ChromeOptions 클래스를 사용하여 클래스 변수를 생성하고 2가지 옵션을 추가하였습니다. 'headless'는 백그라운드로 실행하겠다는 의미를 가진 옵션입

니다. 'window-size=1920,1080'은 백그라운드로 실행했을 때 작은 창 크기로 실행되어 화면 구성이 달라질 때를 대비하여 크기를 지정하는 옵션입니다.

이 두 가지 옵션을 7번 줄에서 options 값에 넣어 클래스 변수를 생성하면 옵션이 적용된 드라이버가 생성됩니다. 그 뒤로 동작하는 코드는 기존에 진행했던 예제와 동일하고, 이 프로그램을 실행하면 결과는 다음과 같습니다.

```
$ cd C:\python\examples\12
$ python background.py
NAVER
```

CHAPTER
13 cron으로 모니터링하기

12장 '내가 만든 프로그램 스케줄링하기'에서는 cron에 대해 알아보고, 기존에 작성했던 예제를 간단히 수정하여 스케줄링해 보았습니다. 이번 장에서는 cron의 활용도를 높여, 모니터링해보겠습니다. 상품 가격의 변동을 매일 확인해야 하거나, 특정 공고가 올라왔는지 확인하는 등 의외로 업무에서 모니터링할 일이 많습니다. 이러한 업무를 파이썬으로 개발하여 cron에 등록함으로써 직접 모니터링하지 않고 알림을 받아 보겠습니다.

13.1 11번가 상품 가격 모니터링하기

이번 절에서는 cron과 웹 자동화를 활용하여 특정 웹 사이트를 모니터링해 보도록 하겠습니다. 11번가에 있는 특정 상품들의 가격을 모니터링하여 가격을 날짜별로 엑셀 파일에 누적하고, 가격 변동이 있는 경우 이메일을 발송하는 예제를 작성해 보도록 하겠습니다. 이번 예제에서는 특정 상품을 지속적으로 추가할 수 있도록 각 상품 상세 페이지의 주소를 텍스트 파일에 저장하여 이 텍스트 파일을 읽어 누적하도록 하겠습니다. 그리고 나서 이렇게 작성한 파이썬 코드를 cron에 30분 주기로 실행되도록 설정하여 모니터링해 보겠습니다.

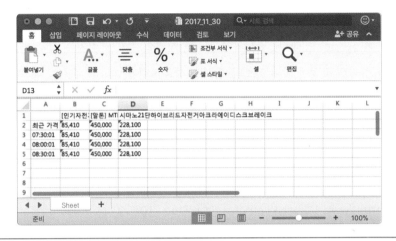

그림 **13-1** 모니터링하여 작성한 엑셀 파일

준비하기

cron 스케줄링에 의해 파이썬 코드가 실행되기 때문에 기본적인 준비가 필요
합니다. 먼저 수집한 결과인 엑셀 파일이 저장될 폴더를 생성하고, 수집할 상품
의 링크를 작성한 텍스트 파일과 크롬 드라이버를 준비하겠습니다. 이번 예제
에서는 [C:₩python₩examples₩13₩] 폴더 안에 [11st]라는 폴더를 생성하고 상품들
의 링크가 작성된 products.txt 파일과 크롬 드라이버를 이 폴더 안에 저장하
도록 하겠습니다.

그림 **13-2** 11번가 상품의 주소 복사

그림 **13-2**에 표시된 부분과 같이 상품의 상세 페이지로 이동하여 주소를 복사하여 products.txt에 작성하였습니다. 상품의 상세 페이지는 상품별로 동일한 형태로 구성이 되어 있으니, 임의의 상품 3개에 대하여 주소를 복사하여 products.txt에 작성합니다. 마지막으로 크롬 드라이버까지 폴더 안에 저장하여 준비를 마칩니다.

📁 **예제 파일** : C:₩python₩examples₩13₩11st₩products.txt

> http://www.11st.co.kr/product/SellerProductDetail.tmall?method=getSellerProductDetail&prdNo=43…(생략)…
>
> http://www.11st.co.kr/product/SellerProductDetail.tmall?method=getSellerProductDetail&prdNo=17…(생략)…
>
> http://www.11st.co.kr/product/SellerProductDetail.tmall?method=getSellerProductDetail&prdNo=15…(생략)…

필요한 라이브러리 가져오기

웹 자동화와 엑셀 파일을 다루기 위한 라이브러리와 그 외에 날짜 처리, 문자열 처리 등을 위한 라이브러리를 가져옵니다. 각 라이브러리에서 사용하는 함수는 실제로 사용할 때 자세히 설명하겠습니다.

📁 **예제 파일** : C:₩python₩examples₩13₩13.1.py

```
01 from selenium import webdriver
02 from openpyxl import Workbook, load_workbook
03 from os.path import exists
04 from datetime import datetime
05 import string
```

1~3번 줄의 코드는 앞서 자동화를 개발하면서 사용했던 라이브러리입니다. 1번 줄은 웹 자동화, 2번 줄은 엑셀, 3번 줄은 파일 다루기에서 사용했습니다.

4번 줄은 현재 시간과 날짜를 가져오기 위한 라이브러리입니다. 이 라이브러리는 엑셀 파일명을 생성할 때와 엑셀에 시간을 입력할 때 사용할 예정입니다. 5번 줄에 있는 string 라이브러리는 문자열의 형태를 변경하는 포매팅을 할 때 많이 사용하는 라이브러리지만, 이번 예제에서는 'A1'과 같은 엑셀의 셀 주소를 표현할 때, 숫자를 알파벳으로 변환하기 위해 가져왔습니다. 숫자를 알파벳으로 변환하여 셀 주소를 표현하는 부분은 실제 string 라이브러리를 사용할 때 자세히 다뤄 보도록 하겠습니다.

날짜 가져오기 및 엑셀 파일 준비하기

웹 자동화로 가져온 내용을 저장하기 위해 미리 엑셀 파일을 생성해야 하는데, 이번 예제에서는 날짜별로 엑셀 파일을 관리하기 때문에 날짜 정보를 가져와 파일명을 생성합니다.

📁 **예제 파일** : C:₩python₩examples₩13₩13.1.py

```
06
07 today = datetime.now()
08 monitor_path = 'C:\\python\\examples\\12\\11st\\'
09 today_file_name = '%d_%d_%d.xlsx'%(today.year,today.month,today.day)
10 file_path = monitor_path + today_file_name
```

7번 줄은 현재 날짜와 시간을 가져오는 함수입니다. 이는 **datetime 클래스**에서 관리하는 클래스 변수를 반환하고, 이러한 클래스 변수에는 날짜, 시간과 관련된 함수와 변수가 있습니다. 이 값은 9번 줄에서 파일명을 만들 때 사용합니다.

8번 줄에서는 모니터링 결과로 생성할 엑셀 파일의 경로를 변수로 생성합니다. 이 경로에는 수집해야 할 상품들의 주소가 담긴 텍스트 파일과 크롬 드라이버가 있고 엑셀 파일들이 저장됩니다. cron은 절대 경로를 사용해야 하기 때문에 이 경로를 변수에 저장하여 활용합니다. 이처럼 절대 경로를 변수에 저장하는 경우, 추후 절대 경로 하위에 있는 파일을 사용하고 싶을 때 절대 경로를 다시 작성하지 않고 변수를 활용할 수 있습니다. 또한 절대 경로가 변경되는 경우에도 절대 경로를 사용하는 모든 곳을 수정하지 않고 절대 경로를 가지고 있는 변수의 값만 수정하여 경로를 변경할 수 있습니다.

9번 줄에서는 7번 줄에서 가져온 변수에서 날짜 값을 사용하여 '년_월_일.xlsx'으로 변수를 생성합니다.

10번 줄에서는 절대 경로로 표현된 파일 경로를 변수로 생성합니다.

이제 데이터를 추가할 Workbook 클래스 변수를 가져와야 하는데, 오늘 날짜로 된 엑셀 파일이 없을 때는 생성해야 하고 있을 때는 그 파일을 열어야 합니다.

📁 **예제 파일** : C:\python\examples\13\13.1.py

```
11
12 if exists(file_path):
13     result_xlsx = load_workbook(file_path)
14 else:
15     result_xlsx = Workbook()
```

12번 줄에서 exists **함수**를 사용하여 오늘 날짜로 된 엑셀 파일이 있는지 확인합니다. 이 파일이 있을 때는 13번 줄에서 load_workbook 함수로 파일을 읽어오고, 없을 때는 15번 줄에서 새로운 클래스 변수를 생성합니다.

클래스 변수로부터 사용할 시트를 가져오고 최근 가격 정보를 정해진 위치에 추가하기 위해 관련 정보를 작성합니다.

📁 **예제 파일** : C:\python\examples\13\13.1.py

```
16
17 worksheet = result_xlsx.active
18 worksheet['A2'] = '최근 가격'
```

먼저 17번 줄에서 시트를 가져옵니다. 18번 줄에서는 **그림 13-1**과 같이 2행에 각 상품별로 최근 가격을 유지할 때, 2행의 데이터가 최근 가격임을 알 수 있도록 A열에 '최근 가격'이라는 문자열을 추가합니다.

웹 자동화 준비하기

미리 작성해 놓은 텍스트 파일로부터 정보를 가져와야 할 상품들의 링크를 가져오고, 크롬 드라이버를 실행하여 각 상품들에 대해 자동화를 수행할 준비를 합니다.

먼저 cron에서 크롬 드라이버를 백그라운드로 동작하기 위한 옵션인 headless 옵션과 브라우저의 크기를 지정하는 window-size=1920,1080 옵션을 활성화하여 크롬을 띄우겠습니다.

📁 **예제 파일** : C:₩python₩examples₩13₩13.1.py

```
19
20 opts = webdriver.ChromeOptions()
21 opts.add_argument('headless')
22 opts.add_argument('window-size=1920,1080')
23 driver = webdriver.Chrome(monitor_path+'chromedriver',options=opts)
```

20~23번 줄은 필요한 옵션을 활성화하여 크롬 드라이버를 실행하는 코드입니다. 다시 한번 살펴보면 21번 줄의 headless 옵션은 크롬 드라이버를 실행할 때 브라우저가 표시되지 않도록 설정하는 옵션이고, 22번 줄은 headless 옵션을 사용했을 때 작은 화면으로 실행되지 못하도록 크기를 설정하는 옵션입니다. 23번 줄은 이러한 옵션을 적용하여 크롬 드라이버를 실행하는 코드입니다. 크롬 드라이버는 monitor_path 경로에 복사해 놓았기 때문에 이 변수와 함께 chromedriver의 절대 경로를 지정하였습니다.

products.txt 파일로부터 모든 내용을 줄 단위로 읽어 와 각 상품의 주소로 이동하겠습니다.

📁 **예제 파일** : C:₩python₩examples₩13₩13.1.py

```
24 try:
25     product_urls = open(monitor_path+'products.txt', 'r').readlines()
26     row =[today.strftime('%H:%M:%S')]
27     changes = []
28     column_idx = 1
29     for product in product_urls:
30         driver.get(product)
```

25번 줄에서 open 함수와 readlines 함수를 사용하여 모든 내용을 줄 단위로 가져왔습니다. 그리고 26번 줄에서 엑셀의 한 행으로 각 상품별로 가격 정보를 추가할 리스트 변수 row를 생성하였습니다. 앞서 today 클래스 변수는 datetime.now( )를 통해 현재 시각 정보를 가지고 있습니다. 이 클래스 변수가 가진 함수 중에 strftime 함수는 날짜와 시간 정보를 원하는 포맷의 문자열로 만들어 반환하는 함수입니다. %H, %M, %S는 각각 시, 분, 초를 의미합니다. 즉, 이 파이썬 프로그램이 실행될 때마다 현재 시각을 엑셀의 각 행 첫 번째 열에 추가합니다. strftime 함수에 사용할 수 있는 값은 '12.3 라이브러리 살펴보기'에서 자세히 다루겠습니다.

27번 줄의 changes 리스트 변수는 가격 변동이 발생한 상품에 대한 정보를 추가할 변수입니다. 추후 이 변수가 비어 있지 않다면 해당 정보를 취합하여 이메일로 전송합니다.

28번 줄에 있는 column_idx는 상품별로 열을 할당하기 위해서 필요한 변수입니다. 예를 들어 상품이 3개라고 가정할 때, a 상품은 B열, b 상품은 C열, c 상품은 D열에 상품 정보를 쓴다고 해 봅시다. 그러면 각 상품별로 열을 지정하려 할 때 반복문에서 열을 증가시키면서 내용을 써야 합니다. 뒤에서 숫자를 알파벳으로 변경하는 코드가 나오면 다시 설명하겠지만, 바로 이 column_idx 값에 따라서 1 → B, 2 → C, 3 → D로 변환하여 사용합니다.

29, 30번 줄은 가져온 상품들의 링크에 대해 반복문을 돌면서 접속하는 코드입니다.

웹 사이트 분석하여 가져오기

상품 상세 페이지에서 상품명과 가격을 가져오기 위해 분석부터 진행해 보겠습니다. 수집된 가격은 추후 엑셀의 한 행에 추가하고자 앞서 생성했던 row 변수에 추가하겠습니다. 먼저 상품 상세 페이지에서 가격을 분석하겠습니다.

그림 13-3 상품 상세 페이지에서 가격 분석하기 (1)

가격을 가진 태그는 span 태그이고 class 속성값이 'value'입니다. 이 class 속성값이 유일한지 확인하기 위해 '.value'로 검색해보면 매우 많이 검색됩니다. 유일한 속성값을 찾기 위해 class 속성값을 가진 dl 태그의 class 속성값인 '.price'를 검색해도 매우 많이 검색됩니다. 계속해서 상위 태그로 이동하여 '.price_wrap'을 검색하면 이 class 속성값은 1개만 존재하는 것을 알 수 있습니다.

그림 13-4 상품 상세 페이지에서 가격 분석하기 (2)

따라서 이 class 속성값을 가진 태그를 검색하고 그 하위에서 class 속성값이 'price' 태그와 또 다시 그 하위에서 class 속성값이 'value'인 태그를 찾아 가격을 가져오도록 하겠습니다.

📁 **예제 파일** : C:\python\examples\13\13.1.py

```
31
32      price_xpath = "//ul[@class='price_wrap']//dl[@class='price']//
        span[@class='value']"
33      price_tag = driver.find_element_by_xpath(price_xpath)
34      row.append(price_tag.text)
```

xpath 문자열이 길어서 32번 줄에서 xpath를 변수로 만들었습니다. //ul[@class='price_wrap']까지는 class 속성값이 'price_wrap'인 ul 태그를 찾는 것이고 그 하위에서 '/' 하나가 아닌 '//'를 써서 하위 모든 태그 중 조건에 맞는 태그를 찾게 됩니다. 따라서 //dl[@class='price']는 class 속성값이 'price'인 dl 태그를 검색하여 찾습니다. 이와 같은 방법으로 span 태그까지 찾습니다.

이러한 xpath 문자열을 사용하여 33번 줄에서 가격을 가진 태그를 가져옵니다. 그 후 34번 줄에서 엑셀의 한 행에 추가될 row 변수에 가격을 추가합니다.

이제 상품명을 분석하여 가져오도록 하겠습니다.

여러 조건이 사용된 xpath?

이번 예제에서 사용된 xpath는 두 가지 조건을 가지고 있어, 조금 어렵게 느껴질 수 있습니다. 이번 예제에서 작성한 xpath는 구분해서 살펴보면 사실 다음 코드와 동일합니다.

```
price_ul = driver.find_element_by_xpath("//ul[@class='price_
wrap']")
price_tag = price_ul.find_element_by_xpath(".//dl[@
class='price']//span[@class='value']")
```

앞서 웹 다루기에서 활용했던 것과 같이, 범위를 좁히기 위해 ul 태그를 가져오고, 가져온 ul 태그 하위에서 고유한 태그를 찾아 가져오는 방법입니다. 이처럼 파이썬 코드에서 구분하여 가져올 수 있지만 xpath가 태그의 위치를 표현하는 방법이기 때문에 한 번에 위치를 표현해도 전혀 문제가 없습니다. 바꿔 말해, 하나의 xpath로 작성하는 것이 어렵게 느껴진다면 여기서 작성한 예제와 같이 구분하여 범위를 좁히고 고유한 태그를 가져와도 문제없습니다.

그림 13-5 11번가 상품 상세 페이지에서 상품명 분석하기 (1)

상품명 태그를 확인해 보니 h1 태그이며, clas s속성값이 'title'입니다. 이
class 속성값이 고유한지 확인해보기 위해 '.title'을 검색해보면 많은 검색
결과가 나옵니다. 따라서 상위 태그인 div 태그가 가진 class 속성값이 'c_
product_info_title'인 태그를 찾아보도록 하겠습니다.

그림 13-6 11번가 상품 페이지에서 상품명 분석하기 (2)

class 속성값이 'heading'인 태그를 검색해 보면 div 태그 하나만 존재하는 것을 확인할 수 있습니다. 하지만 상품명 말고도 다른 문자열이 포함되어 있어 이 div 태그 하위의 h1 태그를 가져와서 출력해야 합니다. 이 역시 다른 방법도 있겠지만 가격과 마찬가지로 xpath를 사용하여 가져오도록 하겠습니다.

📁 **예제 파일** : C:\python\examples\13\13.1.py

```
35
36        title_tag = driver.find_element_by_xpath("//div[@class='c_
          product_info_title']/h1")
```

xpath를 분석해 보면 //div[@class='c_product_info_title']까지는 class 속성값이 'c_product_info_title'인 div 태그를 가리키고 /h1는 그 하위에 있는 h1 태그를 가리킵니다.

가져온 상품명을 각 상품별로 1행에 쓰기 위해 column_idx 값을 알파벳으로 변환하도록 하겠습니다.

📁 **예제 파일** : C:\python\examples\13\13.1.py

```
37        column = string.ascii_uppercase[column_idx]
38        worksheet[column+'1'] = title_tag.text
```

37번 줄에서 string 라이브러리에 있는 ascii_uppercase라는 변수를 사용하였습니다. 이 변수는 'ABCDEFG...Z'와 같이 알파벳 대문자를 순서대로 가지고 있는 문자열 변수입니다. 문자열 변수는 인덱싱을 할 수 있기 때문에 이 문자열을 활용하여 숫자를 알파벳으로 변환할 수 있습니다. 이번 예제에서는 B, C, D, ...순으로 상품들을 추가하기 때문에 B를 가리키기 위해 column_idx를 1로 초기화했습니다. 이를 이용하여 37번 줄에서 'B' 문자를 가져옵니다. 이는 여러 상품에 대해 반복문을 수행하면서 'C', 'D' 순으로 증가합니다.

38번 줄에서는 37번 줄에서 가져온 문자와 행 번호를 조합하여 셀 주소를 지정하고 여기에 title_tag 클래스 변수의 text 변수를 넣어 상품명을 갱신합니다.

상품명을 갱신했으니 상품 가격을 갱신해야 하는데, 그전에 이전 가격과 비교했을 때 현재 상품 가격이 변동되었는지 확인하는 코드를 작성하겠습니다.

📁 **예제 파일** : C:\python\examples\13\13.1.py

```
39
40        prev_price = worksheet[column+'2'].value
41        curr_price = price_tag.text
42        if prev_price and prev_price != curr_price:
43            changes.append((title_tag.text,prev_price,curr_price))
```

40번 줄에서 엑셀에 최근 가격이 적혀 있는 2행의 값을 가져옵니다. 만약 최근 가격이 없으면 None 값이 되는데, 이는 42번 줄에서 처리하도록 하겠습니다. 앞에서 계산한 column 값을 이용하여 현재 상품의 최근 가격을 가져왔습니다.

41번 줄에서는 33번 줄에서 분석하여 가져왔던 현재 상품 가격의 값을 curr_price 변수에 할당합니다.

42번 줄에서는 if 문에 2개의 조건문이 있는데, 첫 번째는 prev_price가 참인지 확인하는 조건입니다. 이는 앞서 설명했던 대로 이전에 가격을 가져온 적이 없을 때는 비교하지 않기 위해서 필요한 조건입니다. 두 번째 조건은 이전 상품 가격인 prev_price와 현재 상품 가격인 curr_price가 다른지 확인하는 조건입니다. 이 조건이 참이면 가격이 변동된 것으로 판단합니다.

43번 줄은 가격 변동이 일어나서 changes 리스트 변수에 상품명과 가격 정보를 튜플 형태로 추가하는 코드입니다. 모든 상품에 대해서 반복문을 수행하고 나서, 이 changes 변수를 사용하여 알림을 만들 예정입니다.

📁 **예제 파일** : C:\python\examples\13\13.1.py

```
44
45        worksheet[column+'2'] = price_tag.text
46        column_idx += 1
```

45번 줄에서는 최근 가격에 해당하는 가격인 price_tag의 값을 엑셀의 2행에 추가합니다. 앞서 상품명을 넣었을 때와 같이 column 값을 사용하여 추가합니다. 46번 줄에서는 상품별로 다음 열에 넣기 위해 column_idx 값을 증가시켰습니다.

29번 줄부터 46번 줄까지 각 상품별로 행의 내용을 추가합니다. 이제 이 값을 엑셀에 추가하여 저장하도록 하겠습니다.

📁 **예제 파일** : C:₩python₩examples₩13₩13.1.py

```
47
48      worksheet.append(row)
49      result_xlsx.save(file_path)
```

48번 줄에서는 앞서 상품별로 가격을 추가한 row 변수를 한 행으로 추가하고, 49번 줄에서 엑셀 파일을 저장합니다.

가격 변동 시 메일로 알림하기

엑셀 파일에 원하는 정보를 저장하였으니, 이제 가격 변동이 있을 때 이메일을 전송하겠습니다.

📁 **예제 파일** : C:₩python₩examples₩13₩13.1.py

```
50
51   if changes:
52       from my_email import send_mail
53       contents = str(today)[:-7] + ': 가격이 변동된 상품이 있습니다.\n\n'
54
55       for c in changes:
56           contents += '(%s) %s => %s\n'%(c[0], c[1], c[2])
57
58       send_mail('이태화', '........@gmail.com', contents)
```

51번 줄의 조건문에 사용된 변수 changes는 가격이 변동된 상품 정보를 가진 변수입니다. 이 변수에 상품 정보가 있을 경우 52~58번 줄의 코드가 실행됩니다.

52번 줄에서 메일 발송을 위해 기존에 작성한 이메일 발송 함수를 가져옵니다.

53~56번 줄에서 메일에 발송할 내용을 작성합니다. 53번 줄에서는 메일에 시간 정보를 포함하기 위해 현재 시각 정보를 가지고 있는 today 변수를 문자열로 변환하고, 이를 슬라이싱합니다. today 변수를 문자열로 변환하면 '2017-11-11 13:20:20.111111'과 같은 형태의 문자열로 변환되는데, 소수점을 없애기 위해 [:-7]로 슬라이싱했습니다. 이러한 슬라이싱을 다시 살펴보면, 콜론 (:) 앞에 아무런 숫자가 없기 때문에 '처음'을 의미하고 -7은 문자열 맨 마지막에서 거꾸로 7개의 문자를 뺀 위치까지를 의미합니다.

55번 줄에서는 가격이 변동된 상품들에 대해 반복문을 수행하면서 가격 변동 정보를 추가합니다. changes 변수에는 튜플 형태인 (상품명, 이전 가격, 변동된 가격)으로 가격 변동 정보가 추가되어 있기 때문에 c[0], c[1], c[2]와 같이 각 값을 contents 변수에 추가합니다. 그리고 58번 줄에서 이름, 이메일, 내용을 인자값으로 send_mail 함수를 호출하여 메일을 발송합니다.

마지막으로 예외 처리를 위한 코드를 추가하여 자동화 프로그램을 마칩니다.

📁 **예제 파일** : C:\python\examples\13\13.1.py

```
59
60 except Exception as e:
61     print(e)
62 finally:
63     driver.quit()
```

작성한 프로그램을 실행하여 정상적으로 동작하는지 확인해 보겠습니다.

```
$ cd C:₩python₩examples₩13
$ python 13.1.py
$
```

프로그램을 실행하면 여러 동작을 하기 때문에 1분 가량 소요됩니다. 실행이
완료되면 앞서 프로그램에서 monitor_path 변수로 지정한 경로에 실행한 날
짜를 파일명으로 하는 엑셀 파일이 생성됩니다. 바로 이 엑셀 파일을 열어 보
면 다음과 같이 상품 정보가 담겨 있어, 정상적으로 프로그램이 동작하는 것
을 확인할 수 있습니다.

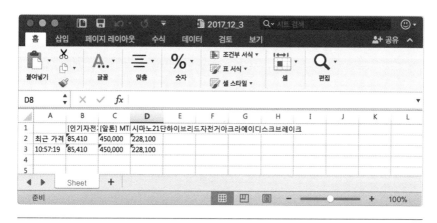

그림 13-7 11번가 상품 모니터링 실행 결과

매 시 정각과 30분에 실행되도록 스케줄링하기

프로그램이 정상적으로 동작하는 것을 확인했으니, 이제 스케줄링하여 마무리해 보겠습니다. 먼저 스케줄링을 위해 cron 설정 화면을 띄웁니다.

맥 사용자는 다음과 같은 명령어를 실행하여 cron 설정 파일을 편집할 수 있습니다.

```
$ EDITOR=nano crontab -e
```

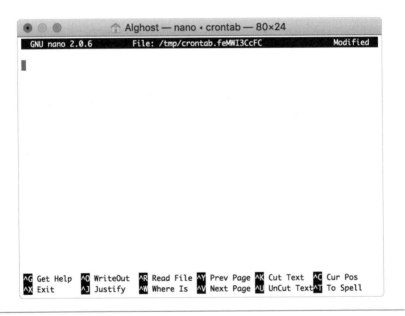

그림 13-8 맥에서 cron 편집하기

윈도우 사용자는 nncron 설치 경로에 있는 cron.tab 설정 파일을 수정해야합니다. 기본 경로는 'C:₩Program Files (x86)₩cron₩cron.tab' 파일입니다.

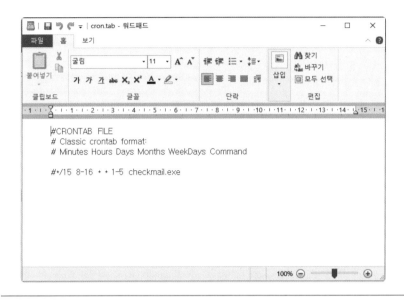

그림 13-9 윈도우에서 cron 편집하기

각 운영체제에 맞는 편집 방법으로 다음과 같이 설정하도록 하겠습니다.

윈도우(Windows) 운영체제

> 0,30 * * * * "C:₩Users₩alghost₩AppData₩...₩python.exe C:₩
> python₩examples₩13₩13.1.py"

맥(MacOS) 운영체제

> 0,30 * * * * "/Library/Frameworks/Python.framework/.../python3 /
> Users/../13/13.1.py"

이처럼 각 운영체제에 맞는 경로 표현으로 cron을 설정합니다.

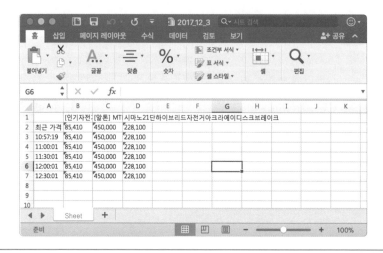

그림 13-10 매 시 정각과 30분마다 11번가를 모니터링한 결과

이번 절에서는 웹 사이트를 모니터링해야 하는 업무를 자동으로 수행하는 예제를 작성하고, cron을 활용하여 매 시 정각과 30분에 모니터링해 보았습니다. 실제 업무와 유사한 예제를 작성하기 위해 모니터링 과정에서 데이터를 누적하고 데이터 변동 시 이메일도 발송해 보았습니다. 또한 데이터가 무분별하게 누적되지 않고 날짜, 시간별로 정리될 수 있도록 datetime 라이브러리의 datetime 클래스를 활용했습니다.

13.2 키워드가 있는 과제 공고 알림하기

이번 절에서는 cron으로 또 다른 웹 사이트를 모니터링하는데, 앞서 주기를 가지고 무조건 수집하는 모니터링이 아니라, 조건을 만족했을 때 알림을 해주는 모니터링을 수행해 보겠습니다. 이러한 예로, 과학기술정보통신부의 사업 공고 게시판에 올라온 일주일 이내의 공고 중에서 사전에 정의해 둔 키워드를 포함하는 공고가 있는 경우 이를 이메일로 알려주는 자동화 프로그램을 작성해 보도록 하겠습니다.

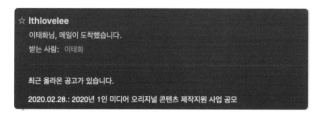

그림 13-11 공고가 올라왔을 때 이메일로 받은 결과

준비하기

먼저 공고 중에 특정 키워드를 포함하는 공고만을 확인하기 위해 키워드를 저장해 놓은 텍스트 파일을 만들어야 합니다. 이 텍스트 파일은 다음과 같이 개행 문자로 구분합니다. 또한 이번 예제도 cron으로 실행되기 때문에 이러한 keywords.txt 파일이 들어 있는 폴더에 크롬 드라이버도 복사하도록 하겠습니다.

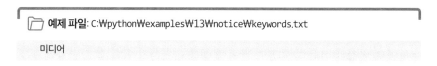

📁 **예제 파일**: C:₩python₩examples₩13₩notice₩keywords.txt

미디어

필요한 라이브러리 가져오기

웹 자동화와 날짜를 처리하기 위한 라이브러리를 가져옵니다.

📁 **예제 파일**: C:₩python₩examples₩13₩13.2.py

```
01 import time
02 from selenium import webdriver
03 from datetime import datetime, timedelta
04 from my_email import send_mail
```

3번 줄에서 처음으로 사용된 **timedelta 클래스**는 날짜나 시간에 대해 덧셈, 뺄셈 등을 수행하기 위한 클래스입니다. 이를 사용하면 2일 전, 3일 전 등을 표현할 수 있습니다.

기준 날짜 가져오기

먼저 웹 자동화로 수집하기 전에 기준이 되는 날짜를 가져오도록 하겠습니다. 기준이 되는 날짜는 실행되는 날짜로부터 일주일 전으로 지정하도록 하겠습니다.

> 📁 **예제 파일**: C:₩python₩examples₩13₩13.2.py

```
05
06 today = datetime.now()
07 diff = timedelta(days=7)
08 base_date = today - diff
09 base_date = base_date.strftime('%Y.%m.%d.')
```

6번 줄은 datetime 클래스로부터 현재 시각을 가져옵니다. 7번 줄은 timedelta 클래스로 변수를 생성하는데, days 값에 7을 넣어 생성하였습니다. 이 클래스 변수를 사용하면 datetime 클래스 변수에 덧셈, 뺄셈을 하여 시간을 계산할 수 있습니다. 즉, 8번 줄에서 today - diff를 수행하기 때문에 base_date 변수는 현재 날짜에서 7일 전을 의미합니다. 9번 줄은 앞서 만든 날짜를 문자열로 변경합니다. 이는 공고 날짜 형태를 비교하기 위해 공고 날짜와 동일한 형태인 'YYYY.mm.dd.'로 변경합니다.

웹 자동화 준비하기

cron으로 웹 자동화를 수행하기 위해 이 장의 13.1절의 예제와 동일한 방법으로 브라우저를 실행하도록 하겠습니다.

> 📁 **예제 파일**: C:₩python₩examples₩13₩13.2.py

```
10 cron_base = 'C:\\python\\examples\\13\\notice'
11 opts = webdriver.ChromeOptions()
12 opts.add_argument('headless')
13 opts.add_argument('window-size=1920,1080')
14 driver = webdriver.Chrome(cron_base+'\\chromedriver', options=opts)
```

cron으로 자동화 프로그램을 실행하기 위해서는 절대 경로가 필요합니다. 따라서 10번 줄에서 키워드 파일과 크롬 드라이버가 들어 있는 폴더의 절대 경로를 변수로 생성하였습니다.

11~14번 줄은 cron으로 웹 자동화를 실행할 때 지정한 옵션으로, 12번 줄은 크롬 드라이버를 백그라운드로 실행하는 옵션이고, 13번 줄은 백그라운드로 실행할 때 크기가 작아 발생할 수 있는 문제를 방지하기 위해 브라우저의 크기를 지정하는 옵션입니다. 11~13번 줄에서 만든 옵션을 14번 줄에서 적용하여 크롬 드라이버를 실행합니다.

키워드 가져오기

keywords.txt 파일에서 키워드를 가져오는 코드를 작성하겠습니다.

📁 **예제 파일**: C:\python\examples\13\13.2.py

```
15
16 try:
17     keywords = open(cron_base+'\\keywords.txt', 'r').readlines()
18     matches = []
```

keywords.txt 파일도 cron_base 폴더에 있기 때문에 17번 줄에서 cron_base와 함께 경로를 지정하였고 파일을 열어 readlines 함수로 모든 내용을 가져왔습니다. 이는 이 장의 13.1절의 예제에서 사용했던 함수로 모든 내용을 읽어올 때 줄별로 구분하여 리스트 자료형으로 반환하는 함수입니다.

18번 줄에서는 키워드를 포함하는 공고를 추가할 리스트 변수를 생성하였습니다.

웹 사이트 분석하여 가져오기

과학기술정보통신부의 사업 공고 페이지를 분석하여 원하는 정보인 제목과 날짜를 가져오도록 하겠습니다.

먼저 사업 공고 페이지인 https://bit.ly/2WE1nJl로 이동하여 분석을 진행합
니다. 공고를 전부 가져오기 위해 전체 공고 리스트를 포함하는 영역을 찾아보
도록 하겠습니다. 이전 웹 자동화에서 분석했던 것과 같은 방법으로 먼저 제목
을 누른 후 방향키로 원하는 영역이 전부 선택될 때까지 찾습니다.

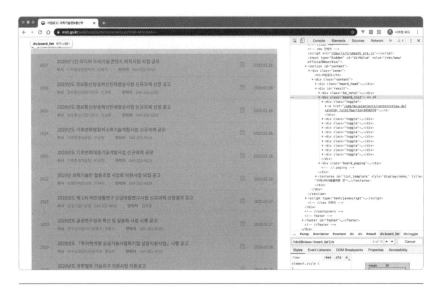

그림 13-12 사업 공고 리스트 영역 분석하기

사업 공고 페이지를 보니 class 속성값이 'board_list'인 div 태그가 전체를 가
진 영역이고 그 하위 태그 중에 div 태그 하위에 a 태그가 각 사업 공고를 나
타내는 태그인데, 이를 확인해 보도록 하겠습니다.

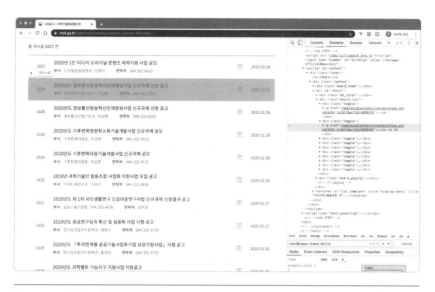

그림 **13-13** 사업 공고 게시글 분석하기

a 태그로 이동해 보면 실제로 각 공고가 포함된 것을 확인할 수 있습니다. 따라서 board-item 하위에 각 공고를 의미하는 a 태그를 가져오도록 하겠습니다.

📁 **예제 파일**: C:₩python₩examples₩13₩13.2.py

```
19
20    driver.get(' https://www.msit.go.kr/web/msipContents/contents.
      do?mId=MTAzMA==')
21    time.sleep(1)
22    elems = driver.find_elements_by_xpath (' //div[@class='board_
      list']/div/a')
```

20번 줄에서 사업 공고 페이지로 이동하고, 22번 줄에서 class 속성값이 'board_item'인 태그 하위에 각 공고를 의미하는 a 태그를 xpath로 표현하여 가져왔습니다. 21번 줄은 사업 공고 내용이 바로 로딩되지 않기 때문에 대기하는 코드를 추가하였습니다.

이제 게시글별로 제목과 날짜를 가져오도록 하겠습니다. 이 역시 기존에 네이버 검색 결과 수집이나 인스타그램 예제 등에서 리스트 형태의 결과를 가져올 때와 같이, 하나의 게시글만 분석하고 반복문을 통해 원하는 정보를 가져오겠습니다.

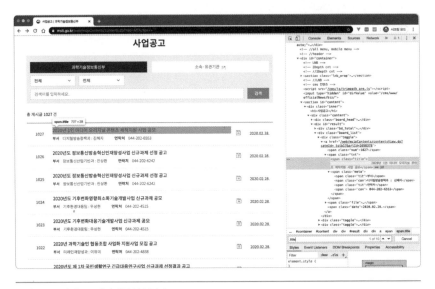

그림 13-14 사업 공고에서 제목 분석하기

제목을 분석해 보니 class 속성값이 'title'인 span 태그입니다. 따라서 class 속성값이 'title'인 태그가 고유한지 확인해 보도록 하겠습니다. '.title'을 검색하니 10개의 검색 결과가 나오고 실제로 게시글도 10개이니 'title' 값은 고유한 값인 것을 확인할 수 있습니다.

이처럼 해당 태그가 특정 영역 안에서 고유한지는 눈으로 확인해도 되지만, 앞서 배운 xpath를 활용하여 확인할 수도 있습니다.

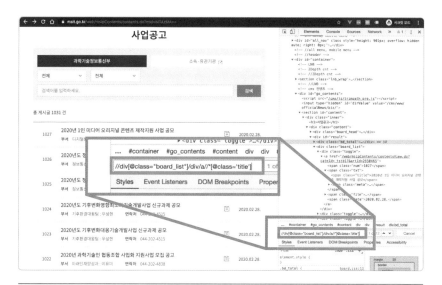

그림 13-15 xpath로 사업 공고 제목 분석하기

xpath를 활용하여 class 속성값이 'board_list'인 태그 하위에 class 속
성값이 'title'인 태그가 고유한지 확인하였습니다. 이때 사용한 xpath는
//div[@class='board_item']/div/a//*[@class='title']입니다. 앞 부분인
//div[@class='board_item']/div/a까지는 각 게시글 태그를 찾고, 이어서 //
로 시작되기 때문에 하위의 모든 태그 중에 class 속성값이 'title'인 태그를 찾
습니다.

이를 검색하니 10개의 결과만 나오는 것으로 보아 각 게시글 안에서 고유한
값임을 알 수 있습니다.

📁 **예제 파일**: C:\python\examples\13\13.2.py

```
22      for elem in elems:
23          title_tag = elem.find_element_by_class_name('title')
```

22번 줄에서 앞서 찾았던 모든 tr 태그에 대해 반복문을 수행하고, 반복문 내

부인 23번 줄에서 제목을 가져왔습니다.

이제 날짜를 분석하여 가져오도록 하겠습니다.

그림 **13-16** xpath로 사업 공고 날짜 분석하기

사업 공고 제목과 유사하게 class 속성값이 'date'인 태그입니다. 이 class 속
성값이 고유한지 확인해 보기 위해 //div[@class='board_item']/div/a//*[@
class='date']로 검색해 보니 앞선 제목과 마찬가지로 고유한 값임을 알 수 있
습니다.

📁 **예제 파일**: C:₩python₩examples₩13₩13.2.py

```
24    date_tag = elem.find_element_by_class_name('date')
25    print(date_tag.text)
```

24번 줄에서 앞서 분석한 대로 class 속성값이 'date'인 태그를 가져왔습니다.
그리고 가져온 날짜 출력하여 확인합니다.

```
$ cd C:\python\examples\13
$ python 13.2.py
2020.02.28.
```

당연히 출력되는 날짜는 다르겠지만 유사하거나 같은 형태로 출력됩니다.

사업 공고 날짜 비교하기

이제 가져온 날짜를 기준 날짜와 비교해야 합니다. 기준 날짜를 공고의 날짜 형태와 같은 형태로 만들었기 때문에, 바로 비교할 수 있습니다.

📁 **예제 파일**: C:\python\examples\13\13.2.py

```
26        if date_tag.text > base_date:
27            for k in keywords:
28                if k.strip() in title_tag.text:
29                    matches.append(f'{date_tag.text}: {title_tag.
                      text}')
30                    break
```

26번 줄에서는 일주일 전 날짜로 설정한 기준 날짜 변수인 base_date와 현재 선택된 공고의 date_tag.text를 비교합니다. 여기서는 최근 일주일에 속하는지 확인하기 위해 date_teag.text가 base_date보다 큰지 확인했습니다.

27번 줄에서는 여러 키워드에 대해 반복문을 수행합니다. 28번 줄에서는 각 키워드가 사업 공고 제목에 포함되는지 확인합니다. 이때 사용되는 키워드는 텍스트 파일로부터 가져왔기 때문에 **strip 함수**를 사용하여 공백을 제거했습니다. 문자열에 대해 **in 연산자**를 쓰면 연산자 앞의 문자열이 연산자 뒤의 문자열에 포함되는지를 알려줍니다. 즉, 30번 줄은 키워드가 사업 공고 제목에 포함되어 있는지 확인합니다.

포함된 경우에는 31번 줄에서 matches 변수에 사업 공고의 날짜와 제목을 문
자열로 만들어 추가합니다. 마지막으로 32번 줄에서 break 구문을 통해 반복
문을 빠져나갑니다. 이는 현재 선택된 공고는 이미 하나의 키워드를 포함하므
로 matches 변수에 추가되었기 때문에, 더 다른 키워드도 포함하는지 검사할
필요가 없기 때문입니다.

사업 공고 알림 메일 발송하기

이제 matches 변수는 키워드를 포함하는 공고가 포함된 변수입니다. 따라서
이 리스트 변수에 내용이 있을 경우 메일을 발송하는 코드를 작성하겠습니다.

📁 **예제 파일**: C:\python\examples\13\13.2.py

```
31
32    if matches:
33        contents = '최근 올라온 공고가 있습니다.\n\n'
34
35        contents += '\n'.join(matches)
36        send_mail('이태화', '...@gmail.com', contents)
```

34번 줄에서 matches 변수가 빈 리스트가 아닌지 확인합니다. matches 변수
안에 사업 공고 정보가 있으면 35~37번 줄에서 메일로 발송할 내용을 작성합
니다. 최근 올라온 공고가 있다는 메시지와 함께 matches 변수에 포함된 사업
공고 정보를 추가합니다. 사업 공고 정보는 각 문자열 사이에 개행문자를 추가
하여 contents 변수에 추가합니다. 마지막으로 38번 줄에서 작성된 내용을 인
자값으로 메일을 발송합니다.

📁 **예제 파일**: C:\python\examples\13\13.2.py

```
37
38 except Exception as e:
39     print(e)
40 finally:
41     driver.quit()
```

37~41번 줄에서 예외 처리를 추가하고 크롬 드라이버를 종료합니다.

이제 작성한 프로그램을 실행하여 정상적으로 동작하는지 확인해 보겠습니다.

```
$ cd C:₩python₩examples₩13
$ python 13.2.py
$
```

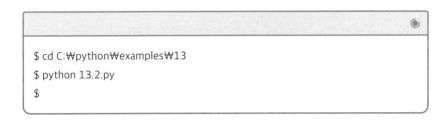

그림 **13-17** 사업 공고 모니터링 실행 결과

실행 결과를 확인해 보면, 일주일 내 키워드가 포함된 1개의 공고를 검색하여
메일로 발송한 것을 확인할 수 있습니다.

매일 오후 6시에 실행되도록 스케줄링하기

프로그램이 정상적으로 동작하는 것을 확인했으니, 이제 스케줄링해 보겠습니
다. 매일 오후 6시에 공고를 확인하도록 스케줄링하겠습니다. 이번에도 12.1절
과 마찬가지로 운영체제별로 cron 설정 파일을 열어 작성합니다.

윈도우(Windows) 운영체제

```
0 18 * * * "C:\Users\alghost\AppData\...\python.exe" "C:\python\
examples\13\13.2.py"
```

맥(MacOS) 운영체제

```
0 18 * * * "/Library/Frameworks/Python.framework/.../python3" "/
Users/../13/13.2.py"
```

이처럼 각 운영체제에 맞는 경로 표현으로 cron을 설정합니다.

이제 매일 오후 6시마다 공고를 확인하고 키워드에 해당하는 공고가 있을 경
우 자동으로 메일이 발송됩니다.

이번 절에서는 특정 키워드를 가진 공고가 올라오는지 매일 확인하여, 공고가
있는 경우에 이메일로 알려주는 프로그램을 작성했습니다. 또한, 이번 예제에
서는 날짜 간의 비교가 필요할 때 활용할 수 있도록 웹 사이트의 날짜를 가져
와 원하는 날짜와 비교하는 코드를 작성하였습니다.

13.3 라이브러리 살펴보기

이번 장에서는 스케줄링을 다루면서 날짜와 시간을 다루는 클래스와 함수를
사용했습니다. 예제에서 활용했던 날짜, 시간과 관련된 클래스와 함수를 간단
한 예제를 통해 확인해 보도록 하겠습니다. 날짜, 시간과 관련된 라이브러리
인 datetime 라이브러리에 대한 상세한 내용은 다음 사이트를 참고하길 바랍
니다.

> **https://docs.python.org/3/library/datetime.html**

현재 날짜 및 시간 구하기

현재 날짜와 시간을 구하는 방법으로 datetime 라이브러리에 있는 datetime
클래스를 사용하였습니다. 이때 가장 많이 사용하는 함수는 다음 예제에서 사
용하고 있는 now 함수입니다.

📂 **예제 파일** : C:₩python₩examples₩13₩13.3-1.py

```
01 from datetime import datetime
02
03 today = datetime.now()
04 print(today)
```

$ cd C:₩python₩examples₩13
$ python 13.3-1.py
2017-12-03 22:48:11.810603

날짜 및 시간 값 사용하기

datetime 라이브러리에 있는 datetime 클래스로 클래스 변수를 생성하는 경
우, 날짜와 시간값을 가진 변수가 있어 활용할 수 있습니다. 다음 예제에서는
오늘 날짜, 현재 시각으로 datetime 클래스 변수를 생성하기 위해 앞서 사용
해본 now 함수를 사용하였습니다.

📂 **예제 파일** : C:₩python₩examples₩13₩13.3-2.py

```
01 from datetime import datetime
02
03 today = datetime.now()
04 print(today.year)   # 년
05 print(today.month)  # 월
06 print(today.day)    # 일
07 print(today.hour)   # 시
08 print(today.minute) # 분
09 print(today.second) # 초
```

```
$ cd C:₩python₩examples₩13
$ python 13.3-2.py
2017

12
3
22
53
36
```

날짜와 시간을 문자열로 포매팅하기

datetime 클래스 변수가 가진 날짜와 시간 값을 문자열로 포매팅하는 방법입니다. 모든 날짜와 시간을 각각 문자열로 변환하여 포매팅을 할 수도 있지만, datetime 클래스 변수가 이를 위한 strftime 함수를 제공하고 있습니다. strftime 함수는 인자값으로 문자열을 입력하는데, 이 문자열에는 다양한 코드를 입력할 수 있습니다. 예를 들어 앞서 예제에서 사용했던 %H와 같이 시간을 표현하는 코드를 말합니다. 인자값으로 코드와 함께 원하는 형태의 문자열을 넣으면 해당 코드가 실제 데이터로 치환된 문자열을 반환합니다.

다음 예제는 strftime 함수를 사용하여 간단히 날짜와 시간을 출력하였고, 더 많은 코드는 다음 표에 있으니 참고하길 바랍니다.

📁 **예제 파일** : C:₩python₩examples₩13₩13.3-3.py

```
01 from datetime import datetime
02
03 today = datetime.now()
04 print(today.strftime('%Y-%m-%d %H:%M:%S'))
```

```
$ cd C:\python\examples\13
$ python 13.3-3.py
2017-12-03 22:49:26
```

표 **13-1** strftime 함수에 사용되는 코드

코드	의미	예시
%a	요일 (약어)	Sun, Mon, ..., Sat
%A	요일 (풀네임)	Sunday, Monday, ..., Saturday
%w	요일 (숫자로 표현)	0, 1, ..., 6
%d	일	01, 02, 03, ..., 31
%b	월 (약어)	Jan, Feb, ..., Dec
%B	월 (풀네임)	January, February, ..., December
%m	월 (숫자로 표현)	01, 02, ..., 12
%y	년 (두 자릿수 표현)	00, 01, ..., 17, ..., 99
%Y	년 (네 자릿수 표현)	0001, 0002, ..., 2017, ..., 9999
%H	시 (24시간 표현)	00, 01, ... 23
%I	시 (12시간 표현)	01, 02, ..., 12
%p	오전, 오후	AM or PM
%M	분	00, 01, ..., 59
%S	초	00, 01, ..., 59
%f	마이크로 초	000000, 000001, ..., 999999

PART 4
파이썬 좀 더 알아보기

Part 4에서는 파이썬에 좀 더 익숙해지는 데 필요한 내용을 다룹니다. 예를 들어, 오류 메시지를 확인하는 방법이나 업무 자동화 프로그램을 만들면서 자주 발생하는 오류 등을 다룹니다. 그 외에 프로그래밍에 필요한 요소들을 복합적으로 제공하는 IDE(통합 개발 환경) 프로그램을 소개합니다.

CHAPTER

14 디버깅하기

14.1 오류 메시지 해석하기

파이썬으로 프로그램을 실행하다 보면 오류가 자주 발생합니다. 특히, 프로그래밍에 익숙하지 않다면 더욱 그럴 수밖에 없습니다. 단순한 오타부터 들여쓰기와 잘못된 라이브러리 사용 등 다양한 이유로 오류가 발생합니다. 이번 장에서는 오류 메시지를 해석하는 방법에 대해 알아보겠습니다. 먼저 오류가 발생하는 코드를 작성하여 파이썬에서 출력하는 메시지 형태를 확인해 보겠습니다.

📁 **예제 파일** : C:₩python₩examples₩14₩debug_1.py

```
01 int('string')
```

```
$ cd C:₩python₩examples₩14
$ python debug_1.py
File "debug_1.py", line 1, in <module>
    int('string')
ValueError: invalid literal for int( ) with base 10: 'string'
```

이 코드는 숫자가 아닌 문자열을 내장 함수 int의 인자값으로 사용하여 숫자형으로 변환할 때 오류가 발생하게 만든 코드입니다. 실행 결과 첫 번째 줄에 오류가 발생한 파이썬 파일명과 줄 번호가 나옵니다. 이 예제에서는 debug_1.py 파일의 첫 번째 줄로 표시됩니다. 두 번째 줄에는 실제 오류가 난 코드를 출력합니다. 이 예제에서는 int('string')이 오류가 발생한 코드이기 때문에 이러한 코드가 출력되었습니다. 마지막으로 세 번째 줄에는 오류 메시지가 출력됩니다. 이처럼 오류가 발생했을 때 출력되는 메시지를 통해 오류가 발생한 위치와 대략적인 원인을 파악할 수 있습니다.

파이썬 파일이 여러 개일 때에는 오류 메시지가 좀 더 길게 출력됩니다. 이러한 경우의 오류 메시지를 해석해 보겠습니다.

📂 **예제 파일** : C:\python\examples\14\my_error.py

```
01 def raise_error():
02     a = 100
03     print(a + 'string')
04     return a
```

📂 **예제 파일** : C:\python\examples\14\debug_2.py

```
01 from my_error import raise_error
02 raise_error()
```

```
$ cd C:\python\examples\14
$ python debug_2.py
Traceback (most recent call last):
  File "debug_2.py", line 2, in <module>
    raise_error( )
  File "C:\python\examples\13\my_error.py", line 3, in raise_error
    print(a + 'string')
TypeError: unsupported operand type(s) for +: 'int' and 'str'
```

이처럼 여러 개의 파이썬 파일로 코드가 작성되어 있을 때에는 오류 메시지가 길게 출력될 수 있습니다. 이는 debug_2.py 파일에서 오류가 발생한 코드가 다른 파이썬 파일에 있는 함수 내부이므로, 함수 안에서 오류가 발생한 위치까지 출력해 주기 때문입니다. 앞선 예제를 확인해 보면 debug_2.py 파일에 두 번째 줄인 raise_error 함수에서 오류가 발생했고, 자세한 위치는 my_error.py 파일 안에 있는 raise_error 함수 안인 세 번째 줄임을 알 수 있습니다. 이처럼 여러 파일로 이루어져 있거나 라이브러리를 사용할 때에도 오류가 발생하는 경우 위치를 찾을 수 있습니다.

14.2 자주 발생하는 오류 해결하기

처음 프로그래밍을 할 때, 특히 자주 접하는 오류가 있습니다. 하지만 처음에는 이러한 오류 메시지가 친숙하지 않기 때문에 어려울 수 있습니다. 여기서는 이렇게 자주 발생하는 오류 메시지와 그 해결 방안을 살펴보겠습니다.

TabError : inconsistent use of tabs and spaces in indentation

들여쓰기에 [Tab] 키와 공백(스페이스 바를 이용한 띄어쓰기)을 섞어서 사용할 때 발생하는 오류입니다. 이는 사용하는 편집기에 따라 육안으로 확인하기 어려운 경우가 많기 때문에 특히 조심해야 합니다. 대개 직접 작성한 코드와 다른 곳에서 복사해 온 코드를 같이 사용할 때 발생하는 경우가 많습니다.

📁 **예제 파일** : C:₩python₩examples₩14₩error_1.py

```
01 data = 10
02 if data > 0:
03     print('ok')        # 공백으로 띄어 쓴 경우
04  print('error')        # 탭으로 띄어 쓴 경우
```

```
$ cd C:₩python₩examples₩14
$ python error_1.py
File "error_1.py", line 4
    print('error')
              ^
TabError: inconsistent use of tabs and spaces in indentation
```

앞선 예제와 같이 기존에 사용하던 공백 문자가 아닌 다른 문자가 나오는 줄
에서 오류가 발생합니다. 이러한 오류가 발생하면 들여쓰기에 쓰인 문자를 확
인해 보고 이전에 사용한 공백 문자를 사용하도록 변경하면 오류를 해결할 수
있습니다.

들여쓰기를 쉽게 일치시키기

이 책에서 소개한 편집기를 포함한 대부분의 편집기는 들여쓰기가 있을 경우 개행
시([Enter] 키 입력 시) 자동으로 들여쓰기를 맞춰 줍니다. 이때 기존에 사용한 공백 문
자와 동일한 문자로 들여쓰기를 해 주기 때문에 오류가 발생한 줄의 들여쓰기를 전
부 지워 이전 행으로 이동한 후 [Enter] 키를 입력하면 이전에 사용하던 공백 문자로
들여쓰기가 됩니다. 앞선 예제의 경우 4번 줄의 코드 앞에 있는 모든 공백 문자를 삭
제하여 3번 줄 맨 뒤로 print('error') 코드가 이동하도록 한 뒤, 다시 개행을 하면 자동
으로 들여쓰기가 되어 문제를 해결할 수 있습니다.

IndentationError : unexpected indent

들여쓰기에 같은 문자가 사용되었더라도 개수가 다르면 예상치 못한 들여쓰기
라는 오류 메시지를 출력합니다. 이는 오류 메시지에 표기된 줄로 이동하면 육
안으로 바로 확인할 수 있기 때문에 해결하기 쉽습니다.

📁 **예제 파일** : C:\python\examples\14\error_2.py

```
01 data = 10
02 if data > 0:
03     print('ok')
04      print('error')
```

```
$ cd C:\python\examples\14
$ python error_2.py
  File "error_2.py", line 4
    print('error')
    ^
IndentationError: unexpected indent
```

앞선 예제는 계속해서 네 칸의 공백을 사용하다가 4번 줄에서 다섯 칸의 공백을 사용하여 오류가 발생하였습니다. 따라서 한 칸의 공백을 삭제하여 네 칸으로 맞춰 주면 정상적으로 동작합니다.

IndentationError :
unindent does not match any outer indentation level

조건문 안에 또 다른 조건문과 같이 여러 단계의 들여쓰기를 사용할 때 각 단계별로 사용하던 칸 수와 다른 칸 수로 들여쓰기를 하게 되면, 이전에 사용하던 들여쓰기 단계와 일치하는 단계가 없다는 오류가 발생합니다.

📁 **예제 파일** : C:\python\examples\14\error_3.py

```
01 data = 10
02 if data > 0:
03     print('ok')
04
05     if data > 5:
06         print('ok2')
07     print('error')
```

```
$ cd C:₩python₩examples₩14
$ python error_3.py
  File "error_3.py", line 7
    print('error')
              ^
IndentationError: unindent does not match any outer indentation level
```

3번 줄과 5번 줄에서 같은 네 칸의 공백을 사용하다가 7번 줄에서 다섯 칸의 공백을 사용해서 오류가 발생했습니다. 이를 다시 네 칸의 공백으로 일치시키면 오류가 해결됩니다.

NameError : name 'xxx' is not defined

선언하지 않은 변수를 사용하려고 할 때 발생하는 오류입니다. 하지만 대개 선언하지 않은 변수에 접근하려는 경우는 드물기 때문에, 실제로는 변수명에 오타가 발생한 경우가 대다수입니다. 변수명에 오타가 있으면 당연히 그 변수를 찾을 수 없기 때문에 이와 같은 메시지가 출력됩니다.

📁 **예제 파일** : C:₩python₩examples₩14₩error_4.py

```
01 value = 100
02 print(vaiue)
```

```
$ cd C:₩python₩examples₩14
$ python error_4.py
Traceback (most recent call last):
  File "error_4.py", line 2, in <module>
    print(vaiue)
NameError: name 'vaiue' is not defined
```

앞선 예제는 value라는 변수명을 사용하는데 2번 줄에서 vaiue라는 변수명으로 오타가 나서 해당 변수를 찾지 못한다는 오류가 발생합니다. 오타가 난 변수명을 올바른 변수명으로 변경하면 오류를 해결할 수 있습니다.

smtplib.SMTPAuthenticationError : (535, b'5.7.1 Username and Password not accepted 47WF1jEOTU2Vq0UPljNT7Q - nsmtp')

이러한 오류는 사용자 아이디와 비밀번호가 틀렸을 때 나오는 오류 메시지입니다. 만약 메일 서비스에서 OTP와 같은 2차 인증 서비스를 이용하고 있다면 2차 인증을 입력하지 않아 오류가 발생하기도 합니다. 따라서 2차 인증을 해제하거나 별도의 설정이 필요할 수 있습니다.

OTP란?

OTP란 One Time Password의 약자로 말 그대로 일회성 비밀번호를 의미합니다. 메일 서비스에 따라서 별도의 기계나 스마트폰 애플리케이션, 또는 문자 등의 여러 방법을 통해 일회성 비밀번호를 생성하고 이를 이용하여 로그인할 수 있도록 하기도 합니다.

Message : no such element : Unable to locate element : {"method" :"xx","selector" :"xx"}

selenium을 활용한 웹 자동화 프로그램을 작성할 때 가장 많이 발생하는 오류로, 조건에 맞는 태그를 찾지 못했을 때 발생하는 오류입니다. 실제로 웹 사이트 분석이 잘못되어 오류가 나는 경우가 가장 많습니다. 이때에는 웹 사이트를 다시 분석하여 확인해야 합니다. 그 외에 오류가 발생하는 경우에는 name 속성으로 분석했는데 find_element_by_class_name 함수를 사용했거나, class 속성으로 분석했는데 find_element_by_name 함수를 사용하는 등,

분석한 속성값이 아닌 다른 함수로 태그를 찾을 경우에 자주 발생합니다. 오류 메시지에 표시된 method에 'name'이 출력되는지, 'class name'이 출력되는지 확인하고, 분석했던 속성값과 일치하는지 확인하여 오류를 해결할 수 있습니다.

📁 **예제 파일** : C:\python\examples\14\error_5.py

```python
01 from selenium import webdriver
02
03 driver = webdriver.Chrome('./chromedriver')
04
05 try:
06     driver.get('http://naver.com')
07
08     elem = driver.find_element_by_class_name('query')
09
10 except Exception as e:
11     print(e)
12 finally:
13     driver.quit()
```

```
$ cd C:\python\examples\14
$ python error_5.py
Message: no such element: Unable to locate element: {"method":"class
name","selector":"query"}
  (Session info: chrome=62.0.3202.94)
  (Driver info: chromedriver=2.32.498537 (cb2f855cbc7b82e20387eaf9a43f6b9
9b6105061),platform=Mac OS X 10.13.1 x86_64)
```

앞선 오류 메시지 중 Session info와 Driver info는 사용 중인 PC 환경에 따라 다르게 출력될 수 있습니다. 이 예제는 name 속성이 query라는 태그를 찾는데, 함수를 find_element_by_class_name으로 호출하여 찾을 수 없는 경우입니다. 이는 find_element_by_name 함수로 변경하여 오류를 해결할 수 있습니다.

'WebElement' object is not iterable

selenium을 활용하여 웹 자동화를 하면서 특정 조건과 일치하는 요소를 전부 가져와서 반복문을 수행하려고 할 때, 잘못된 함수를 호출하게 되면 이와 같은 오류가 발생합니다. 대개 find_elements_by_xxx와 같이 여러 요소를 반환하는 함수가 필요한 곳에서 find_element_by_xxx 함수와 같이 하나의 요소를 반환하는 함수를 호출하면 발생합니다.

📁 **예제 파일** : C:₩python₩examples₩14₩error_6.py

```
01 from selenium import webdriver
02
03 driver = webdriver.Chrome('./chromedriver')
04
05 try:
06     driver.get('http://news.naver.com')
07
08     elem = driver.find_element_by_id ('right.ranking_contents')
09
10     news_list = elem.find_element_by_tag_name('li')
11     for news in news_list:
12         print(news.text)
13 except Exception as e:
14     print(e)
15 finally:
16     driver.quit()
```

```
$ cd C:₩python₩examples₩14
$ python error_6.py
'WebElement' object is not iterable
```

앞선 예제는 네이버 뉴스 화면에서 오른쪽에 있는 뉴스 리스트를 가져오는 예제입니다. 10번 줄에서 li 태그로 리스트를 전부 가져오는데, 이때 find_elements_by_tag_name 함수가 아닌 find_element_by_tag_name 함수를 사용했습니다. 따라서 하나의 태그만 반환하였고 이는 반복문을 수행할 수 없기 때문에 이와 같은 오류가 발생합니다. 따라서 원래 의도대로 find_elements_by_tag_name 함수로 수정하여 오류를 해결할 수 있습니다.

'list' object has no attribute 'xxxxx'

이 오류는 리스트 자료형에는 사용할 수 없는 내장 함수를 사용했거나 변수를 사용했을 때 발생하는 오류입니다. ''WebElement' object is not iterable' 오류와는 반대의 오류로, find_element_by_xxx 함수가 필요할 때 find_elements_by_xxx 함수를 사용하면 발생하는 오류입니다.

📁 **예제 파일** : C:\python\examples\14\error_7.py

```
01 from selenium import webdriver
02
03 driver = webdriver.Chrome('./chromedriver')
04
05 try:
06     driver.get('http://news.naver.com')
07
08     elem = driver.find_elements_by_id ('right.ranking_contents')
09
10     news_list = elem.find_elements_by_tag_name('li')
11     for news in news_list:
12         print(news.text)
13 except Exception as e:
14     print(e)
15 finally:
16     driver.quit()
```

$ cd C:\python\examples\14
$ python error_7.py
'list' object has no attribute 'find_elements_by_tag_name'

앞선 예제는 "'WebElement' object is not iterable'과 동일한 예제이지만 8번 줄에서 find_elements_by_id 함수를 호출하였습니다. 해당 조건에 맞는 태그 하나만을 가져와야 하는데 find_elements_by_id 함수를 호출하여 실제 결과는 하나지만 이 결과가 리스트 형태로 반환됩니다. 리스트 자료형은 파이썬의 자료형이기 때문에 find_elements_by_tag_name 함수를 포함한 selenium 라이브러리와 관련된 함수를 가지고 있지 않습니다. 따라서 10번 줄에서 elem 변수는 find_elements_by_tag_name 함수가 없다는 오류가 발생합니다. 이 오류 역시, 의도했던 대로 find_element_by_id 함수로 변경하여 오류를 해결할 수 있습니다.

CHAPTER 15 IDE 사용법: PyCharm

15.1 PyCharm 설치하기

PyCharm은 Jetbrains사에서 배포하는 파이썬 개발 도구로 많은 IDE(Integrated Development Environment) 중 하나입니다. IDE는 단순히 코드를 작성하는 텍스트 편집 기능 외에도 프로젝트 관리, 디버깅, 코드 실행 등을 제공하여 잘 사용할 경우 편리하게 프로그래밍을 할 수 있습니다. 하지만 단점은 다른 편집기에 비해 컴퓨터의 자원을 많이 사용하고, 기능이 많아 초심자는 프로그램이 복잡해 보일 수 있어 오히려 사용이 어려울 수 있습니다. 앞서 소개한 PyCharm 외에 Eclipse라는 IDE도 있습니다. Eclipse는 원하는 프로그래밍 언어의 플러그인을 설치하여, 해당 프로그래밍 언어의 IDE로 사용할 수 있습니다. 파이썬의 경우 pydev 플러그인을 설치하여 사용할 수 있습니다. 소개한 두 가지 외에 Eric 등이 있지만 기본적으로 IDE가 지향하는 점은 비슷하여 지원하는 기능은 유사하기 때문에 이 책에서는 이 중 하나인 PyCharm의 기본적인 사용 방법에 대해 다뤄 보겠습니다.

PyCharm은 기본적으로 상용 프로그램이지만 무료로 사용할 수 있는 Community Endition을 배포하고 있습니다. 이는 jetbrains사의 pycharm 다운로드 페이지로 이동하여 내려받을 수 있습니다.

https://www.jetbrains.com/pycharm/download/

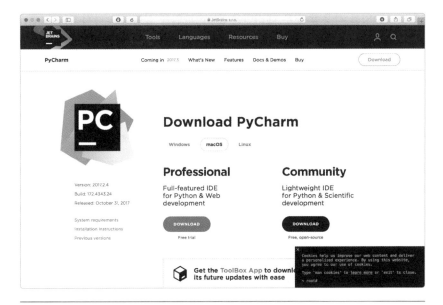

그림 15-1 PyCharm 다운로드 페이지

각 운영체제에 맞는 Community 버전을 내려받은 뒤, 각 운영체제에 맞게 설치를 진행하면 됩니다.

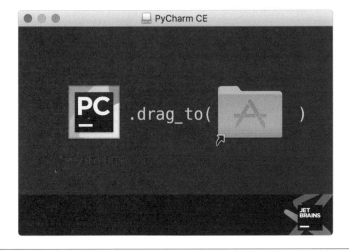

그림 15-2 맥(MacOS)에서 PyCharm 설치

맥(MacOS)을 사용할 경우 내려받은 dmg 파일을 실행하고 나서 PyCharm CE.app 파일을 애플리케이션 폴더로 이동하여 설치할 수 있습니다.

그림 15-3 윈도우(Windows)에서 PyCharm 설치

윈도우(Windows) 사용자는 설치 프로그램을 실행하고 안내에 따라 진행하여 설치할 수 있습니다.

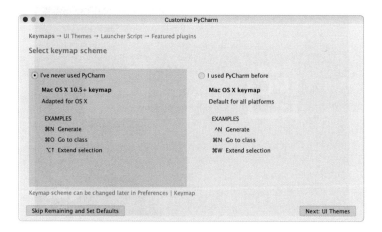

그림 15-4 이전 버전의 PyCharm 설정을 가져오지 않고, 기본 설정 사용

설치를 완료한 뒤 PyCharm을 실행하면 PyCharm의 설정을 가져올 것인지 물어보는 창이 뜨는데, 따로 설정을 가져오지 않고 기본 설정을 사용하도록 합니다.

기본 설정을 사용하도록 설정하였다면, 사용할 테마와 키 매핑 정보 등을 설정할 수 있는 창이 열립니다. 맥, 윈도우에 따라 설정된 기본값이 다르지만 그대로 기본값을 사용하겠습니다.

이로써 PyCharm 설치를 완료하였습니다.

15.2 프로젝트 생성하기

PyCharm과 같은 IDE는 단순히 파이썬 파일을 관리하는 것이 아니라, 프로젝트 단위로 이러한 파이썬 파일을 관리합니다. 즉, PyCharm을 통해서 프로그램을 만들려면, 프로젝트를 생성하고 생성된 프로젝트에 파이썬 파일을 작성하여 원하는 프로그램을 완성해야 합니다.

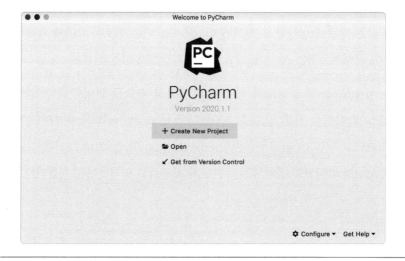

그림 15-5 [Create New Project]를 선택하여 프로젝트 생성

프로젝트를 생성하기 위해 [Create New Project]를 선택합니다.

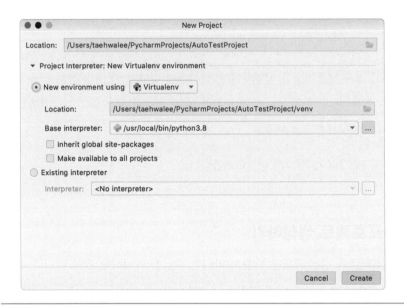

그림 15-6 프로젝트명 및 파이썬 지정

프로젝트를 생성하려면 먼저 프로젝트명을 설정해야 합니다. 프로젝트의 경로는 원하는 경로로 변경할 수 있지만 여기에서는 기본 경로를 그대로 사용하겠습니다. 프로젝트명은 AutoTestProject로 지정하여 생성합니다.

Interpreter는 프로젝트가 사용할 파이썬의 경로를 의미합니다. 윈도우의 경우 파이썬을 기본 경로에 설치했다면 C:₩Users₩[사용자명]₩AppData₩Local₩Programs₩Python₩Python38₩python.exe가 표시됩니다. 이러한 파이썬의 설치 경로는 IDE가 자동으로 인식하여 표시합니다.

맥을 사용하는 경우에는 Interpreter 설정에 주의해야 합니다. 왜냐하면 맥에는 기본적으로 python2.x가 설치되어 있기 때문에 원하는 버전의 파이썬을 직접 선택해야 합니다.

- /usr/bin/python2
- /usr/bin/python
- /System/Library/Frameworks/Python.framework/Versions/2.7/bin/python
- /System/Library/Frameworks/Python.framework/Versions/2.6/bin/python
- /System/Library/Frameworks/Python.framework/Versions/2.5/bin/python
- /System/Library/Frameworks/Python.framework/Versions/2.3/bin/python
- **/Library/Frameworks/Python.framework/Versions/3.8/bin/python3**
- /Library/Frameworks/Python.framework/Versions/3.7/bin/python3

그림 **15-7** Interpreter 선택

앞서 설명한 대로 맥에는 python2.x와 python3.x가 설치되어 있기 때문에 자동으로 인식되는 파이썬도 2개가 전부 표시됩니다. 따라서 설치된 파이썬 중에 python3.8 혹은 3.8.1을 선택합니다.

프로젝트명을 포함하는 경로와 Interpreter까지 선택을 완료했다면, [Create] 버튼을 눌러 프로젝트를 생성합니다.

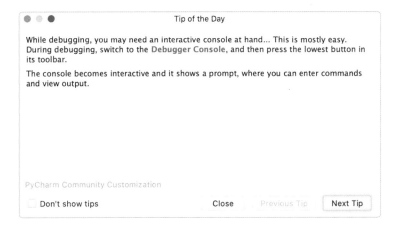

그림 **15-8** PyCharm 실행 후 나오는 팁

프로젝트를 생성하고 나서 처음 실행할 때 Tip을 표시하는 창이 뜰 수 있는데,
이는 말 그대로 PyCharm을 사용할 때 유용한 팁을 소개하는 창입니다. 필요
없다면 [Show Tips on Startup]의 체크 박스를 해제한 후 [Close] 버튼을 누
르면 됩니다.

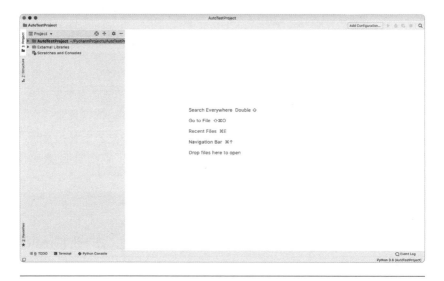

그림 15-9 프로젝트 생성 후 초기 화면

프로젝트를 처음 생성하고 나면 빈 프로젝트가 생성되고 **그림 15-9**와 같이 프
로젝트의 리스트가 표시되는 왼쪽 화면과 추후 코드가 표시되는 오른쪽 화면
으로 분리됩니다.

15.3 파이썬 파일 작성하여 실행하기

프로젝트에 파이썬 파일을 추가하고, 간단한 프로그램을 작성하여 실행해 보겠습니다.

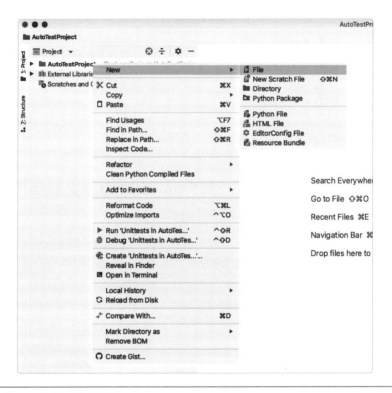

그림 15-10 파이썬 파일 생성하기

왼쪽 리스트에서 파일을 생성할 프로젝트를 선택하고 마우스 오른쪽 버튼을 클릭합니다. 그러고 나서 [New] 메뉴를 선택하고 [Python File]을 선택하면 파일명을 지정할 수 있는 창이 뜹니다.

그림 15-11 파이썬 파일 생성 시 파일명 지정

파일명을 지정하고 [OK] 버튼을 눌러 파일을 생성합니다. 파일 생성을 마치면 생성된 파일이 열리고 프로젝트에 추가됩니다.

그림 15-12 auto.py 파일을 추가한 뒤 PyCharm 화면

오른쪽 영역에 auto.py 파일 영역이 열려, 파이썬 코드를 작성할 수 있는 화면이 나옵니다.

그림 15-13 실행 결과를 테스트하고자 print 구문 추가

간단한 테스트를 위해 print 구문을 추가하겠습니다.

이제 파이썬 파일을 실행하려면 관련된 실행 환경을 설정해야 합니다. PyCharm 프로젝트에는 여러 파이썬 파일이 존재할 수 있기 때문에, 해당 프로젝트를 실행할 때 어떤 파이썬 파일을 실행해야 하는지 설정하고 나서 실행해야 합니다.

그림 15-14
실행 환경 설정을 위한 메뉴 선택

[Run] 메뉴를 선택하고 [Edit Configurations]를 선택하면 실행 환경을 설정할 수 있는 창이 열립니다.

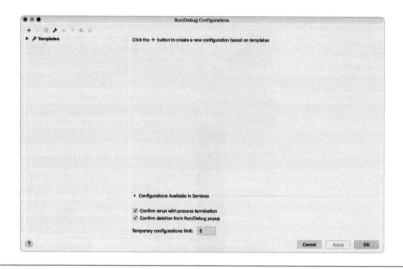

그림 15-15 [Run/Debug Configurations] 창

[Run/Debug Configurations] 창이 열리는데, 이 창에서 PyCharm에서 실행할 모든 프로젝트를 관리합니다. 작성한 프로젝트에 있는 auto.py 파일을 실행하기 위해 파이썬 실행 환경을 생성하겠습니다.

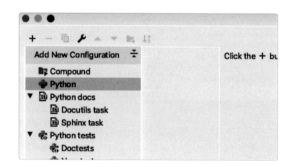

그림 15-16
새로운 실행 환경을 생성하기 위해 [Python]을 선택

좌측 상단에 있는 [+] 버튼을 클릭하고 [Python]을 선택하면 Python 파일 실행을 위한 환경이 생성됩니다.

그림 15-17 생성된 파이썬 실행 환경

중앙 상단의 [Name]은 실행 환경에 대한 이름을 정의하는 항목입니다. 여기서
는 *AutoTest*를 입력합니다. 이제 바로 아래쪽 [Script path] 항목에 실행하려
는 파이썬 파일을 지정하겠습니다.

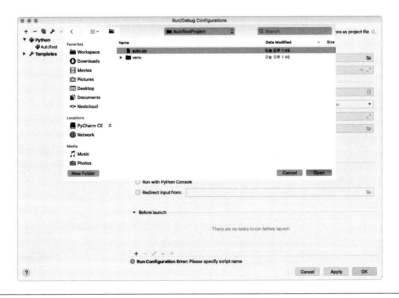

그림 15-18 [Script path] 항목에 auto.py 파일을 추가

현재 테스트하려는 파이썬 파일은 auto.py로, AutoTestProject 하위에 있습니다. 입력란 우측에 있는 아이콘을 클릭하여 경로를 추가합니다.

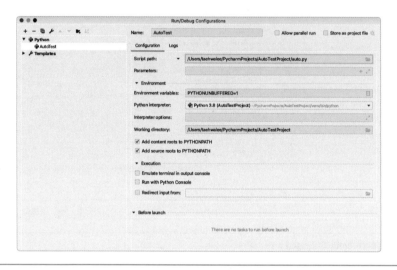

그림 15-19 [Name]과 [Script path] 항목 입력 완료

이렇게 파이썬 실행에 알맞은 설정을 완료하였습니다. 이제 [OK] 버튼을 눌러, 실행 환경을 생성하겠습니다.

그림 15-20 실행 환경 설정 이후 PyCharm 화면

정상적으로 실행 환경을 생성하고 나면 우측 상단에 녹색 버튼이 활성화되고, 그 옆에 앞서 설정한 실행 환경이 설정되어 있습니다. 녹색 삼각형 버튼은 실

행 버튼이고, 녹색 벌레 모양 버튼은 디버깅 버튼으로 이는 추후에 살펴보겠습
니다.

그림 15-21 녹색 삼각형 버튼([Run] 버튼)을 눌러 프로그램을 실행한 결과

녹색 삼각형 버튼을 눌러 파이썬을 실행하면, **그림 15-21**과 같이 설정했던 파
이썬 파일이 실행되고 실행 결과가 하단에 표시되는 것을 확인할 수 있습니다.

기존에 작성한 파이썬 파일을 가져와서 실행하고 싶다면?

기존에 작성한 파이썬 파일을 PyCharm 프로젝트 폴더로 복사하면 바로
PyCharm에서 실행할 수 있습니다. 여기서 말하는 프로젝트 폴더란 '15.2 프로젝
트 생성하기'에서 프로젝트를 생성할 때, [Location]에 지정한 경로를 의미합니
다. 즉, 프로젝트 경로에 파이썬 파일을 복사한 후 '15.3 파이썬 파일 작성하여 실
행하기'에서 실행 환경을 만들어 실행한 내용을 참고하여 실행할 수 있습니다.

15.1~15.3절에서는 IDE를 사용하여 간단한 파이썬 파일을 작성하고 실행하는
예제를 다뤘습니다. 파이썬 파일을 실행하기 위해 프로젝트를 생성하였고, 프
로젝트 안에 파이썬 파일을 생성한 후 실행 환경까지 설정하였습니다.

🔢 디버깅하기

디버깅이란, 앞에서 설명한 버그를 수정하는 행위를 의미합니다. 즉, 파이썬 코
드에 오류가 발생하거나 의도한 대로 동작하지 않을 때, 이를 수정하는 과정을
말합니다.

일반적으로 프로그램을 만들 때 디버깅 과정은 제일 어려운 과정 중의 하나지
만, IDE를 활용하면 조금 더 쉽게 디버깅을 다룰 수 있습니다. 이는 파이썬 코
드를 실행할 때 일괄적으로 끝까지 실행하는 것이 아니라, 원하는 코드에서 실
행을 멈추고 재개하는 동작을 반복하면서 현재 변수가 어떤 값을 가지고 있는
지 확인할 수 있기 때문입니다.

디버깅을 하기 위해, 앞선 절에서 작성한 auto.py 파일을 다음과 같이 수정하
도록 하겠습니다.

```
01 def test_sum(a, b):
02     c = a + b
03     print(c)
04     return res
05
06 num1 = 100
07 num2 = 200
08
09 result = test_sum(num1,num2)
10
11 if result < 200:
12     print("Hello")
13 print(result)
```

디버깅 과정을 살펴보고자 함수와 변수를 사용하여 간단한 예제를 작성하였
습니다. 디버깅을 하기 위해서는 코드에 멈추고자 하는 위치를 표시해야 합
니다.

```
auto.py
1    def test_sum(a, b):
2        c = a + b
3        print(c)
4        return c
5
6
7    num1 = 100
8 ●  num2 = 200
9
10   result = test_sum(num1, num2)
11
12   if result < 200:
13       print("Hello")
14
15   print(result)
```

그림 15-22 일시 정지할 위치를 지정

그림 15-22와 같이 코드와 코드의 줄 번호 사이를 클릭하면 붉은 색 원이 표
시됩니다. 이는 breakpoint(중단점)라고 부르며, 디버그 모드로 실행할 때 일
시 정지하는 지점이 됩니다. 따라서 그림 15-22와 같이 설정한 후 디버그 모드
로 실행하게 되면 8번 줄 이전까지 실행하고서 일시 정지하게 됩니다.

그림 15-22와 같이 설정한 후에 앞서 확인했던 녹색 벌레 모양 버튼을 클릭하
여 디버그 모드로 실행해 보겠습니다.

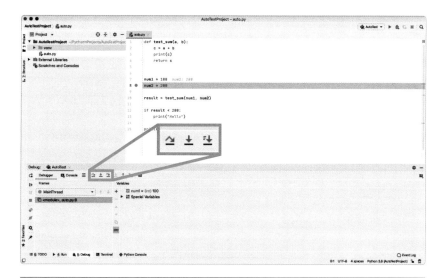

그림 15-23 디버그 모드로 실행할 때 PyCharm 화면

디버그 모드로 실행하면 8번 줄은 실행되지 않고 7번 줄까지 실행되고 일시 정지된 채로 기다리고 있습니다. **그림 15-23**처럼, 화면 하단에서 일시 정지하기 직전까지의 코드를 실행한 뒤, 가지고 있는 변수의 값을 확인할 수 있습니다. 앞의 예제에서는 8번 줄이 실행되기 전까지 num1 변수가 있으며 이 값이 하단에 표시됩니다.

붉은 네모 상자로 표시한 버튼들은 한 줄씩 코드를 실행하는 버튼입니다. 첫 번째 버튼은 한 줄씩 실행할 때 함수를 만나게 되면, 함수 안의 코드를 한 줄씩 실행하는 것이 아니라 함수의 결과를 바로 가져와서 실행을 이어갑니다. 예를 들어 10번 줄에서 이 버튼을 누를 경우 함수 안의 코드인 2, 3, 4번 줄의 코드를 한 줄씩 실행하지 않고 10번 줄에서 함수를 실행할 때 바로 함수 결과를 가져옵니다. 두 번째 버튼은 함수를 만나는 경우 함수 안으로 들어가는 버튼입니다. 예를 들어 10번 줄에서 이 버튼을 누르면 2번 줄로 이동하여 한 줄씩 실행하게 됩니다. 마지막으로 세 번째 버튼은 두 번째 버튼과 동일한데, 사용자가 만든 함수로만 들어가는 것이 아니라 라이브러리에 있는 함수까지 들어가서 확인합니다. 세 번째 버튼은 직접 개발한 코드로 들어가는 것이 아니라, 파이썬 내장 라이브러리나 설치한 라이브러리의 코드를 추적하는 것이기 때문에 권장하지 않습니다.

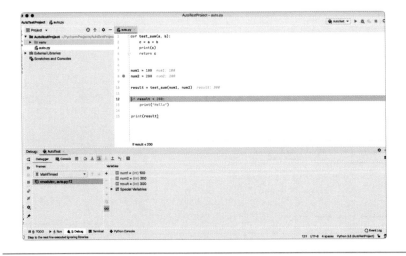

그림 15-24 디버그 모드로 한 줄씩 실행할 때 PyCharm 화면

한 줄씩 실행할 때, 새로운 변수가 생성되면 하단에 그 변수가 가진 값을 표시합니다. **그림 15-24**에서는 12번 줄에서 대기하고 있고, num1, num2, result 값이 얼마인지 하단에 표시된 것을 확인할 수 있습니다.

이처럼 디버그 모드를 사용하면 변수의 모든 현황을 확인하면서 한 줄씩 실행하여, 오류가 발생한 위치나 의도대로 동작하지 않는 코드의 위치를 찾아 수정할 수 있습니다.

이번 절에서는 IDE에서 디버깅하는 방법에 대해 알아보았습니다. 오류는 프로그래밍을 하면서 무조건 발생하게 됩니다. 따라서 오류가 나더라도 오류 메시지를 잘 파악하여 해결할 수 있어야 합니다. 즉, 디버깅을 할 수 있어야 합니다. 디버깅은 코드의 양과 내용에 따라 뛰어난 개발자도 하기 어렵습니다. 하지만 오류가 발생했을 때 지속적으로 디버깅을 시도하면서 익숙해진다면 어렵지 않게 해결할 수 있습니다. PyCharm 사이트에서 조금 더 상세히 설명한 디버깅 튜토리얼이 있으니, 디버깅에 대해 더 알고 싶다면 다음 사이트를 참고하길 바랍니다.

https://www.jetbrains.com/help/pycharm/step-2-debugging-your-first-python-application.html

CHAPTER

16 IDE 사용법:
Visual Studio Code

16.1 Visual Studio Code 설치하기

Visual Studio Code(VSCode)는 마이크로소프트(Microsoft)에서 배포하는 개발 도구입니다. VSCode는 기본적으로 문서 편집기에 가깝지만, 많은 플러그인으로 뛰어난 개발 도구가 될 수 있습니다. 설명에 들어가기에 앞서 VSCode는 PyCharm과 같이 IDE로 사용할 수는 있지만, 많은 설정이 필요하기 때문에 편리한 편집기와 터미널을 이용하는 경우가 많습니다. 이런 한계에도 최근 VSCode가 많이 사용되는 이유는 다른 개발 도구와 비교했을 때 컴퓨터 자원을 적게 사용할 뿐만 아니라, 에디터 기능이 뛰어나고 터미널을 같이 이용할 수 있기 때문입니다. 이 책에서는 PyCharm 뿐만 아니라 VSCode에서 파이썬을 사용하는 방법에 대해 다루겠습니다.

VSCode는 무료 소프트웨어로, 다운로드 페이지(https://code.visualstudio.com/Download)에서 내려받을 수 있습니다.

그림 **16-1** PyCharm 다운로드 페이지

각 운영체제에 맞는 버전을 내려받은 뒤, 각 운영체제에 맞게 설치를 진행하면
됩니다.

맥(MacOS)을 사용할 경우 내려받은 zip 파일의 압축을 해제하고 나서 Visual
Studio Code 파일을 애플리케이션 폴더로 이동하여 설치할 수 있습니다.

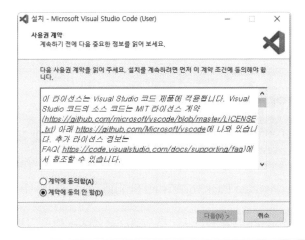

그림 **16-2** 윈도우(Windows)에서 VSCode 설치

윈도우(Windows) 사용자는 설치 프로그램을 실행하고 안내에 따라 진행하여 설치할 수 있습니다.

설치를 완료한 뒤 VSCode를 실행하면 다음과 같은 안내 문구와 함께 VSCode가 실행됩니다.

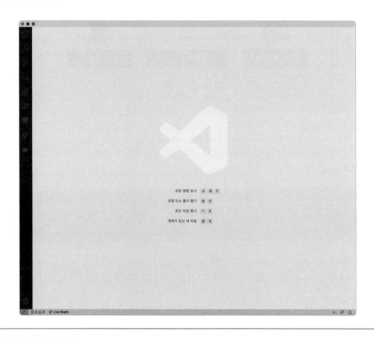

그림 **16-3** VSCode 실행

⑯.② 플러그인 설치하기

앞서 언급했던 것처럼 VSCode는 문서 편집기에 가까운 개발 도구이기 때문에 사용하는 언어에 알맞은 플러그인을 설치해야 합니다. 설치하는 플러그인은 'Korean Language Pack for Visual Studio Code'와 'Python'입니다.

플러그인을 설치하기 위해 플러그인 탭으로 이동합니다. 다음 그림을 참고하여 플러그인 탭으로 이동합니다.

그림 16-4 VSCode 플러그인 탭으로 이동

그림에 표기된 왼쪽 플러그인 탭을 눌러 이동한 후 검색 창에 'Python'을 검색
하여 설치합니다.

그림 16-5 Python 플러그인 설치

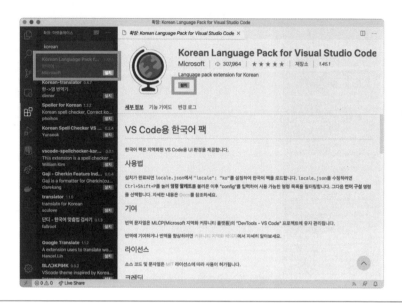

그림 **16-6** Korean Language Pack for Visual Studio Code 플러그인 설치

이 두 플러그인을 설치했다면 VSCode를 다시 시작합니다.

16.3 파이썬 선택하기

Python 플러그인을 설치하고 나면 VSCode에서 사용할 파이썬을 선택할 수 있습니다. 물론 파이썬이 하나만 설치되어 있다면 추가로 설정할 필요가 없지만, MacOS의 경우 기본적으로 파이썬이 설치되어 있으므로 VSCode에서 사용할 파이썬을 직접 선택해야합니다.

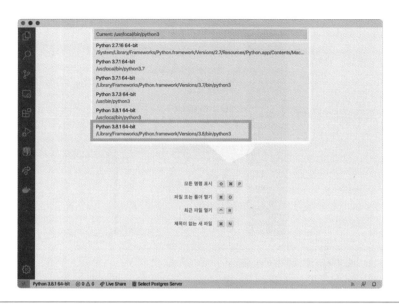

그림 **16-7** 파이썬 선택하기

VSCode의 왼쪽 하단에 파이썬 버전이 표기된 것을 확인할 수 있습니다. 여기를 클릭하면 앞 그림처럼 컴퓨터에 설치된 파이썬들이 나열되는데, 이 중 VSCode로 사용할 파이썬을 선택하면 됩니다.

만약 왼쪽 하단에 파이썬 버전이 표기되지 않는다면, 향후 파이썬 파일을 열었을 때 표기되니 그때 설정할 수 있습니다.

16.4 코드 작성 및 실행하기

VSCode는 '작업 영역'이라는 단위로 프로젝트를 관리할 수도 있지만, 디렉터리로도 관리할 수 있습니다. 따라서 간편하게 디렉터리를 생성하여 VSCode로 가져와 프로젝트처럼 사용할 수 있습니다. 이 책에서는 MacOS의 바탕화면인 [Desktop] 폴더에 있는 auto 디렉터리를 생성하여 가져오겠습니다.

그림 16-8 파일 메뉴에 있는 [열기] 선택하기

MacOS는 [파일] 메뉴에 있는 [열기]를 선택하여 디렉터리를 가져올 수 있고, 윈도우에서는 [파일]에 있는 [폴더 열기]를 선택하여 디렉터리를 가져올 수 있습니다.

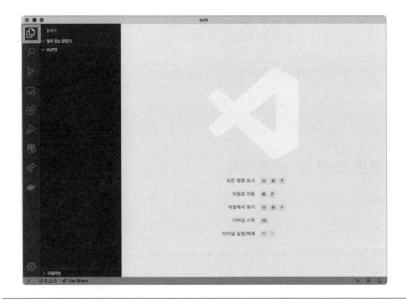

그림 16-9 탐색기 탭 사용하기

디렉터리를 가져온 후 왼쪽 탐색기 탭을 클릭하면 지정한 디렉터리를 가져온 것을 확인할 수 있습니다. 이제 파이썬 파일을 생성하여 테스트하겠습니다.

디렉터리 이름이 쓰인 곳에 마우스 포인터를 올리면 아이콘이 표기되는데, 이 중 왼쪽 첫 번째 아이콘이 파일 생성입니다. 이 아이콘을 클릭하여 test.py 파일을 생성합니다.

그림 16-10 새 파일 생성하기 아이콘

test.py 파일에는 간단한 테스트를 위해 print 구문을 추가하겠습니다.

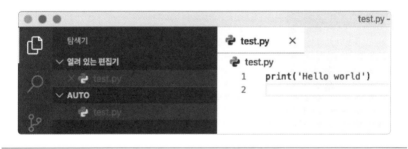

그림 16-11 test.py 파일

이제 파이썬 파일을 실행하려면 터미널을 실행해야 합니다. 터미널은 [터미널] 메뉴를 선택하고 [새 터미널]을 선택하여 실행할 수 있습니다.

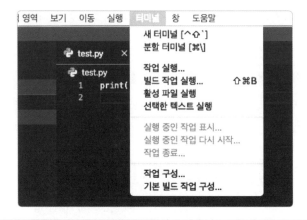

그림 16-12 [터미널] 메뉴에 있는 [새 터미널] 선택하기

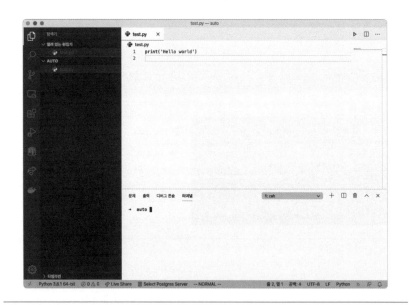

그림 16-13 하단에 생성된 터미널

하단에 생성되는 터미널 탭은 VSCode에서 가져온 디렉터리로 설정됩니다. 따라서 터미널에서 바로 실행할 수 있습니다.

그림 16-14 터미널에서 파이썬 파일 실행

이처럼 VSCode는 폴더로 프로젝트를 관리하고 터미널이 탑재되어 있기 때문에, 손쉽게 파이썬 프로그래밍할 수 있습니다.

16.5 IDE로 사용하기

VSCode는 앞선 PyCharm과 같이 breakpoint(중단점)을 지정하여 실시간으로 변수의 현황과 실행을 제어하는 기능도 제공합니다. 이는 파이썬 코드를 실행할 때 일괄적으로 끝까지 실행하는 것이 아니라, 원하는 코드에서 실행을 멈추고 재개하는 동작을 반복하면서 현재 변수가 어떤 값을 가지고 있는지 확인할 수 있기 때문에 디버깅에 용이합니다.

테스트를 위해 앞서 작성한 test.py를 다음과 같이 수정하겠습니다.

```
01 def test_sum(a, b):
02     c = a + b
03     print(c)
04     return res
05
06 num1 = 100
07 num2 = 200
08
09 result = test_sum(num1,num2)
10
11 if result < 200:
12     print("Hello")
13 print(result)
```

test.py를 수정한 후 실행 탭으로 이동합니다.

그림 **16-15** 실행 탭 사용하기

디버깅 과정을 살펴보고자 함수와 변수를 사용하여 간단한 예제를 작성하였습니다. 디버깅하기 위해서는 코드에 멈추고자 하는 위치를 표시해야 합니다.

```
test.py      ✕

test.py > ...
1    def test_sum(a, b):
2        c = a + b
3        print(c)
4        return res
5
6    num1 = 100
●  7    num2 = 200
8
9    result = test_sum(num1,num2)
10
11   if result < 200:
12       print("Hello")
13   print(result)
14
```

그림 **16-16** 일시 정지할 위치를 지정

앞 그림과 같이 코드와 코드의 줄 번호 사이를 클릭하면 붉은색 원이 표시됩니다. 이는 breakpoint(중단점)라고 부르며, 실행할 때 일시 정지하는 지점이 됩니다. 따라서 이후 실행하면 7번째 줄에서 실행이 잠시 멈춥니다. 왼쪽 [실행 및 디버그] 버튼을 클릭하여 실행하겠습니다.

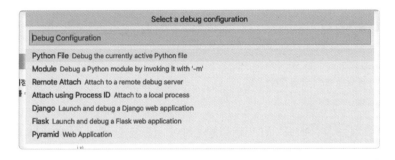

그림 16-17 디버그 설정 선택

버튼을 클릭하면 어떤 설정으로 디버깅을 수행할 것인지 물어보는 창이 생성됩니다. 지금 작성한 파이썬 코드는 단순히 파이썬 파일이기 때문에 첫 번째 항목인 [Python File]을 선택하겠습니다.

그림 16-18 중단점에 코드 실행이 도달했을 때 화면

파이썬이 실행되고 앞서 지정한 중단점 이전까지 코드가 실행된 모습을 확인할 수 있습니다. 또한 현재 실행된 코드까지의 변수와 함수도 확인할 수 있습니다.

그림 16-19 한 줄씩 코드를 실행하는 버튼

그 이후에는 그림에 표기된 버튼을 클릭하여 코드를 한 줄씩 실행하면서 변수들을 확인할 수 있습니다. 이 과정을 통해 어느 코드에 값이 변동되는지 확인할 수 있고, 문제가 있는 경우 해결할 수 있습니다.

이번 절에서는 VSCode를 사용하여 파이썬을 프로그래밍하고, 디버깅하는 방법에 대해 알아보았습니다. IDE에는 정답이 없습니다. 모든 IDE가 장단점을 가지고 있기 때문에, 기호에 맞게 사용하면 됩니다. 심지어 IDE가 불편하게 느껴진다면 기능이 적은 문서 편집기로 개발해도 전혀 문제없습니다. 따라서 이 책에 소개된 IDE뿐만 아니라 다양한 편집기를 써보고 본인에게 맞는 개발 도구를 선정하는 것도 좋습니다.

이번 장에서는 업무 자동화를 위한 프로그래밍 가이드보다도 파이썬을 좀 더 이해하고, 편리하게 사용하는 방법을 알아보았습니다. 첫 번째로 디버깅을 하기 위해서 오류 메시지 해석하는 방법과 자주 발생하는 오류 메시지를 알아보았고, 두 번째로 IDE라고 하는 통합 개발 환경에 대해 알아보았습니다.

같은 내용으로 강의를 하는 것과 책으로 출간하는 것은 개인적으로 너무 느낌이 달랐습니다. 가장 큰 차이는 무언가를 설명하기 위해 주어지는 시간이 달랐습니다. 덕분에 '업무 자동화'라는 주제로 강의를 할 때에는 시간이 부족해서 전달하지 못하거나, 정리되지 않은 채로 전달되는 내용도 있었는데 책은 이런 부분이 꽤 많이 해결되어서 만족스러웠습니다. 이 과정에서 강의도 보완이 되었고, 마찬가지로 그렇기 때문에 책에는 꼭 필요한 내용을 담을 수 있었습니다.

업종, 분야에 관계없이 자동화가 떠오르는 요즘 시대에 이러한 콘텐츠가 나오는 것은 당연하지만, 생각보다 많은 분들이 프로그래밍은 비전공자가 시작하기엔 너무 어려운 분야라고 생각하고 있었습니다. 이 말은 어쩌면 틀린 말이 아닐 수도 있지만, 업무 자동화를 위해서 만큼은 틀린 말일 수도 있습니다.

처음 시작하는 분들에게는 당연히 어렵게 느껴지는 것이 프로그래밍입니다. 하지만 막연히 어렵고, 절대 할 수 없는 것이라고 생각할 만큼 어려운 것은 아니라는 것을 얘기하고 싶었습니다.

이 책을 다 읽은 독자들 중, 원하는 업무 자동화 프로그램을 만들어서 사용하고 있는 독자도 있을 것이고, 시간이 부족하여 제대로 개발을 시작하지 못한 독자도 있을 것입니다. 혹은 너무 어렵다고 느껴져 쉽게 프로그래밍을 시작하지 못하는 독자들도 분명히 있을 것입니다. 모든 일이 그렇듯 당연히 쉽게, 혹은 어렵게 습득하는 사람들이 있습니다. 그래도 모든 독자들이 꾸준히 반복적으로 학습한다면 원하는 업무 자동화 프로그램을 만들 수 있을 것이라 확신합니다. 이 책이 앞으로 독자들이 일하는 데 있어서, 업무를 자동화하기 위한 발판이 되길 바랍니다.